역사인식은
어떻게
말해지고 있는가

기무라 간 지음
김세덕 옮김

박영사

한국 독자를 위한 서언

이 글을 쓰고 있는 것은 2022년 3월 16일. 마침 한국에서 제20대 대통령 선거가 치러져 윤석열 씨의 당선이 결정된 지 일주일 만이다. 일본에서는 5년 만의 진보에서 보수파로 정권교체로 한일관계가 개선될 가능성이 있는 것 아니냐는 관측이 나오고 있다.

물론 이 새로운 정권하에서의 한일관계가 이런 일본 측의 일방적인 기대에 부흥하는 것은 어렵다 본다. 그러나 분명한 것은 오늘날 우리가 직면한 한일관계의 악화가 1945년 일본의 조선반도(한반도)에 대한 식민지 지배 종료로부터의 오랜 역사적 과정의 결과이며, 그렇기 때문에 그 해결은 결코 쉽지 않다는 것이다.

그 점을 한국의 독자에게 알기 쉽게 설명하면 다음과 같다. 우리는 때로 식민지배를 둘러싼 한일 양국의 갈등을 그 지배의 잔학함과 일본 측의 사과 부족으로 설명하려고 한다. 그러나 만약 그것이 진실이라면 역사인식을 둘러싼 양국간 갈등은 계속 같은 상태여야 한다. 왜냐하면 일본의 지배실태나 사죄 부족이라는 조건은 1945년 이후 변화하지 않았고, 따라서 이것이 원인이라면 독립변수가 변화하지 않은 이상 종속변수인 한일관계를 둘러싼 상황이 변화할 리 없기 때문이다.

그러나 우리가 한일관계의 '악화'라는 단어를 당연하게 사용하듯이 실제 한일관계를 둘러싼 상황은 계속 변화하고 있다. 그렇기 때문에 이 악화의 원인을 밝히기 위해서는 이 변화를 제대로 파악하고 분석할 필요가 있다.

그렇다면 한일관계, 그리고 그곳의 역사인식을 둘러싼 상황은 실제로 어떻게 변화해 왔을까? 사실 오늘날 우리가 이 문제에 대해서도 반드시 정확한 지식을 가지고 있는 것은 아니다. 예를 들면, 전저『한일 역사인식 문제란 무엇인가』(한국어판『한일 역사인식 문제의 메커니즘』)에서도 알 수 있듯이, 오늘날 한일 양국에서 큰 초점인 종군 위안부 문제에 대해 한일 양국의 여론은, 사실 그것이 양국간의 관계에 있어서 중요한 문제라는 인식을 가지고 있지 않았다. 그리고 때때로 오해받고 있듯이, 그것은 양국 사람들이 그들의 존재를 몰랐기 때문이 아니다. 생각해보면 당연하지만, 식민지배가 끝난 직후 한일 양국 사람들은 대부분 전쟁터에서의 비참한 전투를 겪었고, 또 총력전을 위한 총동원의 현장에 있었다. 당연히 이들이 전쟁터 혹은 후방에서 종군 위안부나 위안부로 동원돼 가는 사람들의 모습을 보지 못했을 리 없다.

그럼에도 불구하고 우리는 그들이 겪었을 괴로움과 쓰라림에 대해 논의하지 않았기는 커녕 관심을 기울이려 하지 않았다. 그렇다면 왜 한일 양국 사람들은 이 문제에 대해 무관심했고, 무엇이 계기가 되어 관심을 기울이게 되었을까?.

물론 같은 것으로는 역사교과서 문제나 욱일기에 대해서도 말할 수 있을 것이다. 전저에서도 알 수 있듯이 일본 역사교과서에서 한반도 식민지배에 관한 기술은 1980년대 이전에는 사실상 없었던 것과 같은 상태였다. 아이러니하게도 역사교과서 문제가 격화되기 이전의 교과서는 한국 사람들이 거세게 비판하는 오늘날의 우익교과서와 비교해도 훨씬 식민지배에 대해 냉담했다는 점이다. 욱일기는 1954년 자위대가 된 이래, 일관되게 육상자위대와 해상자위대의 군기로 이용되고 있다. 2018년 문제가 되기 이전에 해상자위대 함선은 여러 차례 이 군기를 내건 상태에서 한국 항구에 입항해 관함식 및 합동훈련에 참가하고 있다.

오해의 소지가 없도록 강조해 두면 필자는 여기서 한국사람들을 비판하려는 것이 아니다. 말하고자 하는 것은 그것이 우리의 역사인식 문제를 둘러싼 현실이고, 그 상황이 어떻게 변화해 왔는지를 정확히 파악해야만 문제 해결의 실마리도 찾을 수 있다는 것이다.

중요한 것은 식민지배의 종말부터 오늘날까지 이미 77년의 세월이 흘렀다는 점이며, 그 기간은 이미 식민지 시기의 2배 이상에 달했다는 점이다. 나아가 한일 양국 근대 충돌의 출발점이라 할 수 있는 1875년 강화도 사건부터 오늘까지 147년. 해방 이후 오늘날까지의 역사는 이미 그 과반을 넘어서고 있다. 그것은 한반도가 서양 열강으로 개국하면서 일본의 식민지로 전락하고 심지어 오랜 고난의 역사를 거쳐 식민지 지배에서 해방되기까지보다 긴 기간이 되었다.

그렇기 때문에 그곳에는 변화가 있고 역사가 있다. 그러나 우리는 이 자신에게 가장 친숙한 「역사」에 대해 너무 조잡하게 다루고 있다. 그렇다면 한일 양국의 역사인식 문제를 둘러싼 역사란 어떤 것이며, 우리는 이 귀찮은 문제에 대해 어떻게 「말해」 왔을까? 이 책을 통해 한국 사람들과 함께 이 문제에 대해 함께 생각해 볼 수 있다면 필자로서 더 이상의 행복은 존재하지 않는다.

2022년 3월 16일
벚꽃 봉오리가 부풀어 오르는 다카라즈카에서
기무라 간

목 차

한국 독자를 위한 서언 / iii

서론_ 한일 역사인식 문제를 고찰하다 ·· 1

제1부_ 한일양국의 역사관과 교과서 문제 ······························· **15**

　　제1장 한일양국의 역사관과 교과서 문제 · **17**

　　제2장 제1차 역사교과서 파동에서 '극일'운동으로
　　　　　－ 전두환 정부의 대일 관점 변화에 대한 고찰 · **71**

제2부_ 위안부 문제 － 한일관계와 국제사회 언설의 변화 ··················· **107**

　　제3장 위안부 문제를 둘러싼 한국 언설의 상황 － 국제 분쟁화 이전 · **109**

　　제4장 영어권 미디어의 위안부에 관한 보도와 경향
　　　　　－ 1990년대초 보도를 중심으로 · **135**

　　제5장 일본의 위안부에 관한 인식 － 1970년대 이전 상황을 중심으로 · **159**

　　제6장 위안부 언설의 전환점 － 센다 가코 『종군위안부』를 중심으로 · **189**

제3부_ 1990년대 이후의 역사인식 문제 － 글로벌화와 그 결말 ············· **227**

　　제7장 한일관계의 현주소 · **229**

　　제8장 욱일기 문제로 보는 한국 내셔널리즘의 새로운 측면 · **251**

후기 / 287

찾아보기 / 291

서론

한일 역사인식 문제를
고찰하다

한일관계가 겨울로 접어들려 하고 있다. 2018년 10월 30일 대한민국 대법원은 강제징용 문제에 대해 일본 기업에 위자료 지불 책임이 있음을 인정하였다. 이 후 급속히 악화된 한일 관계는 다음 해인 2019년 7월, 이 판결에 대해 'G20(주요 20개국 및 지역 정상회의)까지 만족할 만한 해결책을 보여주지 못하여 신뢰관계가 현저하게 저해되었다'는 이유로 일본정부가 한국에 대한 수출관리 규제 강화조치를 발표함으로써 양국의 경제관계까지 확대되었다. 일본의 수출관리강화조치를 '실질적인 수출입금지조치'로 해석한 한국의 여론은 한껏 격앙되었고 그 결과 한국 내에서는 사상 초유의 일본제품 및 관광 여행 불매운동이 전개되어 양국 관계는 더욱더 얼어붙게 되었다.

　이윽고 같은 해 8월에는 한국정부가 한일 양국간 군사정보보호협정(지소미아, GSOMIA)의 파기를 결정함에 따라 안전보장에 관한 분야까지 확대되었다. 이 군사정보보호협정은 최종기한까지 얼마 남지 않은 11월 22일, 한국 정부가 '조건부 파기철회'를 발표함으로써 일단 협정 파기는 면하였으나, 그 후 이 '조건부 파기철회'에 대한 해석을 둘러싸고 한일 양국정부가 첨예하게 대립하는 상황이 벌어진다.

　대체 한일 관계는 왜 이러한 지경에 이른 것일까? 먼저 전후처리 면에서 자주 비견되는 독일 사례와의 차이점을 고찰함으로써 이를 분석하기 위한 단초를 제공하고자 한다.

서론

한일 역사인식 문제를 고찰하다

1. 독일과 일본

- 동아시아는 아직도 역사, 영토 등과 관련해 많은 과제가 남아있는 상태인데
요, 이를 어떻게 바라보고 계시는 지요?

독일은 다행히 운이 따랐습니다. 세계가 독일로 인해 나치 시대, 홀로코스트의
시대를 겪었음에도 불구하고, 참혹했던 제2차 세계대전 이후 우리를 국제사회에
받아준 것은 행운입니다. 어째서 가능했던 걸까요? 첫째는 독일이 과거와 제대로
마주했기 때문일 겁니다. 그리고 유럽 전체가 수세기에 걸친 전쟁으로부터 많은
것을 배웠기 때문이라고 생각합니다.

그리고 당시 큰 프로세스 중 하나로 독일과 프랑스의 화해를 들 수 있습니다.
화해는 이제 우정으로까지 발전했습니다. 그러나 이웃나라 프랑스의 관용적인 자
세가 없었더라면 이는 불가능 했을 것입니다. 독일도 있는 그대로를 직시할 준비
가 되어 있었습니다.[1]

---

1) 메르켈 독일 총리, 강연전문. 일본 『아사히 신문』 2015년 3월 10일자. 특별한 언
급이 없는 경우에 이 책에서 언급된 아사히 신문 기사는 모두 「聞蔵Ⅱビジュアル:

제2차 세계대전과 일본의 식민지배가 종식된 지 이미 70년 이상의 세월이 흘렀다. 그럼에도 왜 한국과 일본 사이에서는 역사인식과 관련된 문제가 끊임없이 이야기되고 있는 것일까? 이에 관해서는 지금까지 많은 논의가 있어왔다. 그리고 그 논의에서 때때로 비교 대상이 된 것이 제2차 세계대전에서 일본과 마찬가지로 추축국이었던 독일이었다. 독일이 자국이 일으킨 전쟁과 점령 당시 일어난 사건들을 다루는 데 있어 주변국과의 사이에서 어떠한 시행착오를 겪었고, 어떻게 신뢰관계를 구축해왔는지가 계속적으로 언급되었다.

그러나 이를 이야기할 때 자주 간과되는 점이 있다. 바로 역사인식 문제에서 독일의 논의 '상대'가 프랑스, 폴란드와 같이 독일과 '국가 대 국가로 전쟁을 한 나라'인 것에 비해, 일본의 논의 '상대'는 한국이나 대만과 같은 구 식민지국가들이 많다는 점이다.

이 점은 중요한 의미를 갖는다. 독일과 '상대' 국의 관계는 제2차세계대전 당시 이미 국민국가로서 일정한 기반을 가지고 있었던 국가 대 국가의 관계이다. 바꿔 말하면 독일 '국민'과 주변국 '국민'의 관계도 그러하다. 그렇기 때문에 이러한 관계에서는 '과거'에 얽힌 사건들 또한 이 국민국가의 존재를 전제로한 일정한 역사 인식, 즉 '국민사'의 틀에서 이해되어진다.

한편 한일간 역사인식 문제를 둘러싼 논의의 구조는 이와 다르다. 1945년 이전의 한반도는 일제강점기 지배하에 있었기에, 아직 국민국가를 형성하지 못했던 시기였다. 그리고 이는 당연하게도 한반도가 일본의 식민지배에서 해방된 이후 상황에도 지대한 영향을 미치게 된다.

예를 들면 한반도 남쪽을 점령했던 '전승국' 미국은 한반도 사람들을 사실상 '패전국민'으로서 처우한 사실이 있다. 이는 미국이 제2차 세계대전 당시 한반도 사람들을 '일본신민'으로 간주했기 때문임에 다름없으며, 한반도가 식민지배로부터 해방된 후에도 연합국이 이들에게 즉각적인 자결권과 독립을 주지 않고, 일정 기간 동안 국제연합에 의한 신탁통치를 모색한 이유이기도

朝日新聞記事データ」, http://database.asahi.com/library2/main/top.php(최종확인 2018년 2월 9일)에서 가져왔다.

했다.

　여기서 중요한 것은 제2차 세계대전 종전 시점의 한반도에는 같은 '제국'의 틀 하에 있었던 일본인과, 한국인 자신을 명확하게 구분 짓는 선이 아직 존재하지 않았다는 점이다. 그리고 이는 일본이 일으킨 전쟁과 식민지배에 대해 한반도 사람들이 관계하는 방식에도 큰 영향을 미쳤다. 마지막까지 자신의 의지를 관철시키며 전쟁과 식민지배에 저항한 사람들, 그리고 노골적인 폭력에 의해 자신의 의지에 반하여 전쟁과 식민지 통치에 어쩔 수 없이 협력하게 된 사람들, 식민지배 하에서 살아남기 위해 소극적 협력을 선택한 사람들, 그리고 이데올로기와 경제적 이유 등에 의해 적극적으로 일제에 협력하는 길을 택한 사람들. 참으로 다양한 종류의 사람들이 생겨났다. 사람들의 의식도 또한 제 각각 이어서, 일본의 거센 동화압력에 항거하며 자신이 '조선인'이라는 아이덴티티를 더욱 강화한 사람들이 있는 반면, 같은 동화 정책 하에서 자신의 아이덴티티를 '황국 신민'에 둔 사람들도 존재했다.

　'국민'의 경계선조차 확실치 않았던 상황은 본디 '조선'이란 무엇인가, 그리고 '조선인'이란 어떤 존재인가 하는 인식을 애매하게 만들었다. 식민지배 하의 조선에 '조선'과 '조선인'의 존재를 설명하는 유일하고도 절대적인 이데올로기는 존재하지 않았으며, 그로 인해 다종다양한 설명이 병존하면서 동시에 경합하고 있었다.

　결과적으로 한반도 사람들은 식민지배에서 해방된 후 자신이 누구인지, 그리고 '일본'과는 어떠한 관계에 있는지, 그 인식을 확실시하는 작업부터 시작하지 않으면 안되었다. 식민지배 이전의 대한제국기에 존재한 동종의 설명은 근대국가로서 있었던 지극히 짧은 기간에 만들어진 미발달·불충분한 것이었으며, 또한 그 '제국'으로서의 성격상, 많은 설명들이 해방 후 새로운 상황 하에서 그대로 적용될 수 없었다.

　게다가 미소 양대국의 분할 점령이 발단이 된 남북 분단이 이 상황을 더욱 복잡하게 만들었다. 조선민주주의인민공화국 즉 북한에서 이 '조선인'으로서의 인식이 국가가 부르짖는 공산주의 이데올로기에 합치하는 형태로 재구성되어 졌으며, 이는 북한과 대치하고 있던 대한민국, 즉 한국에서도 마찬가지였다. 아니, 한국 측에는 보다 큰 문제가 존재했다. 왜냐하면 공산주의 이데올로기라는 강고한 틀─이는 마르크스의 '공산주의선언' 이후 당시 시점 까지만해도 100년이라는 역사 속에서 치밀하게 구축되어 온 것이었다─을 기반으로한 북한과는 달리, 한국은 민족주의와 자유주의 그리고 '반공주의'라는 잡다하고도 상대적으로 애매한 이데올로기에 의거해서 스스로의 아이덴티티를 만들어낼 수 밖에 없었기 때문이다. 그리하여 해방 후 한반도 남쪽에서는 오늘날에 이르기까지[2] 끝없는 '역사인식' 논쟁이 이어져 왔다. 이는 한국과 한국인이 스스로의 아이덴티티를 획득하기 위한 끊임없는 시행착오의 과정이었다고할 수 있겠다.

2. 한일 역사인식 문제의 이론적 구조

이렇게 살펴보면 한일간 역사인식 문제에는 독일과 그 주변국을 둘러싼 동류의 문제와는 상이한 복잡성이 있음을 알 수 있다. 즉 독일과 주변국 사이의역사인식 문제가 기본적으로 기존에 있었던 국민국가의 틀 위에서 전개될 수있었던 데에 비해서, 한일간 동류의 문제는 불안정하고 유동적인─그리고 해방 직후 한국에는 명확히 존재치조차 않았던─국민국가의 틀 위에서 밖에 전개될 수 없었다. 그런고로 이 국민국가의 틀이 흔들릴 때마다 역사인식문제와관련된 각 사상(事象)의 위상도 변화할 수밖에 없었다.

이를 이론적으로 정리하면 다음과 같다. 독일과 프랑스, 혹은 독일과 폴란드의 관계는 국민국가 대 국민국가의 관계임과 동시에 패전국과 전승국의 관계였다. 종전 후 전쟁에 관련된 다양한 사건을 해석하는 틀, 즉 새로운 '역사인식'을 조성할 주도권은 당연하게도 전승국 측이 가지고 있었다. 그리하여

---

2) 그 전형적인 발로는 박근혜 정부 시절에 있었던 역사교과서 국정화에 관한 논의이다. 예를 들면, 최영진 「역사교과서 논쟁과 국정화 한계」 한국의회발전연구회 『의정연구』 47, 2016년 4월.

먼저 전승국 측이 새로운 '역사인식'을 형성하고, 이윽고 이를 확정하는 작업을 실행하게 된다.

패전국은 기본적으로 전승국이 확정한 '역사인식'의 수용을 요구받는다. 물론 여기서 패전국 측이 앞선 전쟁에서 자신들이 내세웠던 '정의'를 계속 믿으려 한다면, 그들은 전승국의 '역사인식'을 받아들이기는 힘들 것이다. 그러나 전쟁의 결과로서 패전국과 전승국 사이에는 절망적인 힘의 차이가 존재하며, 이 힘의 차이를 이용해서 전승국은 패전국 측의 '인식'에 다양한 형태로 개입한다. 이때 정치·경제·사회 시스템 상 개혁뿐 아니라, 새로운 국내 시스템과 국제적 상황에 패전국민을 적응시키기 위해 교육 등의 수단을 동원하여 사람들의 '인식'을 바꾸기 위한 노력이 이루어진다. 전승국 국민에게는 이것이야말로 가혹한 전쟁을 이겨낸 상대국을 무력화시키고, 다시는 자신들을 향한 전쟁을 일으키지 못하게 하기 위한 필수적 프로세스의 하나이기 때문이다.

뉘른베르크재판·도쿄재판과 같은 '전승국에 의한 심판'은 이 프로세스의 일부이며, 또한 사람들에게 새로운 '역사인식'을 침투시키는 수단이기도 했다. 그래서 전승국은 패전국 국민에 일련의 과정을 고의적으로 과시하고, 새로운 '역사인식'이 무엇인지를 알기 쉽게 교육시킨다. 이 과정은 종전 후 그에 상응하는 시간에 걸쳐 실행되므로, 이윽고 패전국 국민의 '역사인식'은 새로운 버전으로 치환된다. 그 배후에는 더욱 큰 패전국 국민이 가지고 있던 내셔널 아이덴티티의 변혁과정이 자리하고 있어, 여기서 얻은 새로운 아이덴티티를 기반으로 삼음으로써 패전국은 예전에는 강경하게 거부하던 전승국 측의 '역사인식'을 수용할 수 있게 되는 것이다. 이렇게 하여 패전국과 전승국은 전쟁에 대한 하나의 '역사인식'을 공유하게 된다.

그러나 한국과 일본 사이에서는 이러한 메커니즘이 원활하게 작용하지 않았다. 본디 한일 양국간의 관계가 전승국과 패전국의 관계가 아니었기 때문이다. 즉 해방 후 한국은 패전국인 일본사회에 전승국으로서 직접적으로 개입할 권한을 전혀 가지지 못했다. 전승국에 의뢰해서 구 종주국(일본) 측을 변혁시키는 정도는 가능했겠으나, 전승국이 '국제법적으로는 구 적국의 일부였던 구 식민지' 사람들의 의견을 어디까지 고려해 줄지는 그때 그때 상황에 따라 달랐다. 예를 들면 앞선 제1차 세계대전의 전후처리 과정만 보더라도 전승국이 구 식민지 사람들의 의향을 무시하는 경우가 빈번하게 보인다. 이는 때로는 전승국 또한 자국의 식민지를 보유하고 있었음에 기인하며,[3] 전쟁 이전에 강대한 힘을 가졌던 구 종주국을 이번에는 자국의 우방으로, 같은 편으로 끌어들이고 싶었기 때문이기도 했다.[4]

이런 연유로 구 식민지 측이 구 종주국 측에 전쟁과 식민지 지배에 대한 자국의 '역사인식'을 강요하기는 힘들었다. 결과적으로 구 종주국 측은 구 식민지에 대한 낡은 '역사 인식'을 유지하였고 새로이 태어난 구 식민지 측의 '역사인식'과 대립할 수밖에 없게 된다.

구 종주국과 구 식민지의 관계에서 발생하는 문제의 특수성은 이뿐만이 아니다. 패전한 구 종주국의 내셔널 아이덴티티만이 전승국에 의해 변화하게 되는 것이 아니라 구 식민지 측의 내셔널 아이덴티티 또한 크게 흔들릴 수밖에 없다. 앞서 언급한 바와 같이 식민지 지배에서 벗어난 직후의 구 식민지 국가들에는 때로는 그 기반인 '국민'의 명확한 틀조차 존재하지 않았으며, 이에 합치하는 확고한 내셔널 아이덴티티의 틀도 존재하지 않았다. 또한 알려진 바와 같이 많은 수의 구 식민지 국가들은 독립 후 긴 시간에 걸쳐 자국의 내셔널 아이덴티티를 확정하는 작업을 하였으며, 이것이 확정되면 비로서 네이션의 역사, 즉 '국민사'가 확정된다. 그리고 그 '국민사'가 확정되고 됨으로써 각각의 역사적 사상에 의미가 부여되며, 비로소 확고한 '역사인식'이 확정되어 진다.

그러나 이러한 구 식민지 국가들의 상황은 그들과의 역사인식 공유가 요구되는 사람들에 지극히 고약한 상황을 만들게 된다. 구 종주국 측이 자국의

---

3) 한국의 대일 강화회의 참석을 거부한 것이 수많은 식민지를 보유했던 영국이라는 사실이 전형적인 사례라 할 수 있겠다. 南基正「戰後日韓関係の展開: 冷戰, ナショナリズム, リ一ダ一シップの相互作用」『GEMCジャ一ナル』7, 2012年 3月.

4) 塚本孝「韓国の対日平和条約署名問題: 日朝交渉, 戰後補償問題に関連して」, 『レファレンス』42(3), 1992年 3月.

'역사인식'을 구 식민지 측에 맞추고자 시도한다 하더라도, 여기서 중요한 요소인 구 식민지 측의 '역사인식'이 계속해서 변화하기 때문에 구 종주국 측은 같은 작업을 몇 번이나 되풀이해야 하기 때문이다.

이러한 상황은 두 개의 결과를 낳는다. 첫째, 구 식민지 측은 역사인식을 확정하는 데 긴 시간이 걸리는 데, 그 사이에 구 식민지 측과 구 종주국 측의 역학 관계가 다시금 변화하고 만다. 패전 직후야 말로 국제사회에서 발언권, 발언력을 가지지 못했던 구 종주국도 이윽고 경제부흥을 이루어 내고, 국제사회에 복귀한다. 통상 구 종주국은 식민지 국가들보다 본디 큰 경제력을 가지며 그에 상응하는 국제적 발언력까지 가지고 있기에, 그들이 일단 본격적인 부흥의 흐름을 타고 나면 구 종주국의 영향력은 구 식민지 국가들을 쉽게, 그리고 크게 상회해 버린다. 이렇게 구 식민지 국가들이 자국의 '역사인식'을 확립하기 까지의 사이에 구 식민지 국가들과 구 종주국 사이의 국력차는 절망적일 만큼 벌어지게 된다.5) 그리고 이러한 상황은 구 종주국 측이 구 식민지 측의 '역사인식'을 수용할 때 얻을 수 있는 인센티브를 크게 훼손시킨다.

둘째로, 구 식민지 국가들의 긴 시행착오는 구 종주국 측 상황에도 영향을 미친다. 구 종주국 측은 구 식민지 국가의 '역사인식'이 변화할 때 마다 다시금 자국의 '역사인식'도 조정해야 할 필요에 직면한다. 당연히 이러한 작업은 구 종주국 측에 큰 부담이 된다. 또한 개개의 역사적 사상과 연관된 인식이 해당 국가의 '국민사'와 관련되어 있는 이상, 되풀이되는 구 식민지 국가들의 문제제기에 구 종주국 측의 '국민사'는 다시 써질 수밖에 없게 된다. 그리고 결과 구 종주국 측은 큰 스트레스를 받게 된다.

이러한 구 종주국의 스트레스는 패전국이 패전에 수반하는 개혁을 일정 기간 진행하여 새로운 '패전국으로서의 역사인식'을 확립하고 난 후에 오히려 현저하게 나타난다. 이는 패전 직후에는 패전국의 국민들 사이에 명확히 존재

---

5) 실제로 제2차세계대전의 전승국과 패전국의 관계와는 달리, 구 종주국과 구 식민지 국 사이에서 식민지배 등에 관해 '공통의 역사인식'이 공유되는 사례는 적다. 이 점에 대해서는 우선 일본 아카시쇼텐(明石書店)에서 출판된 『世界の歴史教科書(세계의 역사교과서)』 시리즈를 참조했다.

했던 '스스로를 개혁해야만 할 이유'에 대한 인식이 시간이 흐름에 따라 퇴색하기 때문이며, 또한 패전 후에 만들어진 새로운 국민사로 교육을 받은 사람들은 이를 다시 수정해야 할 이유를 인식하기 힘들기 때문이다.[6] 이렇게 해서 구 종주국 측에도 구 식민지 국가들에 대한 불만과 불신이 축적되고 결국에는 강한 반감까지 생겨나게 된다.

이렇게 구 종주국과 구 식민지 국가들 사이의 역사인식을 둘러싼 문제는 복잡화·장기화되고 만다.

3. 역사인식 문제의 이론적인 틀

물론 현실은 앞서 말한 것처럼 단순히, 이미 양쪽 모두가 국민국가인 전승국과 패전국의 관계, 그리고 한 편이 국민국가로 가는 정비가 앞서고 다른 한 편이 사후에 국민국가 형성을 진행하는 구 종주국과 구 식민지 국가들의 관계로 이분화 되는 것은 아니다. 전쟁 이전부터 역사인식 문제의 당사자인 쌍방이 국민국가였더라도, 어떠한 사정에 의해 '전승국 측의 역사인식'이 크게 흔들린 경우가 존재하기 때문이다.

그 전형적인 사례가 제2차 세계대전 후 동유럽 국가들일 것이다. 주지하는 바와 같이 대부분의 구 동유럽 국가들은 제2차 세계대전의 결과로 사회주의 국가인 소련의 영향 하에 놓여져, 강력한 압박 하에서 사회주의 체제로의 변혁을 강요 받게 된다. 당연히 그 과정을 거치며 각국에서는 대대적인 내셔널 아이덴티티의 재정립이 요구되었고 새로운 '역사인식'이 형성되었다.[7] 이렇게 본래대로 라면 자국의 '역사인식'을 밀어붙여야 했을 전승국의 '역사인식'이 흔들렸다는 의미에서 이들 국가들의 사례는 일정 범위 안이기는 하나 구 식

---

6) 1980년대에 일본과 독일에서 행해진 '역사에 대한 재검토' 작업이 그 예일지 모르겠다.
7) 동유럽국가들의 국민의식에 대해서는 페_텔 F.·슈가_, I·J·레데라_編 『東欧のナショナリズム: 歴史と現在』東欧史研究会訳, 刀水書房, 1981年 등을 참조했다.

민지 국가들과 유사성을 가지고 있다고 하겠다.

그러나 다른 점은, 이렇게 '전쟁에 승리했음에도 불구하고 체제 변혁을 강요받은 국가'들의 사례에서는, 통상 대대적인 역사인식의 재정립이 한번의ㅡ냉전 붕괴 후의 유사 상황도 포함하면 두 번ㅡ비교적 짧은 기간에 집중되어 행해짐에 비해, 구 식민지 국가들에서는 보다 장기간에 걸쳐 불안정한 상태에서 다 회에 걸쳐 반복적으로 이루어진다는 점이다. 대부분 도상국의 위치에 있었던 구 식민지 국가들은 정치제제도 불안정하여, 정치적 지배층이 빈번하게 그리고 대규모로 교체된다. 이러한 구 식민지 국가들의 정치적 불안정은 소련의 강력한 헤게모니 하에서 '강압적 안정'을 강요받은 구 동유럽 국가들과 좋은 대조를 이룬다.

서로 다르면서도 같은 양상의 경계적 사례가 되는 것이 전쟁 과정에서 일시적으로 패전국의 영향 하에 놓였던 국가들의 사례일 것이다. 그 전형적인 예로 독일 점령 하의 프랑스를 들 수 있겠다. 이 시기의 프랑스는 독일군 점령지역과 비시 정권(Régime de Vichy) 통치지역으로 분할되었고 양 지역에서는 다양한 형태의 대독 협력이 요구되었다. 즉 그곳에서는[8] 마치 식민지배와 같이 점령국민과 피점령국민의 경계가 일시적으로 불명확해지는 현상이 나타난 것이다. 어디까지나 협력을 거부하는 바람에 탄압을 받게 된 사람들, 자신의 의도와는 달리 동원된 사람들, 살아남기 위해 소극적인 협력을 선택한 사람들, 독일의 승리를 믿고 적극적으로 협력한 사람들 등이 바로 그곳에 존재했다. 마찬가지의 상황이 많은 독일 점령지에 출현하였으며, 결과적으로 전쟁이 끝난 후 이들 지역에서는 국민 국가 내부에 대독 협력자가 존재한다는 대처하기 까다로운 문제가 등장하였고, 각국은 대독협력을 둘러싼 '역사 인식'에 대해 끊임없이 논의를 반복하게 된다.[9]

그러나 이렇게 비슷한 부분이 있다고는 해도, 이 상황 또한 구 종주국과 구

---

8) ロバ_ト・O. パクストン『ヴィシ_時代のフランス: 対独協力と国民革命1940-1944』渡辺和行訳, 柏書房, 2004年.

9) アルベ_ル・シャンボン『仏レジスタンスの真実: 神話・伝説・タブ_の終わり』福元 啓二郎訳, 河出書房新社, 1997年.

식민지 국가들의 관계와 동일하지는 않다. 대독 협력자 문제는 기본적으로 '전승국 내부의 문제'이며 그런 고로 이 문제를 둘러싸고 패전국 측이 '역사 인식'의 재정립을 요구받는 경우는 많지 않기 때문이다. 따라서 패전국과 전 승국 사이의 '역사 인식'문제는 중요 이슈로 부상하지 못했으며, 이 문제로 인 해 발생한 전승국 내부의 '역사 인식'을 둘러싼 갈등이 패전국 측 '역사인식' 에 큰 부담으로 작용하는 일은 없었다.

4. 책의 구성

결론적으로 위의 이야기는 다음 그림과 같이 정리해볼 수 있다.

국민국가A 내셔널 아이덴티티	국민국가B 내셔널 아이덴티티
↓	↓
국민사 국민사의 문맥에서 해석	국민사 국민사의 문맥에서 해석
특정 역사적 사상X	
X에 대한 A의 역사인식 ↔ X에 대한 B의 역사인식	
대립	

전승국A 내셔널 아이덴티티		패전국B 수정된 내셔널 아이덴티티
↓		↓
국민사	전승국 으로서 개입	수정된 국민사
국민사의 문맥에서 해석		수정된 국민사의 문맥에서 해석
특정 역사적 사상X		
X에 대한 A의 역사인식	↔	X에 대한 B의 조정된 역사인식
조정		

```
                              전승국
         압력의뢰                            불충분한 정치적 개입
                              거부
      구 식민지A                         구 종주국 겸 패전국인 B
   반복 재구성되는 내셔널 아이덴티티      충분히 조정되지 못한 내셔널 아이덴티티
                  ↓                                   ↓
         반복 재구성되는 국민사              충분히 조정되지 못한 국민사
   유동적 국민사의 문맥에서 해석        충분히 수정되지 못한 국민사의
                                                  문맥에서 재해석
                        특정 역사적 사상X
   X에 대한 A의 유동적 역사인식      X에 대한 B의 충분히 조정되지 못한
                                              역사인식
                      반복되는 조정 요구
                      반발
                 역사인식 문제의 발발·장기화
```

그러나 이것 만으로는 단순화된 역사적 배경으로부터 유추한 하나의 가설에 지나지 않는다. 우리들은 이 가설을 어떻게 검증하고 발전시켜 가야 할까?

이 책에서는 먼저 두개의 사례에 착안하여 구체적으로 논의해보겠다. 먼저 주목할 것은 양국 교과서에 나타난 '역사 인식'의 전개이다. 주지하는 바와 같이 역사교과서에 나타난 식민지 지배 및 전쟁에 관한 기술의 문제는 긴 시간동안 그 자체가 한일 양국간 역사인식문제의 중요한 쟁점이었다. 그러나 교과서의 중요성은 이뿐만이 아니다. 한일 양국은 오랫동안 각각 국정제·검정제를 채택해오면서, 정부가 교과서의 기술내용을 신중하게 통제하여 자국 국민들로 하여금 그들이 생각하는 '올바른 국민사'를 습득하도록 유도해왔다. 바꿔 말하면 한일 양국의 역사교과서 기술에는 그 시점에서 양국이 표방하는 공적인 '역사인식' 나타나 있다. 그러므로 우리들은 이를 분석해 봄으로써 본디 한일 양국의 '역사인식'이 어떻게 형성되었으며, 또한 무엇이 그 형성에 영향을 주고 있는지를 알 수 있을 것이다.

그 다음으로 주목할 것은 일본군 위안부 문제에 관한 인식의 변화이다. 위안부 문제가 오늘날 한일 양국간의 역사인식문제를 둘러싼 최대 현안이기 때

문 만은 아니다. 오늘날 위안부 문제[10]는 양국 사이에서 치열하게 논의되고 있으나, 80년대 까지는 외교문제로 다루어 지지조차 않았으며 미디어의 주목도도 지극히 낮았다. 이 점을 고려할 때 위안부 문제는 한일 양국 역사인식의 변화를 가장 상징적으로 보여주는 이슈이며, 우리들은 그 전개 과정을 살펴봄으로써 왜 양국의 역사인식 문제가 90년대 이후에 크게 악화되었는지를 알 수 있을 것이다. 여기서 문제는 한국과 일본의 사회가 위안부 문제라는 단일 이슈에 대해 어떠한 과정을 거쳐 각각 오늘날과 같은 인식을 형성하게 되었는가, 그리고 왜 서로 달라지게 되었는가이다.

그리고 마지막으로 이 두 개의 '역사인식' 문제가 1990년대까지 전개된 과정을 살펴봄으로써 그것이 어떻게 오늘날과 같은 상황에 이르렀는지를 정리해 본다. 구체적인 사례로는 최근에 문제가 된 욱일기와 관련해 한국의 언설을 들어보도록 하겠다. 그럼, 이 책에서 위와 같은 절차를 통해 앞서 이야기한 분석의 틀을 검토하고, 나아가 정치화(精緻化)할 것임은 밝혀 두었다.

이제 준비는 모두 끝났다. 바로 본론으로 들어가 보자.

---

10) 졸저 기무라칸 『한일 역사인식 문제의 메커니즘』 김세덕 옮김, 제이앤씨(2019)을 참조함.

제1부

한일양국의 역사관과
교과서 문제

오늘날로 이어지는 한일 양국간의 역사인식문제는 1945년 한반도가 식민지배로부터 광복을 맞은 당시 생겨난 것이 아니라 그 이후 양국 사회의 상호에 대한 인식과 언설의 형성과정에서 생성된 것이다.[1] 일본군 위안부 문제에서 전형적으로 나타나 있듯, 오늘날 중요시되는 대부분의 문제들은 1990년대 이전까지는 활발히 논의된 바 없으며, 외교문제로 불거지는 일도 없이 줄곧 흘러오고 있었다.

이러한 상태를 움직여 처음으로 한일 양국간 역사인식에 대한 본격적인 외교 분쟁의 불씨를 당긴 것은 일본 역사교과서 기술내용을 둘러싼 문제였다. 역사 교과서 문제는 왜 양국 사이에서 '발견' 되었고, 주요 문제로까지 부상하게 된 것일까? 그리고 그 배경에는 어떠한 당시의 사회상황이 존재했던 것일까? 양국 역사교과서 관련 제도와 성립과정의 차이를 살펴봄으로써 이에 대해 알아보자.

---

1) 상세한 내용은 졸저 기무라 간 『한일 역사인식 문제의 메커니즘』 김세덕 옮김, 제이앤씨(2019)을 참조.

제1장

한일양국의 역사관과 교과서 문제

들어가며

　문제는 오히려 이러한 일들이 이제는 직업적 학문영역의 신비로움에 은폐되지 않고 공공연하게 논의되기 시작한 오늘날, 저자와 같은 사람들의 책임이 갑작스레 무거워졌다는 데에 있다고 생각한다. 민족지(民族誌)적인 텍스트가 한번 재조명되고 주시되니, 이를 만들어 내는 쪽인 인간의 책임 또한 그만큼 무거워지는 것이다. 무엇보다 이러한 상황은 기성 학계 내에 불안을 조장하고, 논적(論敵)을 향해 사실 그 자체로 돌아가라고 외치며, 힘에 대한 의지까지 노골적으로 드러난 도전장을 내미는 분위기를 조성하고 있을지도 모르겠다.2)

　한국과 일본 사이에 가로놓인 '역사인식'을 둘러싼 논쟁이 오늘날과 같은 형태의 본격적인 양국간 외교문제로 불거진 것은 일본의 식민지배가 종료된 직후의 일이 아니다. 일본 문부과학성이 1982년 짓쿄 출판의 '세계사' 교과서 내용 중 '화북 침략'을 '화북 진출'로 '바꿔 기술토록 하였다'고 보도된 사건3)

---

2) クリフォード・ギアーツ『文化の読み方 / 書き方』森泉弘次訳, 岩波書店, 198~199쪽.

에서 이른바 '역사 교과서 문제'[4])가 비롯된 것을 보면 알 수 있다.

필자가 이렇게 서술하는 데에는 그 밖에도 이유가 있다. 예를 들어 표 1-1을 살펴보자. 이는 오늘날 한일 관계에서 '과거'와 관련해 주요 문제로 주목받고 있는 토픽들이 한국 최대 일간지인 조선일보의 지면에서 지금까지 얼마나 큰 비중으로 보도되었는지를 나타낸 것이다. 한눈에 봐도 그 숫자가 시대별로 크게 변화하고 있음을 알 수 있다.[5])

• 표 1-1 『조선일보』로 보는 역사인식 문제에 관한 보도의 추이

	일본 교과서	위안부	정신대	야스쿠니	신사참배	독도	독립운동	친일파	일본배상	일본평화선
1945-49	0.0000	0.0000	0.0016	0.0000	0.0000	0.0243	0.0089	0.0251	0.0380	0.0000
1950-54	0.0000	0.0000	0.0000	0.0000	0.0000	0.0844	0.0075	0.0021	0.0139	0.0107
1955-59	0.0006	0.0000	0.0000	0.0000	0.0000	0.0135	0.0188	0.0009	0.0074	0.0237
1960-64	0.0000	0.0000	0.0000	0.0000	0.0000	0.0112	0.0130	0.0004	0.0049	0.0201
1965-69	0.0006	0.0000	0.0000	0.0000	0.0000	0.0198	0.0207	0.0008	0.0023	0.0037
1970-74	0.0005	0.0000	0.0000	0.0011	0.0012	0.0050	0.0077	0.0000	0.0014	0.0002
1975-79	0.0004	0.0002	0.0000	0.0002	0.0004	0.0185	0.0090	0.0002	0.0011	0.0000

---

3) 여기서 이야기하는 '교과서 문제'는 기술내용의 옳고 그름뿐 아니라 양국의 제도 등에 관한 논의도 포함되어 있다.
4) 당시 검정에는 강제력이 있는 A의견과 강제력이 없는 B의견이 있었는데, '침략'이라는 기술에 대해서는 이를 수정하라는 B의견이 1982년 검정 이전부터 붙어있었다는 점을 간과해서는 안 되겠다.
5) 이 점에 관해서는 졸저 「ポピュリズムの中の歴史認識―日韓の事例を中心に」 『レヴァイアサン』 2008년 봄호, 2008년 4월, 동 「日韓関係における『歴史の再発見』に関する一考察」『国際協力論集』 15(1), 2007년 7월, 및 鄭奈美・木村幹 「『歴史認識』問題と第一次日韓歴史共同研究をめぐる一考察」『国際協力論集』 16(1), 2008년 7월, 16(2), 2008년 11월 등 참조.

1980-84	0.0555	0.0000	0.0010	0.0002	0.0019	0.0095	0.0094	0.0000	0.0008	0.0000
1985-89	0.0152	0.0000	0.0008	0.0004	0.0025	0.0084	0.0154	0.0004	0.0008	0.0000
1990-94	0.0068	0.0980	0.1757	0.0034	0.0180	0.0327	0.0484	0.0056	0.0079	0.0000
1995-99	0.0077	0.0485	0.0170	0.0020	0.0066	0.0561	0.0488	0.0017	0.0115	0.0003
2000-04	0.0234	0.0362	0.0056	0.0128	0.0296	0.0466	0.0330	0.0035	0.0029	0.0000
2005-09	0.0113	0.0308	0.0032	0.0266	0.0187	0.1647	0.0367	0.0077	0.0026	0.0000
2010-14	0.0130	0.0821	0.0042	0.0223	0.0159	0.1081	0.0156	0.0032	0.0059	0.0000
2015-2019	0.0044	0.0947	0.0016	0.0059	0.0033	0.0411	0.0491	0.0085	0.0087	0.0000

출전: DB조선, http://srchdb1.chosun.com/pdf/i_service/index.jsp로부터 필자가 작성. 검색일은 2020년 3월 24일. 조선일보 상에서 '일본'을 키워드 또는 제목에 포함하는 기사의 수에서 각 단어를 포함한 기사의 수가 얼마나 차지하고 있는지 그 크기를 나타내 보았다. 최대가 1.00이다.

이는 '역사인식'이 단순히 '과거 사실'에 관한 문제가 아니며, 각 시점에서 과거를 받아들이는 '현재를 살고 있는 사람들'의 문제이기도 하다는 것을 나타내고 있다. '과거' 그 자체는 그것이 발생한 시점 이후로 변하지 않으나, 그럼에도 불구하고 '과거'를 바라보는 사람들의 이해나 논의의 양상이 변화한다면, 이는 그 변화의 이유가 '과거' 그 자체에 있는 것이 아니라 바라보는 시점에서의 상황, 즉 '현재' 쪽에 존재함을 의미한다.

그렇다면 이러한 '역사인식'을 둘러싼 논의의 변화는 무슨 계기로 시작되었을까? 이 점에 관해서는 지금까지 두 가지 접근이 존재했다. 첫 번째 접근은 주로 한국 사회의 변화에서 이를 설명하고자 한 것이다. 특히 그중에서도 강조된 것이 한국의 민주화였다. 주지하는 바와 같이 한국은 이승만 정부로부터 박정희 정부를 거쳐 전두환 정부로 이어지는 '권위주의적' 체제기[6]를 겪고,

---

6) 권위주의적 체제의 개념에 관해서는 졸저 『한국의 권위주의적 체제 성립』 김세덕 옮김, 제이앤씨(2013)를 참조.

1987년 민주화를 거쳐, 오늘날에 이른다. 이러한 한국 정치상황의 변화가 자유로운 사회 분위기를 조성하고, 시민운동을 활성화하였으며, 그 결과 한국에서 일본에 대해 다양한 '역사인식' 관련 문제를 제기하게 되었다는 것이다.

이에 비해 일본사회의 변화로부터 설명하고자 한 접근법도 존재한다. 특히 한국에서는 '일본의 우경화 현상'과 이 문제의 연관성을 거듭 지적해왔다. 이러한 인식에 선 논자는 다음과 같이 설명한다. '역사 인식' 문제가 악화되고 있는 것은 일본에서 '내셔널리즘의 망령'이 되살아 났기 때문이며, 이로 인해 '역사인식'을 둘러싼 상황이 현저하게 악화를 거듭하고 있다고 말이다.

그러나 이 두 가지 접근법 모두 한계가 있다. 첫째, 한국의 민주화로 설명하기에는 한일 양국의 '역사인식'에 관한 문제 중 일부-특히 교과서 문제와 야스쿠니신사 참배 문제-가 전두환 정부의 전성기에 이미 발생했음을 설명할 수 없다. 또한 이 주장에서는 '역사인식'을 둘러싼 논의가 민주화 이후에 점차 더 활발해지고 있음을 설명하는 것 또한 불가능하다.[7]

일본사회의 변화로부터 설명하고자 한 접근법도 마찬가지다. 교과서문제를 예로 들자면 표 1-2에서 알 수 있듯, 1980년대는 일본 교과서에 조선 식민지배 관한 기술이 오히려 급속도로 충실도가 충실해진 시기에 해당한다. 아이러니하게도 1970년대, 그리고 그 이전의 일본 교과서는 한일병합을 비롯한 한일간의 '과거'에 관한 사상을 대개 다루지 않았음에도 불구하고 이 시기 한일 간에 교과서 문제가 외교 문제화되는 일은 단 한번도 없었다.[8] 그러므로 적어도 교과서

---

7) 그렇다고 해서 민주화 자체가 중요하지 않다는 것은 아니다. 예를 들어 90년대에 들어서서 역사인식 문제의 전개에서 중요한 역할을 한 정신대문제대책협의회는 80년대 민주화에서 여성운동의 고양을 그 배경으로 하여 조직되었다. 鄭鎭星 『日本軍の性奴隷制: 日本軍慰安婦問題の実像とその解決のための運動』 鄭大成, 岩方久彦訳, 論争社, 2008년. 그리고 졸저 기무라 간 『한일 역사인식 문제의 메커니즘』 김세덕 옮김, 제이앤씨(2019) 등을 참조. 마찬가지로 전시피해자 단체인 태평양전쟁희생자유족회가 활발하게 활동하게 된 배경에도 민주화의 영향은 존재했다. 후자에 대해서는 木村幹・田中悟・金容民編 『平成時代の日韓関係史』 ミネルヴァ書房, 2020년.
8) 가령 신자유주의사관의 부상 등으로 일본의 내셔널리즘이 대두한 것이라 설명한다면, 그 시작시점은 1990년대 중반 이후까지 기다려야 할 것이다. 이 점에 대해서는 『한일 역사인식 문제의 메커니즘』 김세덕 옮김, 제이앤씨(2019) 등을 참조.

기술을 살피는 한, 1980년대 말부터 전개되고 있는 한일 양국간 '역사인식'에 관한 분쟁을 일본의 '우경화'로만 설명하는 것 또한 불가능함이 자명하다.

• 표 1-2　도쿄서적 『일본사』 교과서로 보는 기술의 변화

	1978	1983	1990	1993	1996	2000	2004
한일의정서							
제1차 한일협약	○	△	△	△	△	○	○
제2차 한일협약		△	○	○	○	△	○
제3차 한일협약			△		△		
헤이그특사사건		△	△	△	△	△	△
한국통감부	△	○	○	○	○	○	○
안중근							○
한일병합조약	○	○	○	○	○	○	○
조선총독부		○	○	○	○	○	○
토지조사사업		△	△	△	△	△	△
3·1독립운동	△	△	△	△	△	△	△
만세사건		○	△	△	△	△	△
황민화			△	△	△	△	○
창씨개명			△	△	△	△	△
의병운동(투쟁)							
간토대지진						○	
종군위안부(위안부)						△	○
강제연행							○
자료(한일의정서) 본문	○						
사진 이토 히로부미와 한국 황태자	○						
사진 3·1독립운동							○
사진 궁성요배하는 조선인들							○
사진 의병						○	○

주: ○는 고딕체 표기, △는 통상적인 포트로 된 기술. 또한 1990년 이후는 『일본사B』 교과서의 기술을 나타낸다.

출전: 鄭奈美·木村幹 「『歷史認識』 問題と第一次日韓歷史共同硏究をめぐる一考察(二)」 『國際協力論集』 16(2), 2008년 11월호, 137쪽. 표 작성자 鄭奈美.

그렇다면 1980년대 말 이후에 벌어진 한일간 '역사인식'에 관한 논쟁은 어떻게 설명해야만 할까? 또한 오늘날 한일 양국의 역사교과서 기술과 어떠한 관계성을 가지는 것일까?

1. 문제설정과 가설제시

이미 언급한 바와 같이 '과거'가 '과거'로서 일단 확정된 이후에는 변하지 않는 이상, '과거'를 둘러싼 논의의 변화는 논의가 이루어지고 있는 '현재' 시점의 상황에서 밖에 설명할 방도가 없다. 그렇다면 우리들은 1980년대 말부터 역사인식에 관한 논의가 활발해진 이 상황, 즉 '과거'를 논의하는 '현재'의 상황에 대해 어떠한 분석적 접근법을 적용해 볼 수 있을까?

어떤 문제가 서로 다른 집단 사이에서 열심히 논의되기 위해서는 몇 가지 필요한 조건이 있다. 첫째 그 문제 자체의 중요성이다. 가령 어떤 문제가 존재한다 해도 사람들이 이를 중요하다고 생각하지 않는 한 논쟁의 대상이 될 수 없기 때문이다. 둘째는 그 문제에 대한 집단 간 견해차이다. 특정 문제가 서로 다른 집단에서 동시에 중요하게 여겨진다 해도 그 문제에 대한 양자의 견해가 일치한다면 역시나 두 집단 사이에 논쟁이 발생할 여지는 없다.

중요성의 인식과 견해의 차이에 대해 필자는 과거 전자의 관점에서 한일간 역사문제 대해 논의한 다수의 경험을 가지고 있다. 주요 논점은 다음과 같았다. '과거' 문제를 둘러싼 논쟁의 중요성을 생각할 때, 그 포인트는 논쟁 상대의 중요성이 상대적으로 변화하고 있다는 점에 있다. 국제사회와의 교류에서 차지하는 비중을 고려할 때, 1970년대 전반 이전의 한국에게 일본의 중요성은 매우 컸다고 하겠으나, '과거'와 관련한 문제의 현재화(顯在化)가 '현재'에서 차지하는 일본의 중요성을 크게 저해했다고 할 수 있다. 이렇게 한국사회에서 차지하는 일본의 중요성은 1970년대 후반 이후 급속도로 줄어든다. 그리고 결과적으로 일본의 중요성이 줄어든 이 시기에 한국에서 '과거'를 둘러싼 문제의 중요성이 상대적으로 대두하였고, 일본에 대한 비판적인 여론이 분출하게 되었다고 이해할 수 있겠다. 정도의 차는 있겠으나, 똑같은 이야기를 일본 측에 대해서도 할 수 있다. 냉전의 종언과 글로벌화는 지리적 인접국으로서의 한일 관계의 특수성을 상대적으로 줄어들게 했다. 이러한 상황 속에서 양국에서 상대국이 차지하는 '현재'의 중요성이 옅어지자, '과거'에 관한 문제가 부상하기 쉬워졌음은 필연적이라 하겠다.9)

그 관계를 도식화한 것이 그림 1-1이다. '과거'를 둘러싼 문제들이 상대적으로 중요해지자, 양국에서 예전에는 논의 자체가 어려웠던 문제들을 언제부터 인지 쉽게 논의될 수 있게 되었다. 그리고 이러한 언론 공간의 변화를 가져온 또 하나의 요인이 다름아닌 세대교체였다. 일본의 'BC급 전범'과 한국의 '친일파'를 둘러싼 논의에서 알 수 있듯이 식민지 지배의 종언 직후, 이들 문제와 관련된 '과거'에 대해 논의하는 것은 아직 당시의 '현재'를 살던 사람들, 즉 그들 자신에 대한 논의를 의미하였기에 금기와 한계가 존재했다. 금기는

그림 1-1

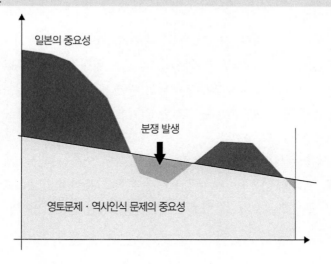

일본의 중요성

분쟁 발생

영토문제 · 역사인식 문제의 중요성

9) 이에 관해서는 前揭拙稿「ポピュリズムの中の歴史認識」및 'Nationalistic Populism in Democratic Countries of East Asia', Journal of Korean Politics (『韓国政治研究』) Vol.16 No.2, 2007를 참조. 또한, 『한일 역사인식 문제의 메커니즘』 김세덕 옮김, 제이앤씨(2019)을 참조.

사람들을 논의가 아닌 침묵으로 몰아넣었고, 그 결과 오랜 시간에 걸쳐 '과거'에 관해 이야기하기 힘든 시기가 이어졌다.

그러나 오랜 침묵은 사람들로 하여금 '과거'에 관한 상세한 사실을 망각하게 하였고, 이러한 상황이 일정한 단계에 이르자 한일 양국에서는 '과거'에 관한 '역사의 재발견'이 시작되었다. '일본군 위안부'에 관한 혼란은 그 전형적인 예이다. 예를 들면 1980년대 이전에 한국에서 서로 전혀 다른 개념인 '정신대'와 '위안부'가 동일시되는 상황이 만들어졌다. 이는 한국인들 사이에서 예전에는 당연했던 기억이 소실되고, 사실과는 다른 형태로 재구성되었음을 의미한다.[10] 똑같은 양상이 일본에서도 전개된다. '역내생산이 성장했다'는 의미에서의 경제성장이 식민지 시대 조선에서 일어난 것은 예전에는 당연한 사실로서 받아들여졌다. 그러나 1990년대에 들어서면 일부 일본인들 사이에서 이러한 단순한 사실이 마치 지금까지 숨겨져 있었던 굉장히 특수한 일인 마냥 선전된다. 그것이 2005년 이후 '혐한류'의 흐름에서 크게 강조되고 있음은 주지의 사실일 것이다.[11]

금기가 '과거'의 일정한 '사실'을 덮어 감추고, 그 후 시작된 '역사의 재발견'이 마치 추문이 퍼져 나가듯 전개된다. '과거'는 잊혀짐으로 인해 '역사'가 되고, '역사'가 되는 과정에서 그때까지 와는 다른 중요성을 부여받는다. 한일간의 역사인식이 전개되는 과정은 그러한 의미에서 전형적인 역사의 '재발견'을 향한 프로세스였다고 하겠다.

그러나 위와 같은 설명에 기초한 필자의 과거 연구는 전부 '과거'에 관한 문제가 왜 1980년대가 되어서야 중요성을 더하고, 논의하기 쉬워졌는지에 관해 가설의 틀을 제시하는 데 그쳤다. 이번 장에서는 좀 더 발전된 논의를 전개해 보자.

---

10) 이 점에 관해서는 韓国挺身隊研究所編 『よくわかる韓国の「慰安婦」問題』許善子・金英姫訳, アドバンテージサ―バ―, 2002년 등.
11) 전형적인 예는 山野車輪 『マンガ嫌韓流』 晋遊舎, 2005년.

먼저 제2차 세계대전의 종언부터 오늘날에 이르기까지 한일 양국에서 일어난 역사인식의 변천을 양국 역사학계의 논의를 중심으로 정리한다. 여기서는 한일 양국의 역사인식이 학계 차원에서 어떻게 다른 길을 걷게 되었는지, 그리고 그 초점 중 하나인 '내재적 발전론'이 어떻게 받아들여졌는지를 밝히도록 하겠다.

다음으로는 이러한 양국 역사학계 역사인식의 차이가 어떤 식으로 역사 교과서에 반영되어져 갔는지를 서술한다. 이는 역사학계의 인식이 교과서 기술로서 고정화되는 프로세스이기도 하다. 마지막으로 그 대표적인 발로의 하나인 '근대적 법질서'와 관련한 기술에 대해 구체적으로 살펴보도록 하겠다.

2. 해방 이후 한국의 역사학[12]

먼저 한국 역사연구의 전개 과정을 시대별로 살펴보도록 하자. 첫 단계는 일제 강점기 시절로 주로 일본인 학자들이 한반도에 관한 연구를 담당했던 시기이다. 조선 총독부 산하에 있던 다양한 기관의 일원으로서 혹은 경성제국대학의 일원으로서 역사연구를 수행한 그들에게 오늘날의 조선 근대사는 일종의 '동시대사'와 다름없었다. 또한 그들은 자신들의 위치에서 총독부 등 기관들이 소장한 학술자료를 직접 접할 수 있는 기회를 가진, 이른바 식민지배기의 '인사이더'적인 존재들이었다.[13]

그러나 조선근대사연구 중 이 '제1세대' 연구는 광복 후 한국에서 격렬한 비판에 휩싸인다. 여기에는 종래 연구가 일본 식민지배를 정당화하는 방향으로 가고자, 그 근거로서 한민족의 '사대성'을 강조하고 있는 것에 대한 강한

---

12) 한국 역사학의 흐름에 관해서는 「회고와 전망」, 『역사학보』 5 이후, 역사학회편 『현대한국역사학의 동향(1945~1980)』 일조각, 1982년, 역사학회편 『한국사의 반성』 신구문화사, 1969년, 한국사연구회편 『한국사학사의 연구』 을유문화사, 1985년, 신형식 『한국사학사』 삼영사, 1999년 등을 참고.
13) 세대 분류에 관해서는 다음 글을 참고했다. 최갑수 「민석홍의 학문세계」 『프랑스사연구』 6, 2002년.

반발이 작용했다. 예를 들어 1947년 한국의 한 논자는 다음과 같이 언급했다.

> 이러한 조변석화(朝變夕化)의 아첨하는 사대성을 살펴보면 실망할 정도이지마
> 는 한편으로 장점을 찾아보면 세계우수민족이다. 역사적으로 비행기, 잠항정, 활자
> 의 발명이 세계에 앞섰다는 것은 그만 두고라도 왜정시대에 모든 구속 중에서 수
> 족의 움직이는 자유가 있으매 올림픽선수 손기정과 세계 무희 최승희가 나지 않
> 았는가.14)

이 배경에는 식민지배로부터 해방된 후 한반도에서 민족주의가 대두하고
있었던 상황이 자리한다. 그러나 한국에서 일어난 민족주의가 이 시점에서 바
로 조선 근대사의 본격적인 수정으로 이어지지는 않았다. 예를 들어 이인영은
1948년 「우리 민족사의 성격」에서 여전히 일제강점기 시절 연구자들의 입장
을 지지했다. 이러한 상황은 1950년대에 들어서도 계속되었다. 당시 한반도를
둘러싼 논의에서는 중국, 러시아, 일본이라는 강대국 사이에 낀 한반도의 지
정학적 특수성이 현실적인 문제로서 강하게 인식되고 있었다는 점도 중요하
다. 즉 당시 한국의 학계에서는 한반도의 지정학적 취약성을 주장하면서 동시
에 조선사의 자율성을 주장하는 것은 '극복하기 힘든 모순'이 있다고 보여 지
므로, 대담한 학문적 선회를 하기는 여전히 곤란한 상황이었다.15) 결국 한국
에서는 '식민지사관'으로부터의 탈피를 지향하는 연구−주로 조선왕조시대의
'실학'이 그 대상이 되었다−가 수행되는 한편, 조선사의 타율성에 대한 주장
또한 그대로 유지되는 혼란한 상황이 이어졌다.

당시 한국 학계의 상황을 보다 명확하게 하기 위해 당시 한국역사학의 중
심을 이루던 사람들에 대해서도 좀 더 상세히 알아보자. 1950년대 무렵 한국
역사학계를 바라볼 때 중요한 포인트는 학계가 3개 세대로 구성되어 있었다

---

14) 최성환 「국민운동의 이념」, 『재건』 1947년 6월호, 16쪽.
15) 이기백 「식민주의적 한국사관 비판」, 동『민족과 역사』 일조각, 1971년, 33쪽. 원
　　문은『국사신론』, 1961. 이러한 상황에서 벗어나기 위해 「북진통일」이 필요하다
　　는 논의도 있었다. 김용덕 「국사의 기본성격」, 『사상계』 1953년 11월.

는 점이다. 제1세대는 1920년대 이전 일본에 유학간 경험이 있으며, 일본에서 고등교육을 받은 사람들이다. 대표적인 인물로는 최남선[16], 이병도[17] 등을 들 수가 있겠다. 1950년대 한국 역사교과서의 집필을 책임진 대표들이 바로 역사학계 원로라고 해야 할 이들 제1세대의 면면들이었다.

제2세대는 1922년에 제2차 조선교육칙령이 공포·시행된 후 이전에 비해 한반도에서 상대적으로 널리 교육받을 기회를 제공받은 세대였다. 대표적인 인물은 1945년부터 1962년까지 서울대 국사학과에서 교편을 잡은 김상기[18], 신석호[19] 등이다.

그러나 1950년대에 실제로 한국역사학계의 중심에서 활약한 인물들은 이들 장로세대가 아니었다. 한국에서 역사학회는 한국전쟁이 한참이었던 1952년에 창립되었다. 이때 학회의 발기인에 이름을 올린 것은 한우근[20], 김철준[21], 천관우[22], 전해종, 고병익[23], 정병학, 민석홍[24], 안정모, 이보형[25] 같

---

16) 최남선과 역사학의 관계에 관해서는 이영화 『최남선의 역사학』 경인문화사, 2003년. 또한, 「Daum백과사전」, http://100.daum.net/(최종확인 2018년 5월 5일).
17) 「두계 이병도박사 약력(斗溪李丙燾博士略歷)」, 『이병도박사 화갑기념논총(李丙燾博士 華甲紀念論叢)』 일조각, 1956년. 또한 「Daum백과사전」 http://100.daum.net/(최종확인 2018년 5월 5일).
18) 「인물정보」, http://people.joins.com/(최종확인 2018년 5월 5일).
19) 「친일파99인」, http://bluecabincom.ne.kr/split99/ssh.htm(최종확인 2008년 12월 22일).
20) 1915년생이므로 다른 인물들 보다 연장자이다. 「Daum백과사전」, http://100.daum.net/(최종확인 2018년 5월 5일), 「인물정보」 http://people.joins.com/(최종확인 2018년 5월 5일).
21) 「Daum백과사전」, http://100.daum.net/(최종확인 2018년 5월 5일).
22) 「Daum백과사전」, http://100.daum.net/(최종확인 2018년 5월 5일), 「대한민국 대표인물」, 「인물정보」 http://people.joins.com/(최종확인 2018년 5월 5일), 『한국일보』 2004년 10월 6일. 또한 본 장에 나온 한국 신문 관련 정보 중 조선일보는 조선일보 아카이브 http://srchdb1.chosun.com/pdf/i_archive/(최종확인 2018년 5월 5일), 그 밖의 신문은 기사통합검색 KINDS http://www.kinds.or.kr/(최종확인 2018년 5월 5일) 참조.
23) 『한국일보』 2004년 5월 19일, 「Daum백과사전」, http://100.daum.net/(최종확인 2018년 5월 5일).
24) 『문화일보』 2001년 7월 23일, 최갑수 「민석홍의 학문세계」.

은 사람들이었는데, 이들의 경력에는 많은 공통점이 있었다. 즉 이들 중 대부분이 1940년대에 일본에 유학을 다녀왔으며, 태평양 전쟁의 발발로 인해 어쩔 수 없이 학업을 중단하고, 해방 후 다시 서울대를 중심으로 한국 내 대학에서 학업을 마친 사람들이었다. 필자가 확인한 바만 나열해도, 한우근, 고병익은 도쿄제국대학을 중퇴하였고, 천관우는 경성제국대학, 민석홍은 교토제국대학을 중퇴하였으며, 모두 해방 후 서울대학에서 학업을 마쳤다. 전해종은 서울대학 시절 이들의 동기생이었으며, 그 외 김철준은 1943년에 교토의 도지중학교를 졸업하고 1944년에 어쩔 수 없이 귀국하게 된 경우이다. 이보형은 1924년생으로 해방 직후 서울대를 졸업하였다.

역사학회의 발기인인 이들은 1957년까지 학회의 상임감사직을 독점하였다. 그 후 1959년 이기백,[26] 길현모, 윤무병이 상임간사로 들어왔고, 1960년에는 이광린[27]이 추가된다. 표 1-3에서 보듯이 역사학회 초대회장인 홍이섭이 퇴임한 후, 사실 상 역사학회의 창립 멤버인 이들은, 같은 1925년생이며 1971년 대표간사에 취임한 이우성을 유일한 예외로 차치하면, 1970년대에 이르기까지 실로 20년 이상 회장직을 번갈아 맡으며 독점했다. 그중 이광린은 1926년생으로 해방 후 연세대에 입학하여 졸업한 인물이며, 이기백[28]은 1924년에 태어나 와세다대학에 입학한 후 1947년 서울대를 졸업한다. 서양사를 전공한 1923년생 길현모도 민석홍 등과 함께 서울대를 졸업한 사이였다. 윤무병도 1924년생이므로 기본적으로 같은 세대에 속한다고 할 수 있다.

---

25) 이보형 『미국사개설』 일조각, 1976년.
26) 이기백 『국사신론』 일조각, 1961년. 또한, 인물정보 http://people.joins.com/(최종확인 2018년 5월 5일).
27) 『한국일보』 2006년 4월 11일.
28) 어느 논자는 이기백과 이병도의 밀접한 관계를 언급한다. 송준희 「규원사화는 위서인가?」http://www.baedalguk.com/bbs/(최종확인 2008년 12월 22일).

• 표 1-3 역사학회 회장/대표간사(1999년까지)

회장	년도
홍이섭	1952
★고병익	1957
★전해종	1960
★김원룡	1962
★한우근	1963
★이보형	1967
☆이기백	1967
이우성	1971
☆길현모	1972
☆이기백	1974
☆이광린	1976
차하순	1983
이재룡	1985
황원구	1987
최문형	1989
류영익	1990
한영국	1993
김영한	1994
민현구	1996
김용덕	1999

출전: 역사학회 http://www.kha.re.kr/modules/doc/index.php?doc＝intro에 의거하여 필자가 작성(최종확인 2020년 3월 24일). ★는 역사학회 창설 멤버, ☆는 1960년대 이전에 추가된 상임간사 이력이 있는 인물을 나타낸다.

이렇게 보면 1950년대 이후 한국의 역사학연구에서는 명확한 특징이 하나 보인다. 이 시대 역사학 연구는 일본 통치하에서 고등교육을 받은 마지막 세대－보다 정확하게는 일본에서 학문을 닦고자 하였으나 전쟁으로 인해 어쩔 수 없이 이를 중단하고, 해방 후 구경성제국대학으로부터 개편 설치된 서울대를 중심으로 한국의 대학을 졸업한 세대－가 이끌었다는 점이다.

이는 생각해보면 기묘한 상황이 아닐 수 없다. 천관우, 민석홍이 1925년생이었던 점을 보면 알겠지만, 역사학회 창립 당시 그들 중 대부분은 아직 30세가 될까말까한 나이에 지나지 않았다. 이는 한국 역사학계의 절대적인 인재부족이 낳은 결과였다.[29] 이에 대해 일제강점기 조선총독부의 말단에서 연구에 종사하며 전후 일본의 한반도 연구에서 중심적 인물이었던 하타다 다카시는 "일본의 통치정책은 조선인 조선역사가를 배출하는 방향이 아니었다"고 언급한 바 있다. 바로 이런 상황이 있었기에 일본의 식민지배가 끝나고 난 뒤, 이들 적은 수의 예외적 인물들은 오랜 동안 자신들의 전문 분야를 훨씬 넘어선 폭넓은 분야의 역사연구를 커버할 수밖에 없었다.

역사학회는 이 실질적인 창립 멤버들이 자신들 보다 윗세대인 홍이섭[30] 회장을 추대하는 형태로 발족되었다. 홍이섭은 1914년에 태어나 1938년에 연희전문학교를 졸업하였다. 앞서 언급한 한국역사연구의 제2세대에 해당하는 인물로, 일제강점기에는 서울기독교청년회학교에서 교사로 재직한 경력의 소유자이다. 적어도 공식적으로는 식민지통치와 직접 관련된 일을 하지 않았다는 점이 젊은 제3세대 사람들이 제2세대의 인물 중 유일하게 그 한사람만을 추대한 이유인 것으로 보인다. 또한 식민지배가 끝나기 1년전인 1944년에 일본어로 쓰여진 그의 『조선과학사』가 당시 일본 당국의 '식민사관'에 반기를 들었다고 이해되고 있었던 점도 중요하게 작용했을 수 있다. 이렇게 그는 이후 '민족사관'이라 불리는 조류를 대표하는 인물로 자리잡아갔다.

그렇다면 같은 시기 일본의 조선사학계의 상황은 어땠을까? 지금부터 이에 관해 살펴보자.

---

29) 旗田巍 『朝鮮史』 岩波書店, 1951년, 4쪽.
30) 원유한 「홍이섭 선생의 삶과 역사학」, 『실학사상연구』 10·1, 1999년 1월, 「Daum백과사전」, http://100.daum.net/(최종확인 2018년 5월 5일).

3. '내재적 발전'론의 등장

태평양전쟁 이후 일본의 조선근대사 연구는 현저하게 쇠퇴하는 경향을 보인다. 이 점에 관해 하타다 다카시는 다음과 같이 언급했다. 다소 길지만 원문을 인용토록 하겠다.

> 조선이라는 말이 조선인에게 지극히 불유쾌한 느낌을 주었던 때는 조선사를 연구할 마음이 들지 않았을 거라 생각된다. 동시에 이 점은 젊은 세대 일본인에게도 조선사연구에 대한 열의를 잃게 하는 것이었다. 조선사연구를 저해한 원인은 현실의 정치에만 있었던 것이 아니라 학문의 내용 그 자체에도 존재했다. 일본인들은 조선사연구에서 고대사에 주력하고 근대사에는 힘을 쏟지 않았으며, 그 고대사연구 자체도 문헌비판, 연표, 지명 고증을 특징으로 하는 것이었다. (중략) 이는 역사학에서 중요한 전제 중 하나이기는 하나 이것 만으로 다양한 사람들의 역사를 다 헤아릴 수는 없다. 사람이 존재하지 않는 역사학이 만들어진 것이다. 이 점이 조선사에 대한 젊은 세대의 관심을 경감시켰다. 그 후 일본의 패퇴로 인해 식민지배가 소멸되고 조선사연구자들은 국가의 지원을 받을 수 없게 되었다. 이에 조선사연구는 단번에 침체의 길로 빠지고 말았다.[31]

그리고 하타다는 다음과 같이 언급한다.

> 이제 조선사 연구는 새로운 재출발의 시기에 면해 있다. 종래 성과를 흡수함과 동시에 이를 뛰어 넘어 새로운 조선사를 개척해야 한다. 무엇보다 조선 사람이 걸어온 조선인의 역사를 연구해야 한다. 지금 고난의 철화(鐵火)에 휩싸여 있던 조선인의 고뇌를 자신의 고뇌로 삼는 것이 조선사연구의 기점이 될 것이라 생각한다.[32]

---

31) 旗田巍 『朝鮮史』 岩波書店, 1951년, 4쪽.
32) 旗田巍 『朝鮮史』 岩波書店, 1951년, 5쪽.

이러한 일본의 조선사연구 정체 현상은 1960년대 중반까지 계속된다. 1960년대 중반이 조선사연구의 전환점이 된 원인을 나카즈카 아키라는 두 가지로 지적한다.33) 첫째는 1965년 한일기본조약 체결과 그 후 한일양국 정부의 정치적 유착관계가 일본인의 한반도에 대한 관심을 불러 일으켰다는 점, 그리고 둘째가 베트남 전쟁으로 대표되는 세계사적 민족자결의 파고가 한반도 통일과 민주화투쟁을 '일본의 평화 및 민주주의와 상호관련 지어 생각하는' 사람들의 숫자를 증식시켰다는 점이다. 나카즈카에 의하면 이점이 "일본에서 조선사 연구가 성행하게 되는 사회적 기반을 만들었다"고 한다.34)

1960년대 중반에 일어난 일본인의 한국에 대한 인식 변화는 한반도 관련 연구에 큰 변화를 초래했다. 다시 나카즈카의 말을 빌리자면 "조선을 그저 일본을 비롯한 국가들이 침략했던 객체로 보는 것이 아니라, 조선인 입장에서 내재적으로 조선사를 분석하는 연구"가 나타나게 되었다. 이른바 '내재적 발전론'의 등장이다.

나카즈카는 '내재적 발전론'에 근거한 분석이 이 시기부터 "조선에서는 물론 일본에서도 구체적인 연구성과로서 등장했다"고 서술하고 있다.35) 이러한 이해의 배경에는 당시 일본인 연구자들이 북한의 연구동향에 큰 영향을 받고 있었던 점이 있다고 하겠다. 다시 나카즈카의 말을 빌리자면 북한에서는 1961년 즈음부터 학계전체의 관심이 조선근대사에 존재했던 자본주의의 맹아로 향하게 되는데, 이는 1963년 9월 『노동신문』에 게재된 김석형 등의 「소련아카데미 편 『세계사』의 조선관계 서술에서의 중대한 오류에 대해」를 보면 명확히 나타난다. 나카즈카는 이 논문을 통해 조선사의 내재적·자주적 발전을 향한 움직임을 밝히고자 했던 북한의 동향이 명백히 드러났으며, 이 점이

---

33) 中塚明 「「内在的発展」論と帝国主義研究」, 朝鮮史研究会編 『新朝鮮史入門』 龍溪書舎, 1981년, 263쪽.
34) 전형적인 움직임이 나타난 예로, 旗田巍編 『アジア・アフリカ講座 日本と朝鮮 第3巻』 勁草書房, 1965년. 여기서는 조선사의 움직임을 당시 아시아·아프리카 민족운동과 연결 지어 이해하고자 하는 전형적인 시도가 보인다.
35) 中塚明 「「内在的発展」論と帝国主義研究」, 263쪽.

"일본의 조선사연구에 직접적인 영향을 가져왔다"고 이야기한다.[36] 여하튼 일본의 한반도 연구에서 한일기본조약의 체결과 북한 연구상황의 전개가 큰 역할을 한 것은 분명하다.

위와 같은 일본의 움직임은 한국의 국내 동향과도 연동되어 있었다.[37] 예를 들어 1963년 역사학회가 개최한 역사학대회 당시 '근세후기'에 관한 논의에서 천관우는 다음과 같이 언급했다.

> 오늘날 국사학에서 조선후기는 가장 미개척 분야이다. 우리는 근대사회라면 대원군 이후를, 봉건사회라면 고려나 그 훨씬 전부터를 생각하게 될 뿐이 아니라, 조선왕조를 대상으로 한다 해도 조선전기의 연구가 비교적 풍부한데 비하여 후기까지는 연구가 내려오지 못한 경우가 많아서, 조선조를 통관하는 연구에서도 대개는 전기의 부분은 기본 사료로 다루고, 거기에 계속되는 후기의 연구는 이차 이하의 사료로 대략을 덧붙이는 정도였던 것이 사실이다.
>
> 그러나 이 조선후기는 국사의 전개 상 가장 중요한 연구대상의 하나가 되어야 할 것은 물론이다. 수천년 누적된 '구래' 사회가 탈피를 앞둔 그 전후의 단계인 만큼, 또 근대화 과정을 살피기 위한 직접의 배경이 되는 단계인 만큼 당시의 사회, 당시의 문화에는 근대로의 싹이 있었는가, 싹이 없었다면 그 소지라도 있었는가, 전근대적인 체제는 붕괴하고 있었는가, 도리어 그것이 강화되고 있었는가, 문제될 점은 허다하다.[38]

"문제가 허다하다"라는 그의 말에 단적으로 나타나 있듯이 천관우의 '내재적 발전론' 관한 언사에 일종의 '주저'가 보인다는 점에도 우리는 주목해야 할 수 있다. 이 점은 후에 한일간에 하나의 상이점으로 발현된다. 이는 학계의

---

36) 中塚明「「内在的発展」論と帝国主義研究」, 264쪽.
37) 한국에서는 '내재적 발전'론이라는 말이 김용섭의 농업경제연구가 발표된 이래, 주로 '자본주의의 맹아'론 중 하나의 형태로 쓰인다. 이에 비해 일본에서는 실학과 농민운동 등 그 외 한반도 내부의 '내재적'인 움직임 전체를 '내재적 발전'론의 범주에 포함시키는 경향이 있다.
38) 「회고와 전망」, 『역사학보』 5, 1963년, 180쪽.

세대 대립에서 나타난 차이를 말한다.

　이렇게 서로 배경을 달리하면서도 한국과 일본의 학계는 같은 시기에 근대
사연구의 재검토 작업에 들어간다. 그러나 그 길은 도중부터 서로 갈라진다.
이 점에 관해 다음 절에서 살펴보도록 하자.

4. 한국의 '내재적 발전'론

　여기서 다시 한번 한국의 학계 상황을 자세히 검토해보자.

　앞서 언급했듯이 1970년대까지 한국 역사학계에서는 일제감정기 말기에
고등교육을 받은 마지막 세대가 거대한 영향력을 보유하고 있었다. 한우근,
천관우 그리고 이들에 앞서 홍이섭이 발표한 일련의 연구에서 분명하게 나타
나듯이, 그들은 당시에 말하던 '근대' 혹은 '조선후기' 연구에 힘을 쏟아, 한국
의 전근대사에 근대의 맹아가 존재함을 밝히고자 했다. 그중에서도 중시된 것
은 '실학' 관련 연구인데, 그들은 조선후기에 존재한 '실학'이라는 전통이 근대
'개화파'의 흐름으로 이어짐을 입증하고자 노력했다.

　그러나 이들의 연구는 오늘날 한국의 연구와 몇 가지 상이한 점들이 있었
다. 한 예로 1975년 출판된 홍이섭의 『한국근대사의 성격』[39]을 살펴보자. 첫
째 홍이섭은 '한국근대사'를 이야기하면서 대원군 통치기 직전인 임술민란부
터 시작하고 있다. 그 배경에는 대원군정권기 이전의 조선왕조가 '봉건사회'였
으며, 이러한 '봉건사회'로부터 탈피하는 과정이야말로 한국의 '근대'라는 명확
한 이해가 존재한다. 그리고 홍이섭은 대원군정권기 이전 상황을 비관적으로
그리고 있다. 그는 다음과 같이 언급했다.

　　대내적으로 봉건제의 정치 구조에 금이 가게 한 사회적인 광범한 운동은 1862
　　년의 진주민란에서 불똥이 튀자, 전국적인 규모로 퍼져갔던 농민들의 항거에서부

---

39) 홍이섭은 1974년 서거하였으며, 이 책은 유고에 기초하여 한국일보사가 출판한 것
　　이다 「편집자의 저」 홍이섭 『한국근대사의 성격』 한국일보사, 1975년.

터일 것이다. 이 농민들의 움직임은 19세기 후반기를 그대로 물들이고 있었으나, 그래도 이 취약한 지반에 견디어 온 그 자체가 한국 근대화의 부진성을 그대로 보여주고 있는 것이다. 이러한 사회적 기반에서 한국의 근대화는 외래적인 자본주의의 힘에 휩쓸리었고, 이 과도기에 있어 한국의 자체적인 근대화를 기도한 몇 사람의 '파이오니어'는 곧 한국 근대사상에 있어 새로운 인간상이었지만 그 구성 조건이 복합적이었음은 잊을 수 없다.[40]

주목해야 할 점은 두 가지다. 첫째는 후에 한국근대사 '근대의 맹아'에서 중요부분을 차지하는 농민반란이 어중간한 위상 밖에 부여받지 못했다는 점이다. 이는 농민반란이 봉건사회를 타파하는 요소임과 동시에 국가를 약체화시키고 근대화를 곤란케 하는 요소로 이해되기도 했기 때문이다. 둘째로 일부 '파이오니어' 즉 실학에서 개화파로 이어지는 흐름의 중요성이 강조되는 한편, 이것이 결국에는 취약했다는 점을 지적하고 있다는 점이다.

위와 같은 요소들은 역사학회 창립멤버 중 하나인 한우근에게서 보다 명확하게 나타난다. 그는 1961년 초판 『이조후기의 사회와 사상』의 서문에서 다음과 같이 이야기하고 있다.

　　이조후기의 사회와 사상에 대한 철저한 연구는 오늘날 한국의 현실과 관계하여 생각하여서도 국사학도의 초미의 급무라고 하지 않을 수가 없다. 그것은 한국이 하루바삐 근대사회로 전환·발전되었어야 할 시기에 있어서 도대체 어떠한 역사적·사회적 조건이 우리나라의 사회발전을 저해하여 왔는가 하는 문제에 대하여 우리는 명확하고도 올바른 해답을 얻어야 하겠기 때문이다. 이를 테면 우리나라에 있어서 어떠한 봉건적인 유제(遺制)가 뿌리깊게 박혀 있는 것인가, 또는 어찌하여 시민계층의 새로운 세력이 제대로 성장할 수가 없었던가 하는 등등의 문제, 환언하면 우리나라 사회의 정체성 내지는 후진성의 문제는 이조 후기사회에 대한 철저한 연구가 없이는 그 해명의 길이 없을 것이다.[41]

---

40) 홍이섭 『한국근대사의 성격』 한국일보사, 1975년, 8쪽.
41) 한우근 『이조 후기의 사회와 사상』 을유문화사, 1983년, 2쪽.

분명한 점은 해방 후 한국역사연구를 이끈 이 세대가 근대사연구에 임하면서 '근대의 맹아' 이상으로 한국의 '근대화를 저해한 요소'에 관심을 두고 있었다는 점이다. 그리고 잘 알려져 있는 바와 같이 이러한 한국근대사에 대한 이해는 1960년대부터 70년대까지 한국의 대통령으로 군림한 박정희의 역사관과도 일치한다. 박정희는 자신의 논문 「우리 민족의 과거를 반성한다」에서 조선왕조 후기에 대해 다음과 같이 언급하고 있다.

> 　그러나 이조후기에 들어 근대화의 주체가 된 상공업자, 제3계급적인 평민층이 ① 전통적 신분제에 집착하고, ② 관료제의 강력한 잔재로 인해 민간상공업에 대한 의욕이 적었던 사실에 더 하여, ③ 상민(常民)과 천민(賤民)을 중산계급으로 육성할 수 있는 국내산업, 과학기술, 경영 등이 미숙 내지 전무했으며, ④ 더욱이 태동하고 있던 관료적 자본주의도 강력한 외국식민지경제의 침략 앞에 수포로 돌아가, 결국에는 건전한 대두, 성장을 보는 것이 불가능하였다.[42]

　한국 근대사연구의 방향성은 이윽고 한 가지 모순에 직면하게 된다. 실학과 '자본주의의 맹아'에 관한 연구, 즉 한국의 '내재적 발전'에 관한 연구는 진행되어 갔다. 그러나 동시에 '내재적 발전'을 저해하는 요소에 주목함으로써, '내재적 발전'의 맹아가 그저 맹아의 단계에 머물렀고, 충분히 근대화라 할 수 있는 단계까지 이행하지 않았음을 강조하게 된 것이다.

　물론 그로부터 반세기가 지난 오늘날에 이들 연구의 한계를 지적하기는 쉬울 것이다. 그러나 1960년대부터 70년대까지 한국에 여전히 심각한 빈곤과 종속이 현실적으로 존재하고 있었다는 점은 주의해서 봐야 한다. 당시 한국사회의 상황을 고려하면, 연구 내용에서도 지나치게 '장밋빛 과거'를 그릴 수 없었음은 오히려 당연하다고 할 수 있겠다.

　그러나 이러한 상황은 한국 근대사연구자들의 세대교체, 연구량의 증가와

---

42) 朴正熙 「わが民族の過去を反省する」, 『朴正熙選集 Ⅰ』 鹿島研究所出版会, 1970년, 64쪽.

더불어 점차 바뀌어 갔다. 실제로 1979년에 출판된 『역사학보』 제84호에서 김경태는 이 시기 '연구인구 저변의 확대와 더불어 새로운 문제제기, 연구대상의 확대 등 알찬 진전'이 있었다고 기술하고 있다.43) 여기서 김경태는 그 '진전'을 보여주는 대표적인 저작으로서, 신용하의 『독립협회연구』를 언급하였다. 잘 알려진 바와 같이 신용하는 이 저작에서 독립협회를 "기존의 정부제도·관료제도·교육제도·산업제도·사회관습·가치관 등 근본적인 구조 변혁을 주장하고 사회적 행동자로서 개인의 지위와 역할의 배분 구조를 근본적으로 변혁할 것을 주장했다"고 높이 평가하며 다음과 같이 결론지었다.

> 독립협회의 사회사상 중에서 볼 수 있는 이러한 근대화 사상은 체제외부로부터의 열강의 압력이 너무 크지만 않았더라면 한국인들이 자주적으로 근대화를 달성하여 그들의 민족주의와 민주주의의 모든 목표를 실현시킬 수 있었음을 나타내는 것이라고 해석된다.44)

한국 역사학계의 세대교체와 연구량의 증대는 1984년 즈음이 되자 보다 명확하게 나타났다. 1984년 발행된 『역사학보』는 이 점을 확실히 짚고, 1979년부터 1983년에 발표된 새로운 저작들을 열거하면서 그중 대부분이 3, 40대 젊은 연구자들이 쓴 박사논문에 기초하고 있다고 지적하였다.

물론 당시 '새로운 세대'의 연구에 대한 비판도 있었다. 그때까지 한국의 역사학계를 이끈 중진 중 한 사람인 이기백은 '새로운 세대'의 연구에 대해 다음과 같이 비판했다.

> 우리 한국사학은 근대사학으로 성장하는 과정에서 민족적인 수난기를 거쳤기 때문에, 어느 편인가 하면 지사적(志士的) 기풍이 강하고 반면에 실증적인 학문으로서의 성격이 약한 것으로 판단된다. 혹은 더 나아가서 말한다면 과학적인 성격

---

43) 「회고와 전망」, 『역사학보』 제84집, 1979년, 82~83쪽. 흥미로운 것은 이러한 신용하의 저작에 김경태가 '연구대상에 과도한 애착을 가졌다'고 비판한 점이다. 동 83쪽.
44) 신용하 『독립협회연구』 일조각, 1993년, 667쪽.

이 약하다고 할 수가 있다. (중략) 그리고 그들은 자기의 명리(名利)를 위하여 진리조차도 희생시키기를 주저하지 않는 듯한 인상조차 받는다.[45]

그러나 이러한 '낡은 세대'의 비판[46]에도 불구하고 한국근대사 연구는 새로운 방향으로 이끌려 갔다. 이는 '근대'가 시작한 시기의 변화, 더 정확히 말하자면 해체라고 할 수 있는 현상이다. 일례로 『역사학보』는 연대와 테마별로 그 해의 연구동향과 성과를 리뷰하는 '회고와 전망'이라는 코너에 1979년까지 '근대'라는 항목을 두고 있었다. 그러나 이 항목은 1984년 '최근세'라는 명칭으로 수정되었다. 이는 '민족사관'과 '식민주의사관'이 본격적으로 대립하게 되었기 때문이었다. 이 점에 대해 이기백은 다음과 같이 말했다.

> 근대민족주의사학에 대한 높은 관심과도 관련이 있다고 생각하지만, 오늘날 유행어처럼 사용하고 있는 민족사관이란 용어는 그 개념이 극히 모호한 것이어서 학문적으로는 재검토의 여지가 있다고 생각한다. 흔히들 민족사관이란 말은 식민주의사관과 대립되는 용어로 사용하고 있고, 따라서 하나의 선(善)개념으로 쓰이고 있다. 그러나 민족사관은 한국민족사관과 같은 뜻의 말일 것이고, 따라서 이것은 한국사를 왕조를 중심으로 고찰한 왕조사관에 대하여 민족을 중심으로 보아야 한다는 뜻으로 이해해야 할 것이다.[47]

'낡은 세대' 대표자로서 이기백은 다음과 같이 비판하였다. 최근 '새로운 세대'에 의해 '새로운 연구'가 다수 등장하고 있음은 바람직하다. 그러나 그들의 연구는 때로는 연구대상에 대한 과도한 감정이입, 또는 연구 이전에 강한 주관적 가치관의 표출이 엿보이는데, 이 때문에 무엇보다도 사료실증주의적이어야 할 역사연구에서 벗어나 있는 부분이 많다. 우리들은 이 점을 다시 한번

---

45) 이기백 「회고와 전망(총설)」, 『역사학보』 제104집, 1984년, 180~181쪽.
46) 비슷한 류의 비판으로는 대표적으로 '낡은 세대' 연구자에 속하는 이원순의 언급이 있다. 이원순 「서평 – 신용하(著) 독립협회연구」 『한국학보』 1978년, 212쪽.
47) 이기백 「회고와 전망(총설)」, 『역사학보』 제104집, 1984년, 175쪽.

재점검해야 할 것이다―라고 말이다. '근대'는 어떻게 규정하며, 이에 대해 어떤 논의를 해야 하는가? 이 시기 한국 역사학은 일종의 전환점에 들어서고 있었다.

그러던 중 '근대의 확대'라 부를 만한 현상이 일어난다. 이 현상이 명확히 나타난 대표 저작으로 1984년 초판이 출판된 강만길의 『한국근대사』를 꼽을 수 있겠다. 강만길은 책을 쓴 목적에 대해 서문에서 밝히고 있다.

> 둘째, 사실을 충실히 서술한 역사책보다 사실을 해석하는 노력이 더 담긴 역사서를 만들려 했다. 이런 경우 역사학이 기피하는 '주관성'이 많이 들어갈 우려가 있지만, 그것을 충분히 의식하면서 그 '주관성'이 역사를 보는 눈의, 그 나름의 특징으로 다시 살아나기를 바랐다.48)

그렇다면 강만길은 어떠한 '주관성'에 근거하여 역사를 서술코자 했던 것일까? 그는 이 책의 일본어 번역판에 덧붙인 글에서 다음과 같이 이야기하고 있다.

> 17세기부터 19세기 전반에 이르는 문호개방 이전 조선사회의 정치·경제·사회·사상 면의 변화와 발전이 19세기 후반기에 밀려 들어온 일본을 비롯한 외세 침략을 저지할 만한 조건을 만들어 내지는 못했으나, 그 자체가 일정한 궤도에 올라 법칙적 발전을 계속해 왔음이 규명되었다. 이 책의 제1부가 그것을 종합적으로 정리한 것으로, 특히 일본 독자들이 문호개방 이전의 조선사회에 대한 이해를 높이는데 도움이 되었으면 한다.49)

놀랍게도 강만길은 자신의 한국의 근대사를 종래에는 전근대의 일부라고 여겨지던 조선왕조 후기, 17세기까지 확대한 것이다. 강만길은 1933년생이며, 앞서 소개한 신용하는 1937년생이다. 즉 이기백이 비판한 1979년 전후에 30~40대를 보낸 이른바 '새로운 세대'의 대표격이다. 이렇게 그들은 종전 한

---

48) 姜萬吉 『朝鮮近代史』 小川晴久訳, 高麗書林, 1986년, 2쪽.
49) 姜萬吉 『朝鮮近代史』 小川晴久訳, 高麗書林, 1986년, 4쪽.

국근대사 연구의 틀을 파괴해 갔다. 신용하는 당시까지 한국근대사 연구의 큰 장벽으로 작용했던 한국 근대에 대한 부정적 견해를 타파했다. 이후 한국에서는 '만약 열강에 의한 침략이 없었다면' 한국도 자생적인 발전이 가능했을 것이라는 견해가 지배적인 위치를 차지하게 된다.

한편 강만길이 파괴한 것은 종래 있었던 '근대'의 틀 그 자체였다. '낡은 세대'는 근대가 궁극적으로 서양의 충격(Western Impact)에 의해 시작되었으며, 그 이전의 것은 '맹아' 또는 '전제조건'에 지나지 않는다고 생각했다. 그러나 강만길에 이르면 이전에는 '맹아' 또는 '전제조건'일 뿐이라고 간주되던 것 그 자체를 '근대'라고 보고 있다. 이렇게 하여 한국사에서 '근대'의 틀은 현격하게 확장된다.

그러면 이러한 상황이 한국의 교과서에는 어떻게 반영되었을까? 다음으로 이 점에 관해 살펴보자.

5. 한국 교과서를 둘러싼 이데올로기적 상황 변화와 1982년 '역사교과서 파동'

앞서 살펴본 바와 같이 한국에서 부상하기 시작한 '민족사관'은 그때까지 한국의 역사학계를 지탱하고 있던 중진 연구자들에 대한 비판의 형태로 나타나, 그들의 영향력을 실추시켰다.

> 1세기에 가까운 우리나라 근대사학의 역사를 되돌아보고 그것이 가지고 있는 오늘의 위치를 생각해 보면 여러 가지 문제점이 많겠지만, 특히 그것의 현재성 부재가 가장 큰 취약점으로 지적되고 또 반성 되어야 할 것이 아닌가 한다. 한 시대 한 민족의 역사학이 그 민족이 처해 있는 현재적 요구와 그다지 연관성 없는 지난날의 사실만을 연구대상으로 삼고 현재와 가까운 시기에 대한 연구와 평가 비판을 기피한다면 학문으로서의 책임을 다하지 못하는 것이라 하지 않을 수 없을 것이다.50)

강만길의 글은 그들의 '민족사관'에 입각한 역사연구가 당시의 시대상황과 밀접하게 연관되어 있었다는 생각이 들게 한다. 그리고 당연하게도 강만길은 한국 역사교육에 대해서도 쓴 소리를 마다하지 않는다. 이어지는 글에서 그는 다음과 같이 말한다.

실증사학의 경우 역사학계는 연구 활동에만 종사하고 역사 교육은 정책당국에 게 일임할 수밖에 없었으며 그 길만이 연구 활동을 보장받을 수 있는 길이기도 하 였던 것이다.51)

주목해야 할 것은 강만길이 한국 역사학계의 상황을 일본 통치시대의 잔재 라고 생각하고 있었다는 점일 것이다. 즉 일제강점기에 조선인연구자들은 역 사교육의 현장에서 배제되어져 있었고, 결과적으로 언젠가부터 한국 역사학 계에는 연구와 교육을 분리해서 생각하는 관행이 생겨났다는 것이다. 그리고 강만길은 이렇게 일제 강점기와의 연속성을 주장함으로써 그 잔재를 질질 끄 는 당시의 역사학계와 박정희 정권 말기의 교육행정에 대한 비판을 전개한 것으로 보인다.

그러나 당시 강만길의 일련의 비판이 있었음에도 한국 역사교육이 크게 변 하는 일은 없었다. 그의 필치에서도 알 수 있듯 당시 '민족사관' 논자들 중 많 은 수는 이후 민주화 운동을 주도하는 '진보' 진영 계열에 속해 있었고, 박정 희 정권부터 전두환 정권으로 이어지는 '보수' 세력이 정권주류를 점하고 있 던 시대상황 속에서 그들의 주장이 정부 시책에 직접적인 영향을 주기는 힘 들었다.

그러므로 당시 한국의 교과서 논쟁에 결정적인 역할을 한 것은 이들 '진보' 세력의 비판과 평행으로 전개된 '보수'세력 내부로부터의 비판, 보다 구체적으 로는 이승만 정부에서 초대문교부 장관을 역임한 안호상 등 재야 보수계열

---

50) 강만길 「평론: 국사학의 현재성 부재 문제」, 『한국학보』 1976년, 132~133쪽.
51) 강만길 「평론: 국사학의 현재성 부재 문제」, 『한국학보』 1976년, 141쪽.

역사학자들의 움직임이었다.[52]

홍미로운 것은 이 일련의 움직임이 시작된 것이 기묘하게도 앞선 강만길의 평론이 발표된 것과 같은 해인 1976년이라는 점이다. 이들은 자신들이 발행하는 잡지를 기반으로 기존 국사학연구자들이 '식민지주의사관론자'이며, '민족반역자'라는 운동을 벌이기 시작했다. 그중에서도 주로 표적이 된 인물은 이병도, 신석호와 같은 한국 역사학계의 장로들이었다. 안호상 등은 그들이 일제강점기 시절 조선사편수회에 참여한 사실을 언급하며, 그들이 속한 당시 국사학회의 주류가 '친일파'의 명맥을 잇는다고 맹공격했다.[53]

이러한 안호상 등의 움직임은 1978년 국사교과서의 내용 시정을 요구하는 건의서에서 나타났다. 이 건의서는 대통령, 국무총리, 문교부장관 앞으로 제출되었으며, 구체적인 정치적 요망을 담고 있었다.

당시 이들의 국사교과서 개선 제안은 주로 고대사 부분을 향해 있었다. 이들은 기존 국정교과서에 대해 이하의 8가지 비판, 또는 수정을 제안하였다.[54]

1. 고조선의 영토가 동북역은 바다요, 북역은 흑룡강이며 서남역은 현재의 북경까지이다.
2. [현행 교과서에는] 단군왕 시대의 1200년 역사를 삭제하였다.
3. [현행 교과서에는] 단군을 신화로 돌려 부정하고 있다.
4. [현행 교과서에는] 연(燕)나라 사람 위만(衛滿)을 고조선의 창건조(創建祖)로 삼았다.
5. 위만조선(衛滿朝鮮)의 서울인 왕검성(王儉城)은 중국의 산해관(山海關) 부근에 있었다.

---

52) 이하 부분에 대해서는 다음의 저작 및 논문에 많은 부분 의거하고 있다. 윤종영『국사 교과서 파동』혜안, 1999년, 동「국사 교과서 파동(상)」『실학사상연구』1995년, 동「국사 교과서 파동(하)」『실학사상연구』. 또한 坂井俊樹『現代韓国における歴史教育の成立と葛藤』, 御茶の水書房, 2003년에도 자세히 나와 있다.
53) 윤종영「국사 교과서 파동(상)」368쪽.
54) 윤종영「국사 교과서 파동(상)」368쪽.

6. 낙랑(樂浪)은 중국의 북경 지방에 있었다.
7. 백제는 약 400여 년 간 중국의 중남부를 통치하였다.
8. 신라 통일 후 68년간의 영토가 길림(吉林)에서 북경까지였다.

본 절에서 다루고 있는 '내재적 발전론'에 관한 부분과는 일견 무관계한 듯한 고대사 관련 요구는 실제로는 근대사 분야에도 큰 영향을 미칠 수 있는 내용이다. 왜냐하면 그들의 '제안'은 지금까지 한국 역사학계를 주도해 온 인물들에 대한 전면적인 이의제기였으며, 이미 영향력을 상실해 가고 있던 한국 역사학계의 중진들에게 새로운 부담을 지우는 것이었기 때문이다. 이들의 '제안'은 역사학을 전문으로 하는 연구자의 신중한 자료비판과 이에 수반된 실증적 연구에 근거했다기 보다는, 민족주의적 이데올로기 현상을 배경으로 『산해경』『만주원류고』 등 지극히 한정된 자료들과 종래 연구성과를 완전히 무시한 자의적인 해석을 따른 것이었다. 그러나 그렇기 때문에 이 단순한 주장이 사람들에게 더욱 큰 영향을 주었다.

그리고 무엇보다 중요한 것은 이 주장이 '진보'적 학자들에 의한 것이 아니라, '보수적'이고 민족주의적인 지향이 강한, 민간 연구자들에 의한 것이었다는 점이다. 이에 따라 그때까지 한국 역사학계에서 중추적 역할을 맡아온 인물들은 '진보' 진영뿐 아니라 '보수' 진영으로부터도 공격을 받게 된다.

당연한 일이지만 그때까지 한국 역사학계를 주도해 오고, 실제로 국정교과서 집필과 편수를 담당한 사람들은 이러한 안호상 등의 주장에 대해 실증적인 관점에서 격렬히 반박했다. 그러나 이들이 운이 없었던 것일까, 1980년이 되고 전두환 등 신군부가 정권을 장악하는 시대가 도래하자, 안호상 등의 주장이 실제로 교육행정에 반영될 기회를 갖게 된다.

1980년 한국 문교부는 새로운 교육과정 개정에 착수하였고 이에 발맞추어 국사교과서를 편집할 조직으로 국사편찬위원회를 설립하였다. 안호상 등은 자신들의 주장을 교과서 내용에 반영할 절호의 기회라고 판단하여 이를 이용하고자 시도한다. 안호상 등은 모든 방면에서 압력을 가함과 동시에 자신들의 주장을 실제 교육과정에 반영시키기 위해 국회에 청원을 넣었다. 그리고 이 청원은 새로운 여당인 민주정의당의 유력 의원이었던 권정달 등 18명의 지지를 받아 공동제의 형태로 '국사교과서 내용 시정 요구에 관한 청원'이라는 이름 하에 국회 문교홍보위원회에 정식으로 상정된다. 청원은 현행 초중고등학교의 교과서에 일제강점기 식민지 사관의 색채가 남아 역사를 왜곡하고 있으니, 이를 즉시 시정할 것을 요구하고 있다.

같은 해 11월 26, 27일 국회에서 열린 청원 관련 공청회 내용에 대해서는 지금까지 많은 선행연구들이 다룬 바 있으므로, 여기서는 자세히 언급하지 않도록 하겠다.[55] 단, 여기서 자명한 것은 한국 역사학계를 오랜 동안 이끌어온 인물들의 영향력이 크게 실추되었다는 점이다. 이렇게 해서 당시까지 한국에서 『국사』 교과서에 집필자로 이름을 올리던 사람들이 퇴진하기 시작한다.

그러면 위에서 살펴본 일련의 사건들이 교과서에 구체적으로 어떠한 변화를 가져왔는지 살펴보자.

6. 한국 교과서로 보는 '근대'의 확대

한국 역사학계에서 '낡은 세대'와 '새로운 세대' 간의 논쟁이 활발해진 것은 1970년대 후반 이후이다. 그러므로 여기서는 이 시기부터 1990년 즈음까지 있었던 교과서의 변화에 대해 고등학교 『국사』 교과서에 기술된 근대사 부분을 중심으로 살펴보도록 하겠다.

먼저 1979년 교과서를 살펴보면, 이 교과서는 근대의 시작을 대원군정권으로 보고 있다. 이 교과서는 5개의 장으로 이루어져 있는데 각각 제1장 '고대사회', 제2장 '고려사회', 제3장 '조선사회', 제4장 '근대사회', 제5장 '현대사회'라는 제목이 붙어있다. '근대사회'의 '단원개요'는 여기서 배워야 할 주요 내용에 대해 다음과 같이 이야기하고 있다.

---

55) 자세한 내용은 주51에 열거한 각 문헌을 참조.

실학의 발전이 근대 문화의 성장으로 연결되지 못하고 있는 사이에, 조선 사회는 개항을 맞았다. 이로부터 제국주의 세력에 능동적으로 대처하지 못하고 마침내 청·일과 러·일 간의 제국주의 전쟁의 결과로 대한제국이 붕괴되고, 일본의 식민지 지배하에 들어가게 되었다.

그러나, 19세기를 넘기면서 민족적 각성은 개화, 자강과 자주, 혁신의 근대 의식을 고조시키고 민족주의를 정립시켜 20세기 초의 항일 운동의 사상적 원천이 되었고, 이로써 식민지 지배 하의 민족 독립 운동의 방향을 결정하였다.[56]

여기 주목할 점이 몇 가지 있다. 첫째 여기서 "실학의 발전이 근대 문화의 성장으로 연결되지 못했음"을 글의 모두에서 확실히 하고 있다는 점이다. 이는 근대의 맹아로서의 실학은 존재했으나, 그 맹아가 근대사 속에서 충분히 자라나지는 못했다는 인식을 보여준다. 둘째, '민족적 각성'이 이 시기 이후에 일어났다고 판단하는 점이다. 교과서의 집필자들은 한국의 민족주의가 19세기 시점에서는 여전히 미성숙한 단계였다고 보고 있는 것이다.

이 교과서에서 '근대'에 대해 이러한 견해가 나타난 것은 어찌 보면 당연하다. 왜냐하면 이에 앞선 조선 후기에 대해서는 다음과 같이 정리하고 있기 때문이다.

이와 같은 산업 경제 구조의 변화는 계층 분화를 촉진시키는 동시에, 신분 이동을 활발하게 만들었다. 그러나, 양반 문벌의 정치적 지배권이 강력한 상황 속에서의 신분 이동에는 일정한 한계가 있어서, 사회적 진통은 더욱 커지고 있었다.[57]

그리고 이 교과서는 '조선후기의 사회변동'에 관한 '연구과제' 중 하나로 "조선후기에 새로운 사회세력이 성장했음에도 불구하고, 새로운 사회질서가 형성되지 못한 이유는 무엇인가?"라는 항목을 두고 있다.[58] 결과적으로 이러

---

56) 『고등학교 국사』 교육부, 1981년, 223쪽.
57) 『고등학교 국사』 교육부, 1981년, 175쪽.
58) 『고등학교 국사』 교육부, 1981년, 175쪽.

한 인식은 대원군 정권 이전과 이후, 즉 서양의 충격 이전과 이후의 단절을 보다 강조하는 방향으로 교과서의 기술방향을 이끌고 있다.

그러나 이는 1982년에 발행된 다음 교과서에서는 극적으로 바뀌게 된다. 처음으로 상·하 두 권으로 나뉜 구성이 되었는데, 그때까지 왕조의 이름이 붙여졌던 각 장의 명칭이 전면 수정된 것이다. 상권은 제1장 '고대사회의 발전', 제2장 '중세사회의 발전'이라는 제목으로 바뀌었으며, 하권은 제3장 '근대 사회의 태동', 제4장 '근대사회의 성장', 제5장 '현대사회의 발달'이라는 제목이었다. 이 제목 들에서 알 수 있듯 한국 사회의 '발전'이 강조되었다는 점에서 '내재적 발전'론의 영향력을 강하게 느낄 수 있다.

또한 무엇보다 주목해야 할 것은 조선후기를 다루는 부분에 '근대'라는 명칭이 붙게 된 점이다. 그 결과 조선후기와 개항 이후의 연속성을 강하게 의식하게 된다. 실제로 제3장 제1절 '조선후기의 사회변동과 대외관계'에는 다음과 같이 '내재적 발전'의 진전에 관한 명확한 기술이 보인다.

> 한편, 국가적 노력과 사회 변화가 연결되어 산업이 크게 발전하였다. 농업에 있어서는 새로운 영농 기술이 개발되고, 상공업에 있어서도 전기와 달리 자유 상공업이 크게 발전하였다. 이러한 움직임은 근대 사회로의 내재적 성장을 의미한다.[59]

그러나 이 1982년판 교과서는 모순을 갖고 있었다. 1979년판 교과서와 비교해 볼 때 조선후기의 '내재적 발전'을 강조하면서도, 다른 한편으로는 앞서 인용한 1979년판 교과서 제4장의 '개요'를 1982년판에서도 거의 그대로 쓰고 있는 것이다. 이러한 모순을 그대로 보여주듯 제4장 제1절 '민족의 각성과 근대문화의 수용'의 '개요'는 다음과 같다.

> 흥선 대원군이 물러나고 조선은 개항을 하였다. 그리하여, 우리 나라는 오랜 유

---

59) 『고등학교 국사(하)』 교육부, 1983년, 3쪽.

교적 전통 사회로부터 새로운 근대적 사회로의 발전이 가속화되었다. 개항을 전후하여 동학 사상, 개화 사상, 위정 척사 사상이 자라났고, 이들 사상이 서로 얽히면서 정계는 혼미 해져 혼란을 거듭하는 가운데, 일본의 세력이 무력을 배경으로 침략의 야심을 폈다. 그러나, 이러한 속에서도 우리 민족의 근대화를 위한 노력이 계속되었다.[60]

이 개요에서 바로 한국의 '내재적 발전'을 강조하는 한편 한국이 열강, 그중에서도 일본에 의한 침략을 받았다는 사실을 묘사해야만 하는 모순이 드러난다. 한국에 충분한 '내재적 발전'의 요소가 있었다면 한국도 일본 혹은 다른 나라들과 마찬가지로 근대화를 이루고 외적을 배제하는 데 성공했어도 이상치 않다. 때문에 첫 부분에서 명확하게 '내재적 발전'을 강조한 1982년판 교과서는 조선후기와 개항 이후 부분에서 모순을 일으키고 있는 것이다.

1982년판 교과서는 1987년 민주화 후에도 그대로 사용되며, 다음 본 개정은 1990년에 이루어진다. 1990년판 『국사』 교과서는 상하 2권의 목차구성이 각각 분리되었는데, 하권은 제1장 '근대사회의 태동', 제2장 '근대사회의 발전', 제3장 민족의 독립운동', 제4장 '현대사회의 전개'로 이루어진 총 4장의 구성이다. 일제강점기의 민족운동이 새로이 한 장을 차지하고 있다.

이 교과서에서 먼저 주목하고자 하는 점은 제1장 제1절에 '근대사회의 지향'이라는 새로운 절이 생겨났으며, 여기에서 '근대' 그 자체의 정의를 내리고 있다는 점이다. 조금 길지만 흥미로운 부분이므로 그대로 인용해 보도록 하겠다.

농민의 의식이 향상되고 그들의 역량이 증대되면서, 조선 후기에는 정치, 경제, 사회, 문화의 모든 부문에서 커다란 변동이 일어나고 있었다. 그것은 확실히 새로운 시대의 맹아로서, 근대 사회를 지향하는 움직임이었다.

근대 사회의 의미를 구체적으로 살펴보면, 정치적으로는 국민의 참정권이 전제되는 민주 정치가 구현된 사회를 말한다. 참된 민주 정치가 실현되기 위해서는 개인의 권리가 신장되고, 국민 각자가 공동체 구성원의 하나로서 자신의 역할을 충

---

60) 『고등학교 국사(하)』 교육부, 1983년, 60쪽.

실히 수행해야 한다.

사회적으로는, 사회 각 계층이 평등한 사회를 뜻한다. 평등 사회의 출현은 지난 날의 사회 체제를 붕괴시키고 피지배층을 속박으로부터 벗어나게 하여 자유로운 인간이 되게 하는 것이다. 따라서, 근대 사회는 세습적이고 폐쇄적인 권위주의가 거부되고, 사상과 행동의 자유가 보장되는 사회를 말한다.

경제적으로는, 자본주의 사회의 성립을 뜻한다. 즉, 산업 활동이 다양해지고 활 발해지면서 누구나 자유로이 생산 활동에 참여하고, 풍부한 자본력과 전문적 경영 방식에 의해 생산력의 증대가 추구되는 사회를 말한다.

사상적으로는, 과학적이고 논리적인 사고에 바탕을 둔 합리화의 추구를 뜻한다. 즉, 절대적 가치 체계에 의한 불합리한 구질서에서 인간을 해방시켜, 개인의 존엄 성과 개인적 경험을 존중하는 사회를 말한다.

이와 같이 근대 사회에서는 민주화, 산업화, 합리화, 과학화 등이 추구된다. 조 선 후기 사회의 사회에서도 이와 같은 경향이 서서히 나타나, 근대 사회로의 이행 을 준비하고 있었다.[61]

그러면 1990년판 교과서는 조선후기와 개항 이후의 관계를 어떻게 연결 짓 고자 했을까? 이 점에 대해 제2장 '개요'에서 다음과 같이 이야기하고 있다.

조선 사회는, 안으로부터 싹트기 시작한 근대적인 요소를 충분히 발전시키지 못한 채 제국주의 열강에 개항을 하였다. 이로부터 열강의 침략이 잇달았으며, 청 일 전쟁, 러일 전쟁을 도발한 일제에 의하여 대한 제국은 붕괴되고, 일제의 식민 지 지배하에 들어가게 되었다.

그러나 우리 민족은 제국주의 열강의 침략에 대항하여 위정 척사 운동, 동학 농 민 운동, 항일 의병 전쟁 등을 전개하였으며, 한편으로는 갑신정변, 갑오개혁, 독 립 협회 활동, 애국 계몽 운동 등을 통하여 근대 국가의 수립을 위해 노력하였다.

경제면에서는 개항 이후 열강의 경제적 침탈에 대항하여 근대적 경제 건설을 위한 노력을 지속하였으며, 사회면에서는 양반 중심의 신분 제도가 폐지되고, 근 대 의식도 보편화되어 갔다. 또, 과학 기술과 문명 시설이 수용되고, 교육 운동과

---

61) 『고등학교 국사(하)』 교육부, 1992년, 9~10쪽.

국학 운동, 문예 활동과 종교 활동도 근대적, 민족주의적 성격을 띠고 전개되어 갔다.[62]

중요한 변화가 두 가지 보인다. 하나는 조선후기와 개항 이후의 연속성이 이전보다 명확하게 보이게 된 점이며, 다른 하나는 동학농민운동 등 그때까지는 명확한 위상이 정해지지 않아, 1979년판 교과서에서는 심지어 부정적으로 비춰질 수조차 있었던 사건들에 적극적으로 의미를 부여하고 있다는 점이다.

이렇게 1979년, 1982년, 그리고 1990년판 교과서로 이어지는 내용변화의 배경에 교과서 연구와 집필을 담당한 인물들의 세대교체가 있었음은 틀림없다. 1979년판 교과서 권말의 '연구진' 명단에는 고병익, 이광린, 이기백, 전해종, 한우근과 같은 역사학회 초창기 멤버들과 더불어 한국사연구 제1세대인 이병도, 제2세대 신석호의 이름이 보인다. 그러나 1982년판에서는 이병도, 신석호 뿐 아니라 보다 젊은 세대인 이기백, 한우근의 이름도 자취를 감추었다. 그리고 1990년판을 보면 그들의 이름은 모두 사라져 있다.

이와 같은 한국 교과서의 변화는 민족주의정책을 추진하던 당시 전두환 정부의 방침과도 합치하고 있었다. 전두환 정부는 출범 직후 일본정부에 60억달러 라는 거액의 자금을 요청하고, 82년에 교과서 문제 및 독도(일본명 다케시마, 이하 '독도'로 표기) 문제를 제기하는 등 출범 직후부터 일본과의 역사인식 문제에 적극적으로 대응했다. 그 이유로는 군사 쿠데타에 의해 성립된 정권이기에 결핍된 정통성을 땜질하기 위해 당시 적극적으로 민족주의를 동원할 필요가 있었음이 지적되고 있다. 이러한 정치적 상황이 뒷받침이 되어, 한국 역사학계에서 생겨난 새로운 조류는 교과서의 내용에 반영되었고, 교과서 내용은 크게 변화하게 되었다.

이렇게 한국의 역사교과서는 당시 한국 역사학계의 흐름과 한국사회의 이데올로기적 상황 변화를 반영하는 방향으로 그 모습을 바꾸어 갔다. 한편 같은 시기 일본의 조선사학계에서는 전혀 다른 현상이 벌어지고 있었다. 다음에

---

62) 『고등학교 국사(하)』 교육부, 1992년, 70쪽.

서는 이 점에 대해 살펴보자.

7. 일본의 '내재적 발전'론

일본에서 한반도의 '내재적 발전'이 주목을 받게 된 계기로는 두 가지를 들수 있다. 하나는 한일기본조약으로 한국에 대한 관심이 고조된 점, 또 하나는 베트남 전쟁 반대운동과 관련해 아시아 국가들 사이에 일어나고 있었던 연대의 움직임이었다. 이러한 분위기가 북한의 연구동향과 맞물려 일본에서 '내재적 발전'론의 융성을 초래했음은 앞서 지적한 바 있다.

일본의 한반도에 대한 '내재적 발전'론 연구에는 — 한국과 마찬가지로 — 두개의 큰 축이 있었다. 첫 번째 축은 사상면에서 근대의 맹아를 발견하고자 했던 실학 연구였으며, 두 번째 축은 경제면에서 한반도 자본주의 발전의 맹아를 찾고자 한 경제사 연구였다. 전자의 대표적인 연구자로는 강재언을 들 수 있다. 강재언은 북한의 연구성과를 능숙하게 흡수하여, 실학 연구에서 큰 흐름을 만들어 냈다.

한편, 이 시기 연구를 경제면에서 주도한 것은 가지무라 히데키였다. 가지무라는 그의 주요한 저서『조선에서의 자본주의 형성과 전개』의 모두에서 다음과 같이 밝히고 있다.

> 본 서는 조선에서 일어난 자본주의의 내재적 형성과 전개를 조선근대사의 모든 과정을 관통하는 하나의 붉은 실을 통해 체계적으로 파악하고, 나아가 오늘날 남한이 직면하고 있는 문제 상황에 역사적 관점을 제공하고자 하는 목적으로 쓰여진 경제사적 논문집이다. 또한 평평한 면에 일반적인 조감도를 그리는 방식이 아닌, 각 단계별 특정 산업부문을 골라 조선 부르주아의 궤적을 구체적으로 상술하는 방법을 택하였다.[63]

---

63) 梶村秀樹『朝鮮における資本主義の形成と展開』龍渓書舎, 1977년, 3쪽.

같은 문제의식에 대해 강재언은 다음과 같이 이야기하였다.

여기서 우리들이 확인해야 할 것은 지극히 상식적이고도 기본적인 것인데, 조
선근대사는 어엿한 조선사의 한 단대사(斷代史)로서, 근대일본의 대조선 관계사로
해소되거나 조선을 둘러싼 열강 각축의 역사로 해소될 수 없는 지속적 발전의 역
사라는 점이다. 따라서 근대 조선에 대한 올바른 역사상을 파악하기 위해서는 확
고한 민족적 전통을 반영한 조선인민의 역사적 영위, 그 안에서 역사발전의 법칙
이 관철되는 역사주체를 내부로부터 바라보는 것이 기본이며, 나아가 조선과 일본
및 열강과의 국제관계를 고찰해 보아야 할 것이다.[64]

여기 흥미로운 논점이 하나 숨어있다. 한국에서 연구의 전환점은 1970년대
말이며, 이 시점을 경계로 '내재적 발전'론은 비약적으로 발전, 혹은 확산되어
간다. 반면 일본에서는 이러한 일이 일어나지 않았다. 강만길의 『한국근대사』
가 17세기부터 '근대사'를 서술하고 있는 것과는 대조적으로, 가지무라의 저
술은 근대사의 제1장을 강화도 조약 이후로 설정하고 있다. 강재언도 마찬가
지다. 신용하와 마찬가지로 독립협회에 관해 언급은 하고 있으나, 그 위상을
따지자면 그의 연구의 중심인 '급진개화파'와 비교해 지극히 낮게 설정하고
있다.

일본의 한국에 대한 '내재적 발전'론 연구는 왜 한국의 경우와 달리 대규모
역사인식의 전환이 일어나지 않은 것일까? 그 이유 중 하나로 나미키 마사히
토는 그의 논문 「전후 일본에서의 조선근대사 연구의 현단계」에서, 가지무라
의 '내재적 발전'론의 사상적 후계자인 요시노 마코토(吉野誠)가 수행한 일련
의 연구에 대해 다음과 같이 이야기하고 있다.

요시노는 그 당시 막부말부터 메이지 시대에 걸쳐 일본에 있었던 조선관(朝鮮
觀)의 몇몇 조류를 분석함으로써, 탈아주의든 아시아주의든 간에 기본적으로는 서

---

64) 姜在彦 『朝鮮近代史研究』 日本評論社, 1970년, i쪽.

양문명지상주의, 즉 근대지향주의의 입장을 취하고 있다는 점을 비판하는 데에 역
점을 두고 있다. (중략) 다만 요시노가 시점의 전환을 꾀하고는 있으나 '내재적 발
전론'의 원리적 성격을 어떻게 파악하고 있는지는 의문이다. 요시노의 주장은 '내
재적 발전론'을 심화·비판하는 차원의 문제제기로, 이에 대한 전면적인 극복을 명
언하고 있지는 않다. 그러나 적어도 '전후역사학'의 일환인 '내재적 발전론'에서
'네거티브(負性)'라 할 수 있는 '아시아성(性)'을 변혁·발전의 계기로 이해하고 있
다는 점은 자괴작용(自壞作用)으로서 기능할 것임에 틀림없다.[65)]

나미키에 의하면 문제점은 다음 부분에 있다. 일본의 '내재적 발전'론의 특
색은 북한의 논의에서 촉발 및 시작되었으며, 베트남 전쟁의 전개와 함께 '아
시아의 연대'라는 슬로건 하에서 진행되었다는 점이다. 그러나 '내재적 발전
론'이란 궁극적으로는 이 사회—이 경우에는 한반도—에서 서양식 근대화로
가는 맹아를 발견코자 한 것이었기 때문에, 뚜렷한 '근대지향주의'적 성격을
가지고 있었다. 그러므로 이 논의와 동시에 '아시아의 연대'를 외치며 서양근
대와는 다른 '아시아성'에 착안한 점은 명백한 논리적 모순이라 하겠다.
이러한 상황은 시대의 흐름과 함께 두 개의 변화에 직면하게 된다.[66)] 첫
번째는 1980년대 들어 신흥공업경제지역(NIEs) 중 하나로 꼽히게 된 한국 경
제의 부상이 시작된다. 이 새로운 상황은 일본의 한반도 관련 연구에 두 가지
새로운 조류를 가져온다. 그중 한 조류의 중심이 된 것이 나카무라 사토루가
속한 그룹[67)]이었다. 나카무라는 한국 경제의 발전을 설명하면서 1930년대 식
민지 공업화에 기점을 두고, 그 연장선 상에서 한국 경제발전의 위상을 이해
하고자 시도했다. 후에 이러한 입장은 호리 가즈오[68)] 등 경제학자들의 연구

65) 並木眞人「戰後日本における朝鮮近代史研究の現段階」, 『歷史評論』1990년 6월
    호, 23쪽.
66) 이하에 대해서는 졸고「『地域研究』と『外国研究』としての『日本における』朝
    鮮／韓国研究」, 『国際協力論集』(神戸大学大学院国際協力研究科) 第15卷 第2
    号, 2007년 11월을 참조.
67) 비교적 이른 시기의 저작으로 中村哲『朝鮮近代の歷史像』日本評論社, 1988년.
68) 대표작은 堀和生『朝鮮工業化の史的分析』有斐閣, 1995년.

를 통해 발전해 간다.

다른 한 조류는 미국의 스테판 하가드 등의 연구에 자극받은 정치경제학적 연구이다. 하가드는 한국의 경제성장을 일제강점기로부터 이어져온 한국의 독특한 금융 시스템과, 그 결과로서 이룩된 '강한 국가', 그리고 그 '강한 국가'에서 비롯된 효율적 외자이용에서 찾고자 했다.[69] 한국의 경제성장이 일제 강점기에 연원을 둔 권위주의적 '강한 국가'로 인해 이룩된 결과라는 연구의 진전은 결과적으로 설명변수로서 한국의 '내재적 발전'이 가지는 중요성을 약화시키는 작용을 하게 된다. 이러한 연구는 1990년대에 들어서면서 오니시 유타카[70], 기미야 다다시[71] 등 정치학자 들의 연구로 계승된다.

두 번째 변화는 1980년대 이후 일본에서 급속도로 진전된 조선근대사 연구자들의 세대교체이다. 이들의 세대교체는 보통 다음과 같이 이해된다. 먼저 한국의 제1세대와 마찬가지거나, 그보다 조금 빠른 시기부터 조선총독부의 식민지지배 수요에 의해 생겨난 제1세대 연구자그룹이 존재했다. 다보하시 기요시(田保橋潔), 다가와 고조(田川孝三), 시카타 히로시(四方博)가 대표적인 인물들이다. 이들은 조선총독부 및 그 외 기관이 소장한 내부자료를 풍부하게 활용할 수 있는 입장이었으므로 조선 근대사에 대해 이른바 인사이더로서 동시대사적인 연구를 수행했다. 이와 대비해 제2차 세계대전 후에 이들 연구를 비판하는 형태로 등장한 제2세대 연구자들이 존재했다. 일제강점기부터 시작되는 경력의 소유자인 하타다 다카시가 그 대표주자 격으로, 그 외 가지무라 히데키나 강재언도 이 세대에 속하는 인물이라 하겠다. 이미 언급하였듯이 이들은 북한의 연구에서 촉발된 '내재적 발전'론에서 큰 영향을 받았으며, 종래

---

69) Stephan Haggard, Pathways from the periphery: the politics of growth in the newly industrializing countries, Ithaca, N.Y.: Cornell University Press, 1990.
70) 예를 들면 大西裕 「韓国官僚制と経済成長 — — 輸出指向工業化の新たなる説明」, 『法学論叢』 130(1), 1991년, 131(4), 1992년.
71) 예를 들면 木宮正史 「韓国における内包的工業化戦略の挫折」 『法学志林』 91(3), 1994년.

식민지 사관을 시정키 위해 노력했다.

제2세대 조선근대사연구자에서 보이는 또 하나의 특징은 절대적인 숫자가 극히 적음으로 인해 개개 연구자가 광범위한 영역을 커버해야 할 필요에 쫓기고 있었다는 점이다. 그 결과 그들의 연구는 비교적 이데올로기 및 '주장'이 명확한 반면, 너무 넓은 영역을 소화하려고 한 나머지 실증 부분에 문제를 안고 있는 경우가 많았다. 그러나 일본에서도 1980년대가 되자 변화가 일어난다. 당시 일본에서 조선근대사 연구자수가 급속도로 증가하여, 종래 연구에 대해 실증적인 입장에서 크게 비판하고 나선 것이다. 이와 같이 일본의 한국근대사 연구에서 부상한 제3세대를 『조선사연구회논문집』에 수록된 논문에서 찾아보면, 대표적인 인물이라 할 수 있는 나미키 마사히토와 호리 가즈오가 1983년, 하라다 다마키(原田環)가 1984년에 처음으로 관련 논문을 게재했다.[72]

이렇게 변화의 중심에 있었던 한일 양국의 학계에서 보이는 중요한 차이점은, 같은 시기에 이루어진 '새로운 세대'로부터 '낡은 세대'로 향한 비판이 한국에서는 '내재적 발전'론의 불철저성에 집중해 있었다면, 일본에서는 한계성에 맞춰져 있었다는 점이다. 이러한 경향은 새로이 구미의 사회과학적연구와 교육에서 영향을 받은 오니시 유타카나 기미야 다다시 같은 제4세대의 연구로 계승되었다. 이쯤 되자 과도하게 이데올로기적 색채를 띠게 된 '내재적 발전론'은 이제 과거의 논의로 치부되어 쉽게 제거할 수 있었다.

그리고 그들의 바로 다음 세대에 해당하는 필자는 1992년에 공표된 첫 공간(公刊) 논문에서 다음과 같이 언급한 적이 있다. 미숙한 문장이지만, 당시 상황을 보여주는 내용이므로 인용해 보도록 하겠다.

> 마이너스 요인을 '외부'에 설정하는 그런 방식으로는 그 결과로 얻어지는 조선상(朝鮮象)이 극히 비주체적인 것이 될 수밖에 없다. 실로 '내재적'이라는 이름에 걸맞기 위해서는 '발전'과 마찬가지로 조선의 '정체(停滯)' 또한 내재적으로 설명

---

72) 朝鮮史研究会編 『朝鮮史研究会論文集: 別冊 [総目次·執筆者索引]』 緑蔭書房, 1994년, 15쪽.

할 필요가 있다. 이를 위해 조선에서의 '근대'의 의미를 다시금 근본적으로 고찰해 보아야 하겠다.[73]

이렇게 1980년대를 경계로 한일 양국은 서로 다른 조선 근대사상(近代史像)을 쌓아 올리게 된다. 이로 말미암아 역사관의 막대한 대립이 일어날 것은 당연한 결과라 하겠다.

8. 일본 교과서로 보는 '내재적 발전론'

다음에서는 한국의 교과서와 보다 상세한 비교를 위해 일본 교과서에서 보이는 '내재적 발전'에 관한 기술 동향을 살펴보도록 하겠다. 구체적으로는 일본의 교과서 시장에서 높은 점유율을 차지하는 야마카와출판사(山川出版社)의 교과서를 예로 들어보겠다.

야마카와 출판사의 교과서가 갖는 큰 특색 중 하나는 일본의 주요 역사학회인 '사학회' 편찬으로 출발했다는 점일 것이다. 야마카와출판사의 『삼정 일본사(三訂日本史)』 표지에는 '도쿄대학문학부내 사학회 호게쓰 게이고 편'이라고 표기되어 있으며, 서문에서는 "이 책이 만들어 지기까지 호게쓰 게이고 · 후지키 구니히코 · 도요타 다케시 · 가사하라 가즈오 · 이노우에 미쓰사다 외 사학회의 많은 분들의 도움이 있었다"고 언급하고 있다.[74] 야마카와출판사의 역사교과서 시리즈는 그 후 『신편 일본사』 시리즈로 이어지며, 1964년에는 그 내용에 좀 더 내실화를 기한 『상설 일본사(詳說日本史)』와 비교적 간략히 기술한 『요설 일본사(要設日本史)』의 두 시리즈로 분리된다. 여기서는 그중 『상설 일본사』를 주로 분석 대상으로 삼도록 하겠다.

이 책의 관점에서 볼 때 이들 교과서가 매우 흥미로운 점은 표 1 – 4에서

---

73) 졸저 『한국의 권위주의적 체제 성립』 김세덕 옮김, 제이앤씨(2013). 이 글이 게재된 제4장은 「『儒敎的レッセフェ〓ル』と朝貢体制」, 『法学論叢』 131(6), 1992년9月 및 133(4), 1993년 7월을 재수록한 것이다.
74) 史学会編 『三訂日本史』 山川出版社, 1955년, 3쪽.

보듯이 적어도 이 교과서는 첫 발간 이래 집필진에 큰 변화가 없다는 점이다. 오사카교육센터가 소장한 역대 교과서에서 확인해본 바, 이 교과서의 '저자'는 처음에는 호게쓰 게이고·후지키 구니히코였으며, 1973년에 이노우에 미쓰사다·가사하라 가즈오·고다마 고타로로 변경되는데, 앞서 언급한 바와 같이 가사하라, 이노우에는 1955년부터 이미 사학회편 교과서 집필에 관계한 것이 확인된다. 이 후에도 집필진은 완만하고 부분적인 변화만을 보이고 있어, 이러한 변화의 양상으로부터 우리는 이 교과서 시리즈의 집필자에 인맥적·학문적 연속성이 있음을 쉽게 감지할 수 있다.

• 표 1-4 야마카와출판사 『일본사』 교과서 집필자의 추이(1997년까지)

년도	저자1	저자2	저자3	저자4	'매뉴팩처'가 기술된 부분			
1964	호게쓰 게이고	후지키 구니히코			제7장	봉건 문화의 동요		
1967	호게쓰 게이고	후지키 구니히코			제7장	봉건 문화의 동요		
1970	호게쓰 게이고	후지키 구니히코			제7장	봉건 문화의 동요		
1973	이노우에 미쓰사다	가사하라 가즈오	고다마 고타로		제8장	봉건 문화의 동요와 문화의 성숙	4	근대로의 움직임
1977	이노우에 미쓰사다	가사하라 가즈오	고다마 고타로		제8장	봉건 문화의 동요와 문화의 성숙	4	근대로의 움직임
1980	이노우에 미쓰사다	가사하라 가즈오	고다마 고타로		제8장	봉건 문화의 동요와 문화의 성숙	4	근대로의 움직임
1982	이노우에 미쓰사다	가사하라 가즈오	고다마 고타로		제8장	막번 체제의 동요	3	막부의 쇠퇴와 근대로의 움직임
1987	이노우에 미쓰사다	가사하라 가즈오	고다마 고타로		제8장	막번 체제의 동요		
1990	이노우에 미쓰사다	가사하라 가즈오	고다마 고타로		제8장	막번 체제의 동요	3	막부의 쇠퇴와 근대로의 움직임
1991	이노우에 미쓰사다	가사하라 가즈오	고다마 고타로		제8장	막번 체제의 동요		
1994	이시이 스스무	가사하라 가즈오	고다마 고타로	사사야마 하루오	제8장	막번 체제의 동요		

1997	이사이 스스무	가시하라 가즈오	고다마 고타로	사사야마 하루오	제8장	막번 체제의 동요	

출전: 필자 작성

그러나 인맥적 연속성 만을 갖고 일련의 교과서에 큰 내용변화가 존재하지 않는다고 판단하기는 이르다. 그래서 먼저 한국의 교과서에서와 마찬가지로 '근대' 시기가 어떻게 그려지고 있는지 살펴본 바, 큰 변화는 두 번 있었다. 첫 번째 변화는 근대의 출발점이 메이지 유신에서 소위 '서양의 충격' 시점까지 거슬러올라간 때이다. 구체적으로 언급하면 1963년판 교과서에서 야마카와출판사가 이 새로운 기준점을 채택하였다.

물론 야마카와출판사의 교과서를 비롯한 일본의 교과서들이 에도시대의 산업·사상·학문의 발전에 대해 전혀 다루지 않았었다는 것은 아니다. 예를 들면 앞서 언급했던 1955년 발행된 『삼정 일본사』는 '근대공업의 맹아'라는 소제목을 달고 일본의 '내재적 발전론'의 주요 소재 중 하나인 '매뉴팩쳐'에 대해 다음과 같이 서술하였다.

> 도이야(問屋)나 지주 중에는 자가 부지 안에 제사(製絲)·직물 등의 작업장을 차려 놓고 하인이나 소작농을 생산에 종사토록 하는 경우가 있었다. 이 중에는 초기 형태이기는 하나 매뉴팩쳐(공장제수공업) 단계에 들어선 공장도 있었다. (중략) 물론 아직 본격적이지 못했고 부분적인 것에 지나지 않았으나, 막부 말에 가까워짐에 따라 점차 새로운 생산 방법을 일으키는 모습이 관찰된다.[75]

'서양의 충격' 이전 일본에 존재했던 '내재적 발전'이 교과서에서 차지하던 위상은 이윽고 1970년대가 되자 외견상 보다 큰 위치를 부여받게 된다. 일례로 1973년 『상설 일본사』에는 '제8장 봉건사회의 동요와 문화의 성숙'이라는 제목 하에 '4. 근대의 태동'이라는 절이 등장한다. 당시는 교과서 집필자가 호게쓰 등에서 이노우에 등으로 바뀌던 시기에 해당하는데, 목차 구성의 변화로

---

75) 史学会編 『三訂日本史』 山川出版社, 209쪽.

새 집필진의 의욕을 보여준 것이 아닐까 싶기도 하다.

그러나 내용에 대해 살펴보면, 오히려 일본의 '내재적 발전'에 보다 엄격한 태도를 취하고 있다. 이 교과서는 다음과 같이 서술한다.

> 상품경제의 발달과 함께 공업도 발달하였는데, 농민이 부업으로 하는 가내공업에서부터 상인이 농가에 원료와 도구를 빌려와 제품 대가로 가공비를 지불하는 도이야제(問屋制) 가내공업이 확대되었다. 이 중 일부 지주와 도이야 상인들은 자본가로서 공장을 세우고, 임금노동자를 모집해, 분업에 의한 공동작업을 지시했다. 에도시대 후기에는 면직물업·견직물업 등에서 이러한 매뉴팩처(공장제수공업)가 등장했다. 그러나 쇄국으로 인해 판로가 제한되어있었던 점, 막부와 번(藩)이 농민에 대한 통제가 엄격했던 점, 여러 번에서 전매제를 도입한 점 등으로 매뉴팩쳐가 크게는 발전하지 못했다.[76]

'4. 근대의 태동'은 1973년 교과서에서 '웅번(雄藩)의 발단'이라는 제목으로 시작하고 있다. 그러나 같은 항목이 1980년부터는 이전의 '2. 막부의 쇠퇴'와 통합되어서 '3. 막부의 쇠퇴와 근대의 태동'이라는 이름으로 수정된다. 여기서 '근대의 태동'에 상응하던 내용은 '근대공업의 맹아'와 '정치·사회사상의 발달'이라는 두개의 소제목 부분에 압축 기재된다. 참고로 같은 교과서가 2000년대에 들어서면 다음과 같이 서술한다.

> 19세기에 들어서자 도이야제 가내공업이 한층 더 발달하여 일부 지주와 도이야(상인)은 가내 공장을 차려 놓고 농업에서 떨어져나온 봉공인(임금노동자)을 모집하여 분업과 협업에 의한 수공업적(자본적) 생산을 수행하게 된다. 이를 매뉴팩쳐(공장제수공업)라고 하며, 오사카 주변·오와리의 직물업, 기류·아시카가 등 기타간토 지역의 견직물 등이 덴포시대부터 시작되었다.[77]

---

76) 井上光貞·笠原一男·児玉幸多 『詳細日本史』 山川出版社, 1983년, 216쪽.

77) 石井進·五味文彦·笹山晴生·高埜利彦 『詳細日本史 』 山川出版社, 2006년, 212쪽. 흥미로운 점은 이 교과서에서는 '이미 에도시대 전기에 셋츠(摂津)의 이타미(伊丹)·이케다(池田)·나다(灘) 등의 주조업에서는 메뉴팩쳐 경영이 등장했다'는 글을

교과서의 종류와 권수가 방대하여, 구체적인 내용을 전부 나열하지는 않겠으나, 비슷한 양상이 이들 일련의 야마카와출판사 교과서뿐 아니라 다른 많은 교과서에서도 나타난다. 여기서 공통적인 특징은 첫째로 같은 출판사에서 같은 시리즈로 출판된 교과서에서는 집필진의 연속성이 확실하게 보이는 점, 둘째로 집필진의 연속성에 의한 필연적인 결과로, 내용에 있어서도 대부분 계속성이 발견된다는 점, 그리고 셋째로 이 연속성과 계속성에도 불구하고 '내재적 발전론'적인 주장만은 1970년대 후반 이후 공통적으로 그중요성이 후퇴하고 있다는 점이다.

말할 것도 없이 일본의 교과서를 둘러싼 이와 같은 상황은 1970년대말부터 1980년대 사이에 교과서 집필진이 대폭 교체되고, 그 결과 교과서 내용도 크게 바뀌어 '내재적 발전'이 중시되게 바뀐 한국의 상황과는 전혀 다른 성질의 것이었다. 그리고 그 배경에는 같은 시기 한국에서 역사학 연구자들의 세대교체가 이루어진 상황이 존재한다는 것은 이미 지적한 바 있으나, 그렇다 하더라도 왜 일본에서는 이 같은 현상이 일어나지 않은 것일까?

그 이유는 한국이 1974년 이후 국정교과서제도를 채택한 것과 대조적으로, 일본은 일관되게 검정제를 유지해왔기 때문일 것이다. 한국에서는 유일무이한 존재인 국정교과서의 기재내용을 둘러싸고 신구 역사연구자들의 치열한 대립이 계속되었으며, 그 알력다툼 속에서 기존 집필자에게 '진보'와 '보수' 양 진영으로부터 압력이 가해진다. 그러나 검정교과서제도 하에서 복수 교과서의 병존이 허용된 일본에서는 서로 다른 견해를 가진 연구자 그룹들이 자신과 같은 견해를 가진 출판사와 컬래버를 이룸으로써 — 어디까지나 검정제의 범위안에서 이기는 하나 — 공존할 수 있었던 것이다.[78]

주에 싣고 있다. 이는 이 교과서가 메뉴팩쳐에 대해 에도시대 전기에 있었다는 점을 지나치게 강조할 필요는 없다고 생각하고 있음을 의미하는 것으로 보인다.

78) 학파별 다양성이 나타난 한 예로, 여기서 다루고 있는 '근대의 맹아'에 대한 입장차를 들 수 있다. 다른 교과서가 동일하게 '근대의 맹아'를 소극적으로 다루고 있는 가운데 유일하게 青木美智男·深谷克己·木村茂光·鈴木正幸 『日本史A』 三省堂, 2008년, 및 『日本史B』 三省堂, 2008년 만은 적극적으로 다루고 있다. 이렇게

대표사례인 '메이지 100년'을 둘러싼 논쟁에서 알 수 있듯이 일본의 근현대사, 혹은 근세사에 관한 다양한 논쟁이 존재했다. 그러나 일본은 특정 교과서를 만드는 현장에서는 다툼이 있기 보다, 다른 학파에서 다른 교과서를 만들어 내는 형태로 전개된 것이다. 결과적으로 각 교과서의 집필진은 안정적으로 꾸려졌고, 세대교체가 이루어지더라도 같은 대학 출신의 사제관계나 비슷한 전공자들, 즉 상대적으로 외부에 닫혀 있는 '사이좋은 그룹' 내부에서 이루어지곤 했다.

　다음으로 지적해야 할 것은, 일본은 한반도에 관해서 뿐 아니라 일본에 대해 논할 때에도 '내재적 발전'에 대한 기술이 ―한국에 비하면― 억제된 형태로 추이하고 있다는 점이다. 그 이유는, 일본의 경우에 한국과는 달리 좀더 구체적으로 '내재적 발전'을 검증가능 했기 때문일는 지 모르겠다. 예를 들면 서양의 충격 이후에도 정치적 독립을 상실치 않고, 비록 한정된 범위이기는 했으나 독자적인 근대화를 이루는 데에 성공한 일본에서는 근대화 과정에서 '밖으로부터의 충격'이 지극히 중요했다는 인식이 상당부분 공유되어져 있는 것으로 보인다.

　물론 이러한 인식은 일본의 교과서에서도 찾아볼 수 있다. 모든 교과서가 페리제독의 내항이 '겨우 네 척의 증기선'의 압력이었음에도 서양 열강에 개국을 하였고, 그 후 '문명개화'까지 이어지는 흐름을 당연시하고 있음에 나타나 있듯 일본의 교과서에서 근대사라 하면 메이지 이후 서양 문명의 수용과 그 성공에 많은 지면을 할애하고 있다.

　이러한 '내재적 발전'론에 대한 입장차는 한일간 근대사의 간극에 그대로 반영되어 있다. 즉 일본은 서양의 충격 이후의 대응에 성공해 열강의 일원으로 성장하였으며, 결국에는 아시아 침략에 발을 담그게 된다. 이 역사적 경로의 옳고 그름을 차치하면, 적어도 자신이 원했던 바를 달성했다는 목적합리적 의미에서는 일본의 근대화가 '성공'했다고 할 수 있겠다.

　'근대의 맹아'를 적극적으로 다룬 교과서가 민중운동의 연구자들에 의해 쓰여 졌다는 점은 마르크스 주의와 '내재적 발전'론의 관계를 엿볼 수 있어 매우 흥미롭다.

그러나 이러한 경로를 통했기에, 일본에서는 '근대화'에 관해 실제로 걸어온 역사와 상이한 다양한 '가능성'을 논의하는 데 반드시 제약이 뒤따른다. 일본이 '근대화'의 과정에서 서양 열강에 많은 부분을 의존하였고, 이를 도입하는 형태로 자기 변혁을 실현하였음은 너무나도 명백했다. 바꿔 말하면, 현실적으로 서양의 충격 이후에 외세를 이용해서 근대화를 실현한 일본에서는 '있을 법한 또 다른 가능성'으로서 '내재적 발전' 주도에 의한 근대화를 논의할 의미가 별로 없었다. 그러므로 그에 관한 기술이 중요시되지 않았던 것도 당연했다.

이와 비교할 때 근대라는 시대에 일제강점기를 경험할 수밖에 없었던 한국에서는 사정이 달랐다. 자력에 의한 '근대화'를 도중에 단념할 수밖에 없었던 한국은 한국 사회가 갖고 있던 '내재적 발전'의 가능성을 충분히 '시험'할 수가 없었다. 바꿔 말하면 한국의 '내재적 발전'을 둘러싼 논의에서 적어도 그 일부분은 '만일 일본의 식민지 지배가 없었더라면'이라는 역사 상의 '만약에(IF)'를 전제로 한 것이다.

일본에서는 현실과의 대비라는 이유로 억제된 형태의 서술 밖에 할 수 없었던 자국 사회의 '내재적 발전' 가능성에 대해, 한국에서는 비교적 자유롭게 다양한 '만약에'를 섞어가며 논의할 수 있었다. 인간은 현실에 대해서는 억제된 이야기 밖에 할 수 없지만, '있었을지도 모를 가능성'에 대해서는 무한한 상상력을 동원할 수 있다. 그리고 역사적 사실로 확인되지 않는 이상, 그 '가능성'은 아무리 뻗어 나간다 하더라도 이론적인 존재일 뿐이다. 한국의 근대사가 때때로 국내에서 이데올로기적 논의의 대상이 되는 것도 그 때문일 것이다.

9. 한일 양국의 역사교과서에 나타난 근대적 법질서

지금까지의 내용을 정리해보자. 첫째, 1980년대 이후 한일 양국의 역사교과서를 둘러싼 분쟁이 일어난 원인 중 하나는 당시 한일간 역사 교과서의 서술 자체가 크게 괴리되어 있었기 때문이다. 둘째, 역사 서술의 괴리가 향한 미래에는 양국이 '내재적 발전론'을 수용하는 형태의 차이가 존재했다. '내재적 발전론'이 적극적으로 수용된 한국에서는 역사관이 역사연구자들의 세대교체와 맞물려 민족주의적 방향으로 선회했다. 이에 비해 '내재적 발전론'의 수용이 한정적이었던 일본에서는 1980년대 이후에도 역사관에 큰 변화가 일어나지 않았다.

셋째, 이러한 '내재적 발전론'의 수용차이는 양국이 걸어온 근대사의 성격이 서로 다름에서 그 원인을 찾아볼 수 있다. 즉 한국은 자력에 의한 근대화가 일본의 식민지 지배로 인해 중단되었기에, '내재적 발전론'이 '있었을 지도 모르는 민족의 가능성'을 보여주는 논의로서 수용된 것이다. 한편, 서양의 충격 이후 실제로 '성공했던' 근대화 경험을 갖는 일본에서는 근대화로 가는 여정을 둘러싼 논의가 현실의 경험 앞에 억제될 수밖에 없었다.

그리고 이러한 한일 양국의 근대, 그리고 근대사를 둘러싸고 벌어진 간극은 현재 한일 양국의 역사교과서에 다양한 형태로 영향을 미치고 있다. 전형적인 예로서 양국 교과서에 쓰인 근대적 국제법질서, 이른바 '불평등 조약'에 관한 서술이 있다.

이 문제에 관해서도 한국의 교과서가 명확한 방향성을 보여준다. 고등학교 『국사』교과서를 살펴보면 근대적 국제법질서과 '불평등조약' 문제를 제국주의와 일본을 비롯한 열강의 한반도침략에 직결되는 문제로 이해하고 있음을 확실히 알 수 있다. 구체적인 예로 2000년 대 전반 '한국근현대사' 교과서로 가장 큰 시장을 점한 금성출판사에서 2003년 발행된 교과서는 강화도 조약과 이에 부속된 일련의 조약에 대해 다음과 같이 서술하고 있다.

> 이 조약들에 의해 조선에서 일본 외교관의 여행 자유, 개항장에서 일본 거류민의 거주 지역 설정과 일본 화폐 유통이 허용되었다. 수출입 상품에 관세를 물리지 못하였고, 양곡이 흘러나가는 것을 막을 수도 없게 되었다.[79]

---

79) 김한중 외 『고등학교 한국근현대사』 금성출판사, 2003년, 50쪽.

일본의 교과서와 비교할 때 흥미로운 것은 대부분의 한국 교과서가 강화도 조약의 '불평등성'이 직접적으로 조선 사회와 경제에 악영향을 미쳤다고 기술하고 있다는 점이다. 대부분의 한국 교과서에서도 강화도 조약에 대해서 뿐 아니라 이 시기 조선왕조가 체결한 많은 국제조약에 대해 부정적으로 기술하고 있다. 천재교육이 2006년 발행한 '한국근현대사' 교과서는 제목 자체가 '개항과 불평등 조약체제'라는 장을 두었는데, 해당 장을 다음과 같이 맺음하고 있다.

> 이러한 개국은 결과적으로 조선이 국제 사회의 일원으로 참여하는 계기가 되었다. 그러나 서양 열강과 맺은 이와 같은 불평등한 조약은 이후 조선이 세계 자본주의 시장에 무방비적으로 노출되어, 근대 사회로 발전하는 데 많은 장벽이 되었다.[80]

한국 역사교과서에서는 앞서 이야기한 국정교과서 『국사』 이후로, 근대적 조약들에 대해 이러한 기술이 일관적으로 보인다. 일례로 1996년판 국정교과서인 『국사』는 강화도 조약과 이와 부수하는 일련의 조약에 대해 다음과 같이 기술하고 있다.

> 강화도 조약에 이어서 부속 조약과 통상 장정이 마련되어 조선 국내에서의 일본 외교관의 여행 자유, 개항장에서의 일본 거류민의 거주 지역 설정과 일본 화폐의 유통, 그리고 일본의 수출입 상품에 대한 무관세 및 양곡의 무제한 유출 등이 허용되었다. 이로써, 조선에 대한 일본의 경제적 침략의 발판이 용이하게 구축된 반면에, 조선은 국내 산업에 대한 보호 조처를 거의 취할 수 없게 되었다.[81]

이러한 기술은 같은 교과서의 다른 부분에서도 찾아볼 수 있다.[82] 그리고

---

80) 김흥수, 최창희, 한시준, 박태균, 김시어, 이진기 『고등학교 한국근현대사』 천재교육, 2006년, 70쪽.
81) 『고등학교 국사(하)』 교육부, 1996년, 75쪽. 번역은 『新版韓国の歴史』 世界の教科書シリ_ズ, 申奎燮·大槻健·君島和彦訳, 明石書店, 2003년, 329쪽.
82) 『고등학교 국사(하)』 1996년, 104쪽.

이는 한국 교과서의 구성 상 당연한 귀결이다. 이 교과서의 제7장 '근대사회로의 진전'의 '개요'는 '그러나 문호개방은 열강의 침략을 동반한 것이었기 때문에, 조선은 결국 이러한 열강들의 침략전쟁의 무대가 되었다'고 기술하는 등 열강과의 조약체결은 그 침략과 밀접하게 관계된 것으로 이해하고 있다.[83]

이에 비해 일본의 교과서가 제시하는 근대적 국제법질서와 '불평등 조약'에 관한 묘사는 한국의 서술과 그 성질이 꽤나 상이하다. 일본의 교과서가 개항 직후 열강과의 불평등한 관계에 불만을 표하지 않았다는 것은 아니나, 그 어조가 훨씬 억제되어 있는 편이다. 예를 들어 대표적인 일본 교과서 중 하나에서 다음과 같은 기술을 발견할 수 있다.

> 이 조약으로 (1) 가나가와·나가사키·니가타·효고의 개항과 에도·오사카의 개시(開市) (2) 자유무역 (3) 외국인 거류지 설치와 일반 외국인의 일본 국내여행 금지 등이 정해졌다. 그러나 일본에 체재하는 외국인에 대한 재판은 본국 법에 따라 본국 영사가 주재하는 영사재판권이 인정되었으며, 관세는 일본이 자주적으로 세율을 정할 수 있는 관세자주권이 제외되고, 상호 협상을 통해 세율을 정하는 협정 관세제라는 조항을 넣은 불평등 조약으로 메이지 유신 후에 조약개정이라는 큰 과제를 남겼다.[84]

이 교과서를 비롯한 많은 수의 일본 교과서 들에서 불평등 조약이 열강 세력이 일본에 침투하는 계기가 되었다는 '폐해'에 무게를 싣기 보다, 오히려 그 후에 조약개정협상으로 이어지는, 즉 극복해야 할 '과제'로서 기술하고 있는 점은 중요하다고 하겠다.

그렇기 때문에 일본의 교과서는 '불평등 조약'뿐 아니라 근대법의 수용에 대해서도 상대적으로 호의적인 자세를 보인다. 이 점에 대해 앞서 예로 든 교과서에서는 "조약개정을 실현하기 위해서는 열강을 배워 법치국가를 만들 필요가 있었다. 그러므로 정부는 법전 편찬을 서둘렀다"[85]라며 수용에 긍정적

---

83) 『고등학교 국사(하)』 1996년, 67쪽.
84) 大津透·久留島典子·藤田覚·伊藤之雄 『日本史B』 山川出版社, 2007년, 240~241쪽.

인 평가를 내렸다.

이상 한국의 역사교과서가 일본을 비롯한 열강과의 국제조약이 '불평등 조약'이었다는 점을 강조함으로써 제국주의적 성격과 부당성을 역설한데에 비해 일본의 역사교과서는 이를 극복해야 할 질곡이라고 보는 한편, 부정적인 면에 대해서는 비교적 무심한 태도를 취하고 있다.

실제로 앞서 2000년대에 나온 일본의 교과서는 모두 개항 직후 통상조약의 '불평등성'이 일본사회에 어떠한 영향을 미쳤는가에 대해 구체적으로 언급하고 있지 않다. 좀 더 정확히 말하면, 일본의 교과서는 서양 열강에 대한 개항이 가져온 경제적 영향에 대해 시장개방에 의한 상품 가격의 변화, 그리고 일본과 외국간의 금은비가(金銀比價) 차로 인한 금화유출, 그리고 이를 방지코자 막부가 단행한 금화악주(金貨惡鑄)의 결과로서 비롯된 물가 상승의 관점에서 설명하는 한편, 이러한 현상들이 열강과 맺은 통상조약의 '불평등성'과 어떠한 관계를 갖는지에 대해서는 구체적으로 기술하지 않았다.

일본의 교과서가 의도하지 않았음에도 드러나는, '불평등 조약'과 그것이 사회·경제에 초래한 직간접적 영향에 무심한 태도는 일본이 유리한 입장에서 체결한 '불평등 조약'을 어떻게 기술하고 있는 지에서도 엿볼 수 있다. 2000년대 교과서에서 일본과 조선왕조 사이에서 체결된, 1876년 조일수호조규(강화도 조약) 부분을 살펴보자. 표 1-5와 같이 고등학교 일본사B 교과서 11권 중 이 조약이 '불평등 조약'이라고 명시한 것은 겨우 4권에 그친다. 나머지 교과서들은 본문에서 영사재판권 등 조약의 내용에 관해 다루고는 있으나, 그것이 '불평등 조약'이었음은 언급하지 않은 것이 1권, 본문에는 아무런 설명이 없으나 주에서 '불평등 조약'임을 명기한 경우가 3권, 본문과 주 모두 '불평등 조약'임을 명기하지 않고 주에서 겨우 영사재판권 등 조약 내용을 다룬 것이 2권, 그리고 조약 내용조차 전혀 다루지 않은 것이 1권이다. 또한 어떤 교과서도 이 조약의 '불평등성'이 조선의 사회·경제에 미친 영향에 대해서는 다루고 있지 않다.

---

85) 大津透·久留島典子·藤田覚·伊藤之雄『日本史B』山川出版社, 2007년, 271쪽.

• 표 1-5 　도쿄서적 『일본사』 교과서로 보는 기술의 변화

집필자	교과서명	출판년도	출판사	강화도 조약 기술의 위치	비고
아사히나 마사유키 외	최신일본사	2002	메이세이샤	주석	'불평등 조약' 명기 없음
미야치 마사토 외	신일본사B	2003	기리하라쇼텐	주석	'불평등 조약' 명기 없음
비토 마사히데 외	신선 일본사B	2003	도쿄쇼세키	본문	
야마모토 히로후미 외	일본사B	2003	도쿄쇼세키	본문	
이시이 스스무 외	개정판 상설 일본사	2006	야마카와 출판사	주석	
아오키 미치오 외	일본사B 개정판	2007	산세이도	주석	
와키타 오사무 외	일본사B 신정판	2007	짓쿄출판	주석	
가토 도모야스 외	고등학교 일본사B 개정판	2007	시미즈쇼인	본문	
미야하라 다케오 외	고교일본사B 신정판	2007	짓쿄출판	본문	'불평등 조약' 명기 없음
오즈 도오루 외	개정판 신일본사B	2007	야마카와 출판사	본문	
이시이 스스무 외	고교일본사 개정판	2007	야마카와 출판사	없음	

출전: 필자 작성

　주의해야 할 것은 일본에서도 1950년대 전반까지는 '불평등 조약'의 '불평등성'이 사회·경제에 미친 직간접적 영향에 대해 언급한 교과서가 존재했다는 점이다. 예를 들어 1952년 산세이도(三省堂)에서 간행된 교과서에서 집필자인 이에나가 사부로(도쿄교육대학 교수)는 미일수호통상조약에 대해 "일단 무역이 시작되면 구미자본주의제국의 근대적상품은 정률 관세를 등에 업고 마치 파도와 같이 국내로 밀려들어와'라고 기술함으로써, 조약의 '불평등성'이 막부 말 경제에 미친 막대한 영향을 지적하고 있다.[86] 그러나 같은 교과서의

1959년판에서는 이 표현이 '선진제국의 근대적 상품인 면사·직물·무기 등이 마치 파도와 같이 국내로 밀려들어와'라고 수정되면서, 불평등성을 나타내는 구체적인 내용에 해당하는 정률 관세와 막부 말 경제적 궁핍 사이의 직접적인 인과관계가 삭제된다.[87]

이러한 기술 변화의 원인은 아마도 경제사 분야의 연구가 진전되었기 때문이었을 것이다. 일본에서도 원래는 서양열강과의 사이에서 맺어진 조약의 '불평등성'과 막부 말의 경제적 혼란의 관계를 단정적으로 이야기했다. 그러나 새로이 연구가 진행된 결과, 그 인과관계의 논증이 여의치 않았고, 이와 더불어 조약의 '불평등성' 보다 무역 확대 자체가 가져온 효과 쪽이 훨씬 컸음이 밝혀지자, 막부 말 경제적 혼란을 조약의 '불평등성'에서 설명하는 경우가 점차 줄어들었다.

근대사 관련 연구의 진전은 일본 교과서에서 보이는 조일 간에 체결된 조약관련 기술에도 영향을 주었다. 앞서 예로 든 1955년 발행된 사학회편 『삼정 일본사』에서는 강화도 조약과 그 영향에 대해 "불평등 조약에 의해 유리한 조건을 갖춘 일본산 면제품이 조선으로 막힘없이 유입되어, 대조선무역은 나날이 번성했다"라고 일본측 관점에서 '불평등 조약'의 효과에 관해 언급한 표현이 등장한다.[88] 그러나 이 표현은 다음 해 같은 야마카와출판사에서 출판된 『신수 일본사(新修日本史)』에서는 삭제된다.[89]

어쨌든 일본 교과서에서 보이는 근대적 법질서와 '불평등 조약'의 비판에 인색한 표현은 1950년대말 이후 일관적으로 유지된다. 대부분의 교과서들이 이른 시기 구미열강과 체결한 통상조약과 '개국'이 사회·경제에 미친 영향을 언급하는 한편, '불평등성'과의 관계에 대해서는 주목하지 않았으며, 그것이 일본이 국가로서 '완전한 독립'을 유지하기 위해 '커다란 저해요소'가 되었다는 점 만을 지적하고 있다. 이러한 맥락에서 강화도 조약과 관련해서도 이 조

---

86) 家永三郎 『新日本史』 三省堂, 1952년, 177쪽.
87) 家永三郎 『新日本史 三訂版』 三省堂, 1959년.
88) 史学会編 『三訂日本史』, 267쪽.
89) 宝月圭吾編 『新修日本史』 山川出版社, 1956년.

약이 '불평등 조약'임을 간결하게 언급하는 데에 그치고, 조선 사회나 경제에 미친 영향에 대해서는 거의 다루지 않았다고 생각해 볼 수 있다.

맺음말을 대신하여

지금까지 살펴본 '불평등 조약'과 관련된 내용을 감안하여, 우리는 한일역사교과서에 나타난 기술의 차이와 이를 둘러싼 문제에 대해 어떻게 이해하는 것이 좋을까? 역시 여기서도 한일 양국의 '근대'에 대한 경험 차이가 짙은 그림자를 드리우고 있다는 점은 중요하다. 즉 서양의 충격 이후 자력에 의한 근대화에 실패해 일본의 식민지로 전락할 수밖에 없었던 한국에게, '근대'란 자국을 그에 걸맞게 적응시켜야 하는 개혁의 기준임과 동시에, 자국을 식민지로 전락시킨 시대적 상황이기도 했다. 그렇기 때문에 한국의 교과서에 그려진 '근대'의 모습에는 빛과 그림자의 양면이 선명하게 나타나 있다. 말할 것도 없이 '내재적 발전론'이 그리는 근대화의 맹아는 한국 사람들이 실현시켰을 수도 있는 근대사회의 '빛의 부분'을 나타내고 있다. 다른 한편 '불평등조약'으로 대표되는 근대적 법질서는 근대 사회의 '그림자의 부분'을 상징적으로 나타내고 있다.

이에 비해 서양의 충격 이후 자국을 근대사회에 적응시키기 위해 노력하여, 적어도 어떤 단계까지는 이에 '성공'한 일본에게 '근대'란 넘어야 할 목표였던 동시에, 그 이상으로 자국이 극복해온 '현실'이기도 했다. 결과적으로 일본의 교과서에 나타난 '근대'에 관한 기술은 이러한 일본의 현실을 짙게 반영하고 있다. 여기서는 '내재적 발전론'에서 찾아볼 수 있는 역사의 '만약에'에 관한 부분이라 든지, '불평등 조약'의 배후에 존재하는 열강의 사악한 의도는 중시되지 않았다. 일본의 교과서가 중요하게 생각한 것은, 일본이 다양한 장애물을 어떻게 극복했는지였기에, '불평등 조약' 관련 기술에서도 그 내용이나 영향에는 주목치 않고 이를 해소하기 위해 과거의 사람들이 어떠한 시행착오를 겪었는지 만이 크게 강조되고 있다.

본 장에서 지적하고자 하는 것은, '근대'라는 역사적 경험의 상이함에 근거를 둔 한일간 역사관의 차이가 1980년대 이후 확대 일로를 걸었다는 점일 것이다. 1970년대 이전의 한일 양국은 '근대'에 겪은 역사적 경험이 상이하였음에도, 오늘날과 비교하면 훨씬 더 유사한 역사인식, 유사한 내용의 역사교과서를 갖고 있었다. 그 이유 중 하나는, 당시 한국 역사학자의 대다수가 일제 강점기에 교육을 받은 사람들이었다는 점이다. 그들은 역사관에서도 일본의 영향을 강하게 받았으므로, 자국의 '근대사'에 대해 일본과 유사한 방식으로 기술하고 있다.

그러나 이러한 경향은 세대교체에 의해 점차 옅어져, 이윽고 한국은 자국의 경험과 사회적 욕구가 합치되는 형태로, 고유의 역사관을 재구성하게 된다. 이렇게 한일 양국은 서로 다른 '역사인식'을 가지게 되는 것이다.

이렇게 보면 한일 양국이 오늘날까지 걸어온 여정과 그 결과로서 갖게 된 '역사인식'은 양국의 서로 다른 역사적 경험이 초래한 필연적 결과라고 할 수 있을 것이다. 그리고 이는 혹 양국이 공통의 '역사인식'을 갖기 어렵다는 의미일 수도 있겠다. 일본이 식민지 지배와 함께 남기고간 일본적 '역사인식'은 상이한 역사적 경험을 갖는 한국에서는 뿌리를 내릴 수 없었다. 이는 거꾸로 한국적인 '역사인식'이 상이한 역사적 경험을 가진 일본에서 수용되기 힘들다는 점을 시사하고 있기도 하다. '근대'에서 겪은 자국의 '현실'을 성공적 경험으로 인식하여, 이를 그대로만 받아들이려고 하는 대다수의 일본인들에게는 '근대'의 다양한 '만약에'에 근거한 '가능성'을 강조하며, 그 '빛'의 부분과 동시에 '그림자'까지 강조하는 한국의 '역사인식'이, 사실을 그대로 기술해야 할 역사에 맞는 것으로 보이지 않고, 매력적인 것으로 보이지도 않는다. 결국 '역사인식'이란 개개의 국민이나 개인이 걸어온 과거 경험에 합치되는 형태로 밖에 구성되지 못한다. 그렇기 때문에 어느 한쪽의 역사관 만을 다른 쪽에 강요하게 되면, 양자 사이에 무의미한 분쟁이 일어날 뿐이다.

물론 한일 양국이 역사인식문제에서 화해할 수 없다는 의미는 아니다. 사실 우리들이 살고 있는 국제사회에는 서로 다른 '역사인식'을 가지면서도 평화롭게 공존하는 예가 무수히 많다. 공통의 '역사인식'을 둘러싸고 갈등을 반복하는 관계보다, 복수의 역사인식이 공존할 수 있음을 인정해주는 관계가 훨씬 자유롭고 매력적이다. 이런 생각을 하는 것이 비단 필자만은 아닐 것이다.

제2장

제1차 역사교과서 파동에서 '극일'운동으로
– 전두환 정부의 대일 관점 변화에 대한 고찰

들어가며

전 장에서는 역사교과서 기술 내용 등을 살펴봄으로써 한일 양국의 역사인식이 형성되는 대강의 흐름을 확인했다. 그 결과 한일 양국의 역사인식, 특히 근현대에 관한 역사인식이 서로 다른 방향을 향하게 된 것은 종전 직후가 아니라 80년대 이후였음이 확실하다. 즉 한일간 역사인식의 간극은 반드시 식민지배와 전쟁 경험에 의해서만 발생된 것이 아니라 그 후 양국의 연사인식을 둘러싼 시행착오 속에서 생겨난 것이라 할 수 있다.

앞선 논의에서 또 하나 중요하게 보아야 할 것은 교과서와 관련된 제도의 차이이다. 장기간 국정제를 유지해온 한국은 국정 교과서 한 종류 만이 존재하였고, 집필진이 바뀌자 교과서의 내용도 극적으로 변화하였다. 반면, 검정제를 채택한 일본은 비록 검정제 틀 안에서이기는 하나, 서로 의견이 다른 복수 그룹에 의해 집필된 교과서가 병존할 수 있었다. 그러므로 한국에서는 유일한 국정교과서의 내용을 둘러싸고 격렬한 논쟁이 전개되고, 때로는 그 결과 집필진이 대폭 교체되거나 기술 내용이 극적으로 바뀌기도 했다. 이에 비해 복수의 교과서가 병존하는 일본에서는 서로 다른 학파에 속한 사람들이 각각 독자적으로 집필진을 구성하여 동시에 공존할 수 있었다. 결과적으로 일본에선 교과서 집필진의 교체가 매우 천천히 이루어졌으며 교과서 내용도 극적인 변화는 없었다.

이러한 지견을 서장에서 제시한 틀에 비추어 보면 어떻게 될까? 첫째 한국 측 역사인식이 식민지배 종료 후에도 꽤나 시간차를 두고 대규모적인 변화를 계속한 점은 일본 측에 큰 부담으로 작용하였다. 이 점은 이론적으로 가정한 바와 일치하며, 한국 측 역사인식의 흔들림이 장기간 계속된 점이 한일간 역사인식의 괴리에 일정한 영향을 미쳤을 가능성을 시사한다.

동시에 국정교과서 제도가 한국 측 역사인식의 변화를 증폭시켰다는 것은 양국 간의 역사인식 분쟁이 어떠한 제도를 채택하느냐에 따라 크게 좌우된다는 것을 의미한다. 역사인식이 안정되어 있지 않았던 한국이 국정교과서제도, 즉 역사인식에 대한 논쟁을 일으키기 쉬운 제도를 채택함으로써 한국의 역사인식 변화는 더욱 격렬해졌으며, 이로 인해 일본은 한국의 역사인식에 대응하기가 더욱 어려워졌다고 할 수 있다.

자, 그러면 한일 양국 역사교과서에 나타난 역사인식의 차이가 어떻게 외교 분쟁으로까지 번지게 되었을까? 다음에서 1982년 제1차 역사교과서 파동을 예로 들어 그 전개과정을 자세히 살펴보도록 하자.

1. 1980년대라는 시대

역사인식에 관해 회자되는 '과거'는, 보다 구체적으로는, 식민지배 이전의 사건만이 주목되는 경우가 있다. 그러나 실제로는 제2차 세계대전 이후부터 현재에 이르기까지 논의의 방향은 훨씬 다양하다. 그리고 이는 어느 정도 당연한 일이기도 하다. 역사인식 문제란 '과거'의 역사적 사실 그 자체를 둘러싼 문제이기 보다는 '과거'의 역사적 사실에 대해 각 시대에 살고 있는 사람들이 어떻게 생각하는지, 그리고 어떤 부분에서 중요성을 발견해 내는 지에 관한 문제이기 때문이다.

더불어 한일간에는 역사인식 문제 자체가 이미 긴 '역사'를 가진다. 일본의 식민지배는 1910년부터 45년까지 35년이 조금 안되는 기간이나, 그 후 한일 양국 사이에서 전개된 역사인식문제는 1945년부터 현재에 이르기까지 75년의 역사를 가진다. 즉 이미 역사인식문제는 여기서 논의되고 있는 '과거'의 2배 가까운 '역사'를 가진 것이 된다.

제1장[1])에서 몇 번인가 언급하였듯이 역사인식 문제의 '역사' 혹은 전개 과정, 특히 오늘날 우리들이 직면하는 형태의 역사인식 문제로 이어지는 과정을 살펴볼 때 중요한 점은, 그 '원형'의 대부분이 1980년대부터 1990년대에 만들어졌다는 점이다. 여기서 '원형'이란, 먼저 이 문제에서 논의되는 이슈 그 자체를 말한다. 주지하는 바와 같이 오늘날 회자되는 대표적인 이슈는 역사교과서, 일본군 위안부, 독도 영유권, 강제징용 등이다. 그중 역사교과서와 일본군 위안부 문제는 1980년대 이후에 본격적으로 논의되기 시작했다. 또한 '원형'이란 분쟁의 빈도를 뜻한다. 역사인식 문제 관련 분쟁의 빈도는 1980년대 이후 급속도로 증가하고 있어, 해당 시기 한일관계에 중요한 변화가 있었음을 시사하고 있다.

확실한 건 1980년대 이후 역사인식문제를 둘러싼 한일관계의 양상이 크게 변화했다는 점이다. 그렇다면 그 변화는 무엇이며, 변화를 초래한 요인은 무엇이었을까? 본 장에서는 80년대에 야기된 최초의 심각한 역사인식 문제 사례인, 제1차 역사교과서 파동에 주목하고자 한다. 잘 알려져 있는 바와 같이 이는 일본 교과서 검정에 관한 1982년 6월 보도에 시발점을 두며, 그 후 양국 간에 되풀이되고 있는 교과서 문제의 원형을 만든 사건이다. 이하에서 그 발

---

1) Kan Kimura, 'Discovery of Disputes: Collective Memories on Textbooks and Japanese-South Korean Relations' Journal of Korean Studies, Volume 17, Number 1, Spring 2012, pp. 97-124. 또한 졸저 『한일 역사인식 문제의 메커니즘』 김세덕 옮김, 제이앤씨(2019) 등을 참조.

전 과정에서 다시금 확인하고, 그 원인 중 하나인 당시 한국 측의 사정을 분석해 봄으로써 이 문제가 왜 82년에 분출하게 되었는지 그 이유를 밝혀보고자 한다.

필자가 분석에서 중시하고 있는 것은 제1차 역사교과서 파동 직후에 전개된 '극일' 운동과의 관계이다. 1983년 1월 조선일보[2] 특집기사를 효시로 한국 내에 대대적으로 전개된 이 운동은 '일본을 극복하기 위해서는 일본을 알자'라는 슬로건을 달고, 경제대국으로서 부상하고 있던 일본을 소개할 목적을 갖고 있었다. 왜 한국에서는 이러한 '일본을 알자'는 운동이 제1차 역사교과서 파동 직후에 발생한 것일까? 배후에 한일관계와 한국사회에 어떠한 변화가 있었기 때문일까? 당시의 신문기사를 비롯한 문헌사료와 함께 관계자 인터뷰[3]로부터 얻은 데이터를 이용해 분석해 보도록 하자.

2. 교과서 문제에 관한 선행연구의 검토와 본 장의 분석방법

분석에 들어가기 전에 한일 역사교과서 파동에 대한 선행연구와 그 한계에 대해 언급함으로써 본 장의 위상을 확인해보도록 하자.

일본군 위안부 문제, 독도 영유권 문제, 야스쿠니 신사참배 문제와 함께 한일간 역사인식문제의 핵심인 역사교과서 문제 대해서는 지금까지도 많은 연구가 있었다.[4] 선행연구의 접근법은 다양했는데, 아래에서 그 유형에 따라 선

---

2) 조선일보는 1983년 1월 1일부터 같은 해 12월 10일까지 「극일의 길 일본을 알자」라는 표제 하에 총 47회를 연재했다. 『조선일보』 1983년 1월 1일자 외. 이는 일본어로도 다음과 같이 출판되었다. 朝鮮日報編 『韓国人が見た日本: 日本を動かしているもの』 サイマル出版会, 1984년.

3) 이 일련의 인터뷰는 과학연구비조성금(기반연구B)으로 진행된 「全斗煥政権期のオーラルヒストリー調査」의 성과 중 일부이다.

4) 최근 한일간 역사교과서 관련 연구의 중요한 성과는 2007년부터 2010년까지 실시된 제2기 한일역사공동연구일 것이다. 이 공동연구에서는 독립된 분과회의로 '교과서 소그룹'이 만들어졌으며, 타 분과위원회 포함 5회 전체회의, 12회의 한일양국 분과위원회 합동회의, 그리고 1회 합동비평회를 거쳐 공동보고서를 제출하였다. 한일역사공동연구위원회편 『제2기 한일역사공동연구보고서』 교과서소그룹편, 한일역

행연구를 정리해보도록 하겠다.

일련의 선행연구 중 가장 많은 유형은 문제시되는 특정 일본 교과서의 기술내용을 검토하는 형태이다.[5] 이 카테고리의 연구는 한국에서 많이 축적되어 있다. 특히 계속적으로 다뤄진 것이 2001년 이후 교과서 검정을 통과한 '새 역사 교과서를 만드는 모임'의 교과서와 그 흐름을 잇는 교과서이다. 연구에서는 이들 교과서의 내용이 일본에 의한 한반도 침략을 정당화시킬 목적을 갖고 있음을 지적하고, 이러한 교과서가 만들어졌다는 것 자체가 일본사회의 '우경화'를 보여주고 있다는 주장이 전개된다.

두 번째 카테고리는 일본의 교과서 검정제도와의 관계를 통해 교과서문제를 분석하고자 한 연구이다.[6] 이러한 타입의 연구에서 중시되는 것은 교과서 내용보다도 오히려 그 내용에 대한 정부의 간섭이다. 이 연구들 중 많은 수가 1965년 이래 계속된 이에나가 교과서 재판의 흐름을 잇고 있는데, 주로 일본 연구자들에 의해 이루어지고 있다.

세 번째 카테고리는 주로 특정 사상(事象)을 고르고, 한일 양국 혹은 어느 한 쪽의 특정 교과서를 골라 그 기술의 변화를 분석하는 것이다.[7] 가장 전형

사공동연구위원회, 2010년. (日韓歷史共同硏究会編『第二期　日韓歷史共同硏究報告書』教科書小グル_プ篇)
http://www.jkcf.or.jp/projects/kaigi/history/second/2−4/(최종확인　2018년 5월 5일).

5) 전형적인 예로「특집: 2011년도 검정통과 일본 역사교과서의 문제점」, 『역사교육논집』 47, 역사교육학회, 2011년, 수록 논문들. 또한 이 외에 비교적 최근 논문으로는, 윤유숙「일본 고등학교 교과서의 중 근세 한일관계 기술 검토 − 2012년 검정합격본의 기술을 중심으로」『사총』 78, 고려대학교 역사연구소, 2013年, 서종진「일반논문: 일본 고등학교 역사교과서의 관동대지진에 대한 기술 내용 분석」, 『일본학』 35, 동국대학교 일본학연구소, 2012年 등. 또한 서적으로는 일본교과서바로잡기 운동본부편『일본 교과서 역사왜곡』 역사비평사, 2006年, 한국역사교과서연구회외편『역사교과서 속의 한국과 일본』 혜안, 2000년 등.
6) 대표적인 예로는 教科書検定訴訟を支援する全国連絡会編『教科書検定の違憲性』ロング出版, 1994년 등이 있다. 또한 教科書検定訴訟を支援する全国連絡会編의 다른 저작들도 참조.
7) 이에 관한 대표적인 저작의 하나로 李淑子『教科書に描かれた朝鮮と日本—朝鮮

적인 사례로는 2010년 3월에 출판된 제2기 한일역사공동연구 보고서에 실린 논문들을 들 수 있을 것이다. 여기서는 식민지배와 일본군 위안부 문제 등 역사인식문제의 현안뿐 아니라 고대사, 17세기말 임진왜란·정유재란 관련 기술의 변화 등을 검토하고 있다.

마지막으로 주로 교육학적인 관점에서 한일 양국 역사교과서와 학습지도요령의 관계를 분석한 유형이 있다. 여기서는 일본 정부의 교육 정책이 교과서 기술과 어떻게 관련되어 있는지가 교육정책의 관점에서 논의된다.[8]

이러한 선행연구의 경향은 우리에게 오늘날 역사교과서 분쟁에 관한 연구의 문제가 어디에 있었는지를 알려준다. 그 결함을 나열해 보면 다음과 같다. 첫 번째로 선행연구는 교과서 기술과 검정제도의 변화는 분석하고 있으나, 이러한 변화가 어떠한 이유로 생겨났는지는 충분히 논의하고 있지 않다. 많은 연구에서는 그 이유로서 일본의 '우경화'와 한국의 '반일' 의식 고양을 막연히 지적하고는 있으나 이 요소들이 어떤 메커니즘 속에서 어떻게 작용하여 오늘날과 같은 상태에 이르게 하였는지는 밝히고 있지 않다.

두 번째 문제는 많은 연구가 교과서에서 '문제시되고 있는 부분'만을 주목하고 있는 한편, 교과서 전체의 구성, 즉 교과서가 우리에게 전달하고자 하는 '이야기'의 줄거리에 대해서는 거의 언급하고 있지 않다는 점이다. 말할 필요도 없이, 교재로서 교과서에 매겨지는 평가는 개별 내용 기술 이상으로 그 전체적인 이야기 구성에 따라 크게 변화한다. 또한 '문제시되는 교과서'를 집중적으로 분석한 한편, 그 교과서가 교육과정 속에서 어느 정도의 비중을 가지고 있는지를 충분히 밝혔다고는 할 수 없다. 긴 시간 검정제도를 채택하여,

---

における初等教科書の推移1895－1979』ほるぷ出版社, 1985년이 있다. 이 책은 1895년부터 1970년대까지 한반도에서 사용된 초등교과서의 조선/일본, 한국/일본관계에 관한 기술 변화를 상세히 기록한 역작이다. 또한 최근 저작으로는 남상구「일본 고등학교 교과서 독도 기술 추이와 현황」『영토해양연구』3, 2011년 등이 있다.

8) 예를 들어 권오현「일본 중학교 사회과 학습지도요령과 후소샤판 공민교과서의 분석: 국가주의적 교육의 강화를 중심으로」, 역사교육학회『역사교육논집』27, 2001년이 있다.

각 교육과정에서 매년 두 자리 수에 달하는 종류의 교과서가 발행되는 일본 교과서 제도의 현 상황을 감안하면, 치명적인 결함이라고 할 수 있겠다.

세 번째 문제이면서 이 장에서 가장 중요하기도 한 문제는 이들 선행연구의 범위가 교과서 기술내용, 검정제도, 학습지도요령에 머무르고 있기 때문에, 왜 특정 시기의 교과서 기술이 한일간 분쟁을 초래하였는지를 밝히지 못한 점에 있다. 극언하자면, 선행연구의 대부분이 어떠한 '문제 있는 기술'이 존재하기만 하면, 역사교과서를 둘러싼 한일간 분쟁은 자동적으로 일어난다는 전제 하에 쓰여 있다.

그러나 다른 저작에서 이미 밝힌 바와 같이, 실제 한일간 역사교과서를 둘러싼 분쟁도, 많은 국제분쟁과 마찬가지로, '문제 있는 기술'이 있다고 해서 바로 발발하는 성격의 것은 아니었다.9) 그리고 특히 이 점은 1982년 제1차 역사교과서 파동에서 명확히 보인다. 왜냐하면 어떤 기준으로 보더라도, 1982년 검정을 통과한 교과서에 기술된 한일관계 내용이 그 이전 교과서에 비해 한국 측 역사관에서 더 멀어졌다 하기는 힘들기 때문이다.10)

바꿔 말하면 종래 한일간 역사교과서 분쟁에 관한 연구는 사실 '교과서 기술과 그 변화에 관한 연구'에 지나지 않으며, '한일간 역사교과서 분쟁이 왜 초래되었는지에 관한 연구'는 되지 못한다. 분쟁의 실태를 밝히기 위해서는 교과서 내용 이상으로 문제 내용이 무슨 이유로 생겨났는지, 그리고 그 기술이 당시 사람들에게 어떻게 이해되었는지, 그리고 무엇보다도 왜 양국의 정치문제로까지 발전했는지를 순서대로 규명할 필요가 있다. 그러나 오늘날까지 이 과정을 상세하게 분석한 연구는 이상하리만큼 거의 전무에 가깝다. 이에 우리들은 역사교과서 분쟁에 관한 연구를 근본적으로 개선해야 할 필요가 있

---

9) 졸고 'Discovery of Disputes: Collective Memories on Textbooks and Japanese-South Korean Relations'

10) 이에 관해서는 졸고 'Discovery of Disputes: Collective Memories on Textbooks and Japanese-South Korean Relations' 또한, 鄭奈美・木村幹「『歴史認識』問題と第一次日韓歴史共同研究を巡る一考察(二)」『国際協力論集』16-2, 2008년, 135~139쪽. 이 책에 수록된 각종 표 참조

다. 본 장은 이러한 문제점을 반영하여 1982년 제1차 역사교과서 파동[11])을 재조명함으로써 이 문제가 한일간 역사인식에 관한 주요 분쟁 중 하나로 발전한 이유를 밝히고자 한다.

순서는 다음과 같다. 먼저 왜 1982년에 '제1차' 역사교과서 파동이 발발하게 되었는지 이해할 단초를 얻기 위해 이 파동의 역사적 경위를 짧게나마 확인해본다. 다음으로 당시 한국내 교과서 문제를 둘러싼 언설들을 분석하여, 당시 한국인들이 일본 교과서의 기술 내용을 어떠한 정보에 근거하여 어떻게 이해했는지를 확인한다. 그러고 난 후에는 이러한 이해를 전제로 한국에서 왜 1982년 시점에 일본의 역사교과서에 관한 기술을 문제 삼게 되었는지 구체적으로 살펴본다.

그리고 마지막으로 왜 양국의 분쟁 상황이 단숨에 전환되어, 한국에서 '일본을 모르면 일본을 극복할 수 없다'는 내용의 극일운동이 전개되었는지에 대해 살펴본다. 이를 통해 언뜻 전혀 다른 성격을 가진 것처럼 보이는 제1차 역사교과서 파동과 극일운동이 실제로는 같은 선상에서 출발한 것임을 보여주기 위함이다. 분석에는 당시 취재를 담당한 신문기자 등 관계자들의 증언과 신문과 같은 2차사료를 활용하였다.

---

11) 교과서 파동에 관한 소수의 선행 연구 중 하나로, 三谷文栄「歴史教科書紛争をめぐるメディア・フレ_ームの分析」, 日本マス・コミュニケ_ション学会・2012年度春季研究発表会・研究発表論文, 2012年, http://mass‒ronbun.up.seesaa.net/image/2012Spring_B2_Mitani.pdf(최종확인 2018년 5월 5일)가 있다. 단, 저자 미타니(三谷)의 분석은 미디어・프레임에 대한 표면적인 분석에 머무르고 있으며, 문제의 정치화 과정에 대한 분석은 없다. 교과서 파동 직후의 연구로 田中正俊「평론: 침략으로부터 진출로‒일본 역사교과서의 검정견해를 비판함」 고려대학교 역사연구소 『사총』 27, 1983년이 있다.

3. 제1차 역사교과서 파동의 전개1 - 일본 국내 문제로서의 역사교과서 분쟁

먼저 분쟁의 전개과정을 시계열로 살펴보자.

알려져 있는 바와 같이 제1차 역사교과서 파동은 1982년 6월 26일 일본 매스미디어들의 보도에서 비롯되었다.[12] 이 보도에서는 전날인 25일 고등학교 일본사 교과서의 검정이 종료되었는데, 이전보다 검정이 강화되었다는 점이 크게 다루어 졌다. 특히 짓쿄출판의 일본사 교과서에 실린 청일전쟁에 관한 기술이 '침략'에서 '진출'로 수정되었다는 '사실'에 주목하였다.

이때 보도된 '사실' 중 일부분은 이후에 사실과 다름이 밝혀진다. 그 경위는 시게무라 도시미쓰[13]에 의하면 이하와 같다. 당시 일본 기자클럽은 매스미디어 각 사가 동시에 대량 공표되는 교과서 검정 내용을 서로 분담해서 면밀히 검토하고, 그 결과들을 공유하는 시스템이었다. 사실 이때 검정이 끝난 교과서는 고등2, 3학년용 선택과목만 보더라도, 일본사, 세계사, 정치·경제, 국어 Ⅱ, 수학Ⅱ 이외 직업전문과목 등까지 포함하면 51개사 11교과 369점에 이르러,[14] 이를 각 매스미디어사가 개별적으로 다음날인 26일까지 면밀히 조사하여 내용을 보도하기는 물리적으로 불가능하였다. 그리하여 분담작업을 진행하던 중에 짓쿄출판 일본사 교과서를 담당한 기자가 과거에 있었던 '침략'을 '진출'로 수정하라는 검정의견을 발견하고, 그해에 이루어진 검정의견이라고

12) 『朝日新聞』『毎日新聞』『読売新聞』『日本経済新聞』. 각 신문의 1982년 6월 26일자 지면 참조. 또한 본 장에서 각 신문을 인용할 때는 聞蔵Ⅱビジュアル, http://database.asahi.com/library2/(최종확인 2018년 5월 5일), 毎索, https://dbs.g-search.or.jp/WMAI/IPCU/WMAI_ipcu_menu.html(최종확인 2018년 5월 5일), ヨミダス歴史館, https://database.yomiuri.co.jp/rekishikan/, 日経テレコン, http://t21.nikkei.co.jp/g3/CMN0F12.do(최종확인 2018년 5월 5일) 등의 데이터베이스에 의거한다.

13) 重村智計・飯村友紀「日韓相互Orientalismの克服: 現代史の既述ぶり分析」, 日韓歴史共同研究会編『第二期 日韓歴史共同研究報告書』教科書小グループ篇, 日韓歴史共同研究委員会, 2010年, 355쪽.

14) 『朝日新聞』1982년 6월 26일.

오인하여 보고했고, 그 내용이 다른 미디어들과 공유되는 사건이 발생했다. 매스컴들은 이를 문부성이 검정을 강화했다는 상징적인 사례라고 대대적으로 보도했다.

그해 검정을 둘러싼 위와 같은 사정에 대해서는 지금까지도 많은 검토가 이루어졌으므로 여기서 다시 논할 필요는 없다. 여기서 중요한 것은 왜 해당 년도의 검정결과가 다른 해보다 더 주목을 받았으며, 나아가 한국과 중국을 포함한 국제분쟁으로 발전하게 되었는지이다. 핵심은 교과서 검정문제가 적어도 일본 국내에서는 1982년 보다 훨씬 이전부터 이미 세간의 주목을 받고 있었다는 점이다. 즉 일본 국내에서는 한일간 '제1차' 역사교과서 파동이 이전부터 계속되는 교과서 검정문제의 연장선상에 위치하고 있었다.

실로 이 점에서 1982년 6월 교과서 검정결과 발표는 특별한 의미를 가진다. 이 책에서도 몇 번이나 언급하였듯이 60년대 이후 일본 교과서 문제 논점의 중심은 이에나가 사부로에 의해 제기된 교과서 검정에 관한 재판, 즉 '이에나가 교과서 재판'이었다.[15] 1962년에 이에나가가 집필한 교과서는 검정에서 불합격을 받았으며, 이에 1965년에 첫 소송을 제기하였고, 소송에서 그는 교과서 검정은 일본국 헌법이 정하는 '검열' 금지에 위반한다고 주장하였다. 이에나가는 1966년에 불합격을 받은 교과서에 대해서도 이듬해인 1967년 제2차소송을 제기하였으며, 1982년 검정결과에도 불복하여 1984년에 제3차 소송을 일으켰다.

주목해야 할 것은 일련의 이에나가 재판에서 최초의 최고재판소 판결이 1982년 교과서 검정결과 발표를 겨우 2개월 남겨놓은 1982년 4월에 나왔다는 점이다.[16] 제2차 소송에서 이에나가는 제1심은 검정이 헌법 위반이라는 이유로, 제2심에서는 검정기준에 일관성이 결여되어 있다는 이유로 각각 승리를 거머쥐었다. 많은 논자들과 매스미디어는 이러한 하급심 판결결과를 전

---

15) 이에나가 재판의 역사에 관해서는 德武敏夫『家永裁判運動小史』新日本出版社, 1992년.
16) 앞서 시작된 제1차 소송이 지연된 결과, 제2차 소송의 최고재판소 판결이 제1차 소송보다 먼저 나왔다.

제로 최고재판소에서도 이에나가가 승소할 가능성이 크다고 판단하며, 최고재판소의 판단에 주목했다.[17] 만약 이에나가가 승소한다면 교과서 검정 자체가 위헌이라는 것이 되므로, 교과서뿐 아니라 일본의 교육 시스템에 큰 변화를 가져올 가능성이 있었기 때문이다. 그리고 1982년 4월의 최고재판소 판결은 이에나가 재판의 승패를 결정짓는 마지막 라운드였으므로 교과서 문제에 대한 일본 국내의 관심도는 그 어느 때보다 높아져 있었다.

결과는 예상 외로[18] 이에나가의 패소였다.[19] 최고재판소는 이에나가가 문제삼은 교육지도요령 개정이 이미 완료되어 "소송의 이익이 상실되었다"는 이유를 들어 소송을 도쿄고등재판소로 파기환송했다. 이 "소송의 이익"을 이유로 든 최고재판소의 판결은 이후 교과서재판의 방향성을 결정하게 되며, 이에나가는 이후 이어진 일련의 재판에서 모두 패소하게 된다.

물론 본 장에서 중요한 것은 이에나가 재판 자체가 아니라, 그것이 1982년 6월 검정결과 발표 관련 보도에 미친 영향이다. 일본의 매스컴은 당시 상황에 대해 문부성이 의도적으로 검정을 강화한 것으로 이해하고 있었으며,[20] 그러던 중에 최고재판소에서 이에나가가 패소하자, 교과서 검정이 더욱 강화될 것이라고 예측하였다.[21] 그리하여 당시 일본의 매스컴은 판결 직후에 이루어진 검정결과에 스포트라이트를 맞추고, 거기서 검정강화의 증좌를 감지해내고자 한 것이다. 이때에 발생한 '교과서 검정 오보사건'은 당시의 특수한 사회적 분위기가 낳은 결과라 하겠다.

---

17) 한 예로 『朝日新聞』 1982년 4월 7일.
18) 「『えっ, ウソだろう』支援者たち差し戻しに驚きの声」, 『朝日新聞』 1982년 4월 9일. 또한 「上告棄却と思った: 杉本良吉氏(一審裁判長)の話」, 『朝日新聞』 1982년 4월 9일.
19) 「家永第2次教科書訴訟　最高裁が差し戻し」, 『朝日新聞』 1982년 4월 9일.
20) 한 예로 「(解説)"準国定"をめざす: 検定強化へ教科書法めざす」, 『朝日新聞』1981년 5월 15일.
21) 한 예로 「主荷下ろした文部省」 『朝日新聞』 1982년 4월 9일. 그러나 당시 검정 절차는 최고재판소판결 이전부터 시작된 바 있으므로, 원래부터 이 해 검정결과에서 '최고재판소 판결의 영향'을 찾아보는 것에는 무리가 있었다. 「『審議に関係なし』その時, 中教審小委」, 『朝日新聞』 1982년 4월 9일.

4. 제1차 교과서 파동의 전개2 - 이웃국가와의 분쟁으로 발전되는 과정

'교과서 검정 오보' 사건이 일어났다고 해서 일본과 주변국 사이에 바로 역사교과서 관련 분쟁이 발생한 것은 아니었다. 한 예로, 일본의 각 미디어가 교과서검정결과에 대해 대대적으로 보도한 후에도 한국의 주요 미디어는 이 문제를 거의 다루려 하지 않았다.[22] 한국 정부는 물론 한국내 시민운동단체의 반응도 이 시점에서는 제로에 가까웠다. 이 시점에서 한국 사람들은 일본의 '국내 문제인 교과서 분쟁'에 관심이 없었던 것이다. 이러한 상황은 한국뿐 아니라 중국에서도 마찬가지였다. 당시 교과서 검정문제에서 가장 크게 주목받은 것이 청일전쟁에 관한 기술이었음에도 불구하고 일본 보도 이후 중국은 별 반응을 보이지 않았다. 한마디로 이 시점에서 교과서분쟁은 어디까지나 '일본의 국내 문제'로서의 영역을 벗어나지 않았던 것이다.

당연하다고 할 수도 있을 것이다. 이에나가 제1차 소송이 시작된 이래, 교과서 기술과 검정에 관한 문제는 일본 국내에서 반복적으로 논의되었으므로, 그 자체는 딱히 새로운 일이 아니었기 때문이다. 제1차 소송에서 이에나가가 준비한 소장에는 부적절한 검정의 예로서 '일본군은 베이징·난징·한커우·광둥을 차례대로 점령하고, 중국 전지역으로 전선을 넓혀갔다'는 기술에 대해 '"중국 전역으로 전선이 확대되었다"고 정정하라'는 검정 의견이 있었던 사례를 들고 있는 점에서 알 수 있듯[23], '일본 국내 문제로서의 교과서 분쟁'에서는 제2차 세계세계대전과 식민지배에 관한 기술은 항상 큰 쟁점이었다. 그렇

---

22) 예를 당시 2대 일간지 중 하나였던 『조선일보』는 27일 조간 10면에 작게 기사가 실렸으나, 이 날이 휴일이었던 『동아일보』는 이 문제에 대해 아무런 보도를 하지 않았다. 『조선일보』 1982년 6월 27일, 『동아일보』 1982년 6월 28일. 본 장에서 다룬 한국 신문에 관한 정보는 『조선일보』의 경우 조선일보 아카이브 http://srchdb1.chosun.com/pdf/i_archive/(최종확인 2018년 5월 5일), 그 외 의 신문은 기사통합검색 KINDS http://www.kinds.or.kr/(최종확인 2018년 5월 5일)에 의거한다.
23) 「家永訴訟(第一次)訴状全文」, 東京教育大学新聞会ＯＢ会のホ一ムペ一ジ, http://tue.news.coocan.jp/sojou.htm(최종확인 2018년 5월 5일).

기 때문에야 말로 청일전쟁에 관한 기술이 '침략'에서 '진출'로 수정되었다는 '사실'이 당시 크게 보도되어졌음에도, 한국은 물론이요, 당사자인 중국에게조차 '특단의 새로운 사실'로 인식되지는 않았던 것이다.

게다가 본디 한국과 중국은 소송 당사자인 이에나가의 주장에 동조할 수 없는 이유가 있었다. 일련의 교과서 재판에서 이에나가가 문제를 제기한 내용이 교과서 기술의 타당성 이상으로 교과서 검정제도가 갖는 문제점과 검정제도의 합헌성에 맞추어져 있었기 때문이다. 여기에는 다음의 두 가지 함의가 내포되어 있다. 첫째, 이 문제가 어디까지나 일본국헌법에서 보장하는 검열금지에 관한 규정과 교과서 검정제도의 관계를 어떻게 해석할 것인가 하는 순수한 일본 국내 문제라는 점, 둘째, 국정 교과서 제도를 비롯해 이와 유사하게 정부가 적극적으로 교육내용에 간섭하는 제도를 갖고 있던 중국과 한국은 '교과서 내용을 집필자가 자유롭게 기술할 수 있어야 한다'는 이에나가의 주장에 찬성할 수 있을 여지가 애초부터 존재하지 않았다는 점이다.

그렇다면 다음 문제는 1982년 6월말 단계에서는 아직 일본의 '국내문제'에 지나지 않았던 역사교과서를 둘러싼 분쟁이 왜 그제서야 '국제화'되었는가이다. 다음에서는 이에 관해 먼저 시간에 따른 경과를 구체적으로 확인해보도록 하자.

이미 언급한 바와 같이 일본의 미디어가 '국내 문제로서의 교과서 분쟁'에 대해 화려하게 보도한 직후의 한국내 반응은 극히 미미했다. 어느 정도 침묵의 시간이 흐른 후 눈에 띌 만한 움직임으로는 다음달인 7월 8일 당시 한국의 2대 신문이었던 조선일보와 동아일보가 일본정부의 교과서검정결과를 비판하는 사설을 나란히 게재하였다. 1980년 5월의 광주 민주화운동으로부터 겨우 2년밖에 지나지 않은 시기였기에 한국의 미디어는 민주화운동 직후에 성립된 전두환 정권의 강력한 통제 하에 놓여져 있었다. 2주에 가까운 침묵을 지나, 양대 일간지가 돌연 아무런 전조도 없이 유사한 메시지를 담은 사설을 게재한 배경에 한국 정부의 의사가 어느정도 반영되어 있었음을 읽는 것은 그리 어려운 일이 아니다.

그러나 위의 사설도 또한 '국내 문제로서의 교과서분쟁'이 '국제화'되는 계기가 되지는 못했다. 이 사설 두 건이 게재되었음에도 한국의 여론은 그다지 동요하지 않았고, 사설을 게재하지 않은 미디어는 물론 사설을 게재했던 미디어들 조차도 일본 '국내 문제로서의 교과서 분쟁'이 이후 어떻게 전개되고 있는지는 거의 보도하지 않았기 때문이다.

중국의 동향도 비슷했다. 중국 미디어의 반응도 당초부터 한정적이었는데, 일본 미디어들이 이 문제를 대대적으로 보도한 직후였던 6월 28일과 30일, 신화사통신과 인민일보가 각각 일본의 소식을 전하는 형태로 다룬 것이 눈에 띄는 정도이다. 그러나 이 마저도 일본 정부와 일본사회에 냉엄한 비판이 가해지는 일은 없었으며, 그 후 중국의 미디어들은 다시 침묵에 들어갔다.[24]

그러나 이러한 상황은 7월 20일이 되자 급변한다. 이날 중국 인민일보는 "이 교훈은 확실히 기억해 두어야 할 것이다"는 표제의 컬럼을 게재하며, 일본정부의 교과서검정 행태를 강력하게 비난했다.[25] 이 컬럼에서 인민일보는 난징학살을 예로 들며 "교과서 검정을 통해 일본의 중국 침략에 관한 역사적 사실을 왜곡하는 행위는 중국인민의 큰 분노를 불러올 것이다"라며, 일본정부를 강력하게 규탄했다. 7월 23일에는 중국신화사 통신 또한 청일전쟁 등에 대한 기술 수정은 "중일공동성명과 중일평화조약에 반하는 행위'라고 논평하며, 인민일보의 뒤를 이었다. 인민일보는 4일 후인 7월 24일에도 다시 "일본이 중국을 침략한 역사를 개찬해서는 안 된다"는 표제의 칼럼을 게재하며 일본정부를 비판했는데, 더불어 이날 인민일보에는 중일우호협회 및 중국교육학회의 수장이 일본 문부성을 격렬히 비난하는 담화가 실렸다.[26] 중국 국내 중

---

24) 경위에 관해서는 『朝日新聞』 1982년 6월 28일 조간, 『日本経済新聞』 1982년 7월 26일 등.

25) 단평 「この教訓はしっかりとおぼえておかねばならない」(日本語訳) 『人民日報』 1982년 7월 20일. 東京大学東洋文化研究所田中明彦研究室 「日中関係資料集」, http://www.ioc.u−tokyo.ac.jp/~worldjpn/documents/indices/JPCH/index.html(최종확인 2018년 5월 5일). 이 사이트에 컬럼의 중국어 원문은 게재되어 있지 않음.

26) 단평 「日本侵略中国的历史不容篡改」, 『人民日報』 1982년 7월 24일. 東京大学

84   제1부 한일양국의 역사관과 교과서 문제

소미디어들도 이를 추종하여, 중국 미디어에서는 일본정부에 대한 비판이 넘쳐나는 상황이 연출되었다.

갑작스러운 중국 미디어의 동향이 중국정부의 의사를 체현한 결과라는 것은 누가 봐도 확연했다.[27] 실제 7월 26일에는 중국정부가 재중국일본대사에 정식으로 일본 역사교과서 내용에 관한 항의의 뜻을 전달했다. 이러한 중국 정부의 움직임은 일본의 역사교과서를 둘러싼 분쟁의 전개에서 큰 전기를 마련하였다. 당시 중국정부의 항의야말로 제2차 세계대전 후 일본의 역사교과서에 보내진 이웃국가의 첫 번째 공식 항의였기 때문이다.[28] 즉 1982년 7월 26일이야말로 그때까지 '국내문제'에 지나지 않았던 일본의 역사교과서 분쟁이 처음으로 '국제분쟁'으로 발전한 순간이었을 것이다.

확실히 6월말의 교과서 검정결과 공표는 일본정부의 역사인식이 어떠한가를 보여주는 하나의 지표이기는 했다. 그러나 이 후 이 문제에 대해 일본 정부가 아무런 적극적인 행동을 취하지 않았기 때문에 국내외 미디어 또한 다시 새로운 보도를 하기 위한 기회를 포착하지 못하고 있었다. 그런데 여기서 중국정부 및 정부 통제 하에 있던 미디어들이 움직이기 시작했고, 일본정부는 자신들이 행한 교과서 검정의 내용에 대해 일정한 리액션을 취할 수밖에 없었다.[29]

일본정부의 리액션은 결과적으로 사태를 더욱 복잡하게 만들었다. 후술하는 바와 같이 제2차 세계대전과 식민지배에 대한 일본정부의 공식견해가 중국 그리고 한국의 공식적인 견해와 크게 어긋나 있었기 때문이다. 그렇다고 해서 일본정부가 이 공식적인 견해를 바로 변경할 수는 없었기에, 종전의 인

東洋文化研究所田中明彦研究室「日中关系資料集」,
http://www.ioc.u‒tokyo.ac.jp/~worldjpn/documents/indices/JPCH/chindex.html(최종확인 2018년 5월 5일).

27)『日本経済新聞』1982년 7월 26일.

28) 물론 냉전기에 이데올로기적인 비판은 수없이 있었다. 그러나 그중 대부분은 추상적인 레벨에 머무르고 있어, 역사교과서 등의 구체적인 문제에 관한 것이 아니었다.

29) 실제로 일본 정부는 이 문제에 대해 중국에 몇 번이나 설명을 할 수밖에 없었다.『朝日新聞』1982년 7월 30일.

식을 되풀이해서 표명하게 되고, 변명을 하면 할수록 상대 측과의 역사인식 차이가 극명하게 드러나고 마는 악순환의 고리에 걸려들게 된다.

5. 불충분한 정보에 근거한 논의 - 한국내 언설 상황

중국미디어가 일본의 역사교과서 문제에 대해 격렬하게 비판하고 있음은 한국의 미디어에서도 바로 소개되었다.[30] 중국의 움직임은 한국 미디어와 한국사회를 크게 자극하였으며, 그 결과 직후부터 한국 미디어 상에서도 일본의 역사교과서에 대한 세찬 비판이 전개된다. 특히 여기서는 일본의 역사교과서에 합일합병의 위법성과 식민지배의 잔학성에 대한 기술이 결여되어 있다는 점이 비판의 대상이 되었으며, 이러한 교과서 내용이야말로 당시 일본 사회가 '군국주의화'로 가고 있음을 나타낸다고 해설했다.[31] 이러한 상황은 결국 한국정부를 움직였다. 7월 22일에 한국 정부는 일본 역사교과서에 대한 분석작업에 착수하였고, 8월 3일 일본정부에 공식적으로 항의하기에 이른다.[32] 중국정부가 항의 한지 8일 후였다.

지금까지의 역사교과서 분쟁의 흐름을 다시금 생각해보면, 이 해 역사교과서 분쟁의 한국내 전개에는 미묘한 문제가 있었음을 알 수 있다. 당시 일본 국내 역사교과서 분쟁에서 최대 초점이 된 것은 청일전쟁에 관한 기술이었으며, 한국에 관한 문제는 아니었다. 물론 여전히 냉전이 판을 치던 당시 상황을 고려하면, 중국과의 국교자체가 없었던 한국이 중국과 연계해서 일본에 역사인식문제의 칼날을 들이밀었다고 하는 것은 난센스일 것이다. 반공정책을 내걸고 있던 전두환 정부에게 북한을 뒤에서 지원해주는 중국은 적 이외 무어라 할 수 없는 존재였으며, 그러한 중국과 연계해서 같은 서방진영에 속하는 일본을 때려야 할 정치적 의미 따위는 존재할 리 없었기 때문이다.[33] 한국

---

30) 한 예로 『조선일보』 1982년 7월 21일.
31) 한 예로 『조선일보』 1982년 7월 27일.
32) 『朝日新聞』 1982년 8월 4일.
33) 이 시기 한중 관계는 新井高志 「韓国外交史における韓中関係: 韓国の対中国交

과 중국이 국교를 정상화한 것은 이후 10년 뒤인 1992년이니까 말이다.

그렇다면 어떻게 중국정부·미디어의 동향이 한국을 움직이게 한 것일까? 이를 알기 위해 당시 한국에서 이 문제가 어떤 식으로 논의되고 있었는지를 자세히 살펴보도록 하자.

당시 한국에서 그 해의 역사교과서 분쟁에 대해 적극적으로 발언한 인물 중 한 사람으로 서울대학교의 신용하 교수가 있다. 앞선 장에서도 이미 언급한 바와 같이, 후에 '민족사학'의 태두로 불리게 되는 신용하는 80년대 전반 한국사학계에서 일어난 대규모 세대교체[34]를 리드한 인물 중 한 사람으로, 이 무렵 이미 여론에 대한 영향력을 갖고 있었다.[35] 그러한 신용하가 한국 미디어가 이 문제를 적극적으로 거론하기 시작한 지 얼마되지도 않은 7월 25일, 조선일보의 대담형식 인터뷰에서 다음과 같이 이야기한 것이다.

> 일본은 83학년 도용 고등학교 사회과 교과서를 준비하면서 종래의 교과서내용
> 을 상당 부분 수정했습니다. 고친 대상은 대부분 식민지시대의 한국에 관한 것이
> 고 중국에 대한 부분도 있습니다. 그런데 수정한 부분이 과거의 사실을 왜곡하고
> 자신들이 저지른 역사적 잘못을 정당화시키거나 미화하는 것이어서 우리들로 하
> 여금 공분을 자아내게 하고 있습니다.[36]

본 장에서 주목해야 할 것은 신용하의 이 발언이 일본의 역사교과서 검정

樹立の目的とその影響」, 『創価大学大学院紀要』 29, 2007年 등.

34) 당시 한국 역사학계는 대규모 세대교체가 이루어지고 있던 와중이어서, 그때까지 학계의 중추적 역할을 하던 사람들에 대해 40대 젊은 연구자들이 많은 비판을 전개하고 있었다. 이에 관해서는 이기백 「회고와 전망(총설)」, 『역사학보』 104, 1984年, 180~181쪽. 또는 졸고 「한일 양국의 역사관과 근대, 그리고 근대적 법질서」, 日韓歴史共同研究会編 『第二期 日韓歴史共同研究報告書』 教科書小グル_プ篇, 日韓歴史共同研究委員会, 2010년, 293~297쪽.

35) 신용하에 관해서는 대한민국학술원 「학술원회원회원 회원명단」
http://www.nas.go.kr/member/basic/basic.jsp?s_type = name&s_value = &
member_key = 10000405(최종확인 2018년 5월 5일).

36) 『조선일보』 1982년 7월 25일.

에 대해 지극히 부정확한 지식에 기초하고 있다는 점이다. 앞서도 언급하였으나, 이 해 교과서 검정에 관해 일본 국내에서 큰 문제가 된 점은 청일전쟁 기술에 관한 검정 내용이며, 한국 기술에 관한 부분은 이 시점에서는 그다지 언급되지 않았다. 예를 들면 일본 아사히 신문은 당시 여러 출판사의 일본사, 세계사, 정치·경제, 교과서에 대한 검정의 공통된 특징을 ① 일본의 침략행위에 대한 기술을 최대한 억제했다 ② 대일본제국헌법의 민주성을 기술토록 하였다 ③ 천황에 대해 나라시대 이전의 경어를 사용했다 ④ 자위대 성립은 자위대법에 의거하였다는 점을 명시했다 ⑤ 북방영토의 영유권을 주장토록 하였다 ⑥ 국민의 의무를 강조토록 하였다 ⑦ 대기업과 자본주의를 옹호하였다는 7가지로 정리하고 있다.[37] 이 가운데 한반도 관련으로 해당되는 내용은 ①밖에 없는데, 그나마 한국 관련 기술은 주변적인 정도 밖에 되지 않았다. 마찬가지로 아사히 신문에 따르면, 해당년도 교과서 검정에서 한국 관련 내용 중 구체적으로 문제소지가 있는 것은 토지조사사업과 3.1독립운동에 관한 부분 정도였다.[38]

그럼에도 불구하고 신용하는 다음과 같이 이어가고 있다.

수정된 내용은 크게 8항목으로 나눌 수 있는데 그중 7가지가 한국, 한 가지가 중국에 관한 부분입니다. [39]

이러한 신용하의 주장이 무슨 근거에 의한 것인지 지금 와서는 알 길이 없다.[40] 그러나 82년 7월 시점에서 신용하 교수와 관계자들이 그 해 공표된 교

---

37) 『조선일보』 1982년 6월 26일.
38) 『조선일보』 1982년 6월 26일.
39) 『조선일보』 1982년 7월 25일.
40) 인민일보가 일본 정부 비판을 시작한 것과 같은 날 동아일보에 게재된 기사를 참조했을 가능성이 가장 그럴듯하다. 이 기사는 중국 정부의 공식 비판 이전에 일본 교과서 분쟁을 크게 다루었던 몇 안되는 기사 중 하나인데, 일본 교과서 검정에서 보이는 한반도 관계 기술의 변화를 몇 가지 예로 들고 있다. 단 이러한 기술 변화가 일본 교과서 검정과 관련된 중요사항의 전부라고 하지는 않았으며, 또한 신용하가

과서 검정 내용은 물론이거니와 일본 역사교과서의 실태나 관련 기초 제도에 관해조차 충분한 정보를 수집하지 못했음은 확실하다.

한국 유명 학술지 데이터베이스인 KISS와 DBpia에 따르면, 82년 7월 시점에 한국어로 이용할 수 있는 일본 역사교과서 관련 학술논문은 겨우 3편 밖에 존재하지 않았다.[41] 가령 신용하 교수가 자신이 몸담고 있는 서울대 도서관 등을 샅샅이 조사했더라도 일본 교과서에 관한 상세한 정보를 얻기는 사실상 불가능했다는 것을 의미한다. 그렇기 때문에 신용하와 같은 소수의 대담한 논자들을 차치한 대부분의 한국 논자들은 일본의 교과서 검정에 대해 구체적으로 논의를 할 수가 없었다. 하물며 아직 정식 발간도 되지 않은, 검정을 이제 막 통과한 일본의 교과서를 문제가 심각해진지 몇일 지나지도 않아 당시 한국에서 입수하는 것이 가능했을 리가 없다. 인터넷도 아직 없었던 시절, 그들이 할 수 있었던 것은 기껏해야 때때로 1주일 가깝게 늦게 도착하는 일본의 신문이나 FAX본 등을 단초로 일본의 교과서 분쟁에 관한 단편적인 정보를 얻거나, 이에나가 재판 등에 관한 일본의 문헌에 기대어 1982년 검정의 실태를 '상상'해보는 정도였다.

본디 이 시점 이전의 한국은 일본 역사교과서 기술에 대해 거의 관심을 두지 않았으므로,[42] 일본 역사교과서 내용에 관한 지적 축적도 존재하지 않았

예로 든 '8항목'과도 일치하지 않는다. 신용하는 이 기사의 내용을 기초로 다른 매스미디어 보도를 참조하여 상황을 과도하게 생략 및 이해했을 가능성이 있다. 「日고교교과서 침략 미화 한일우호에 적신호」『동아일보』1982년 7월 20일.

41) 조용진 「일본의 사회과 교과서 속의 한국과 변천에 관한 연구 - 일본 중학교 교과서 속의 한국 기술의 분석」 충남대학교 교육연구소 『교육연구논총』 2-1, 1980년, 김한식 「일본국『고교 세계사』교과서에 나타난 한국사상」 역사교육연구회 『역사교육』 20, 1976년, 권인혁 「일본의 사회과 교과서에 나타난 한국사 서술의 문제점」 한국사회과교육연구학회 『사회과교육』 14, 1981년.

42) 예외적인 사례로서 1976년 한국의 교원조직인 대한교육연합회에서 일본에 교과서 내용 시정을 요구했다. 그러나 이 움직임이 확산되지는 않았으며, 한국 사회와 정부에서 큰 관심을 모으지 못했다. 이에 대해서는 勝間田秀紀 「1976年の韓国による教科書是正要求内容に関する一考察: 『日本社会科教科書検討意見書』の内容検討」, 『早稲田大学大学院教育学研究科紀要』別冊 15-2, 2008년 3월을 참조.

다. 한국 내에서 일본 역사교과서 실태에 관한 학술적 연구가 빈약한 것도 이 점이 반영된 결과이다. 또한 일본의 역사교과서에 한국에 관한 기술이 극히 적었다는 점도 중요하다. 일본 고등학교 일본사책 중 가장 많은 점유율을 차지하고 있었으며, 같은 해 발행된 야마카와 출판의 교과서를 보더라도, 일본의 한반도 식민지배에 관한 기술은 한일병합조약에 관한 기술 뒤에 3.1독립운동 관련 내용이 정규란 외에 겨우 자리잡은 정도에 지나지 않았다.[43]

식민지배 관련 기술이 거의 없었던 이유는, 당시 일본 역사교과서의 '이야기' 구조를 살펴보면 바로 알 수 있다. 일본의 역사교과서는 페리 제독 내항 이후 '근대사' 기술의 종점을 제2차 세계대전에서 일본이 패망하는 시점에 두고 있다. 이러한 '이야기' 구조 상, 태평양 전쟁으로 향하는 과정을 설명하기 위해 만주사변과 청일전쟁은 뺄 수 없는 존재이다. 그에 비해, 조선 식민지 통치와 한국인들의 저항은 '이야기'의 주변 에피소드로서의 지위 밖에 주어지지 않았고, 그렇기 때문에 관련 기술도 최소한으로 억제되었다.[44]

처음부터 존재하지 않았던 기술에 대해 검정을 강화해서 대규모 수정을 할 수는 없을 것이므로, 신용하가 언급한 다수의 '수정'은 발생할 여지조차 없었다.

어쨌든 당시 한국의 논자가 일본 교과서 검정 내용에 관해 실태에 근거하여 비판하기란 지극히 힘들었으며, 결과적으로 일본의 교과서에 대한 한국의 논의는 추상적인 것이 될 수밖에 없었다. 결국 교과서 기술에 대한 구체적인 검토는 거의 없는 채로, 편향성이 단정되어 지고, 교과서 내용보다 훨씬 많은 분량이 '일본 군국주의의 부활'에 경종을 울리는데 할애되었다. 그리고 이미 언급한 바와 같이 한국 미디어의 일본 역사교과서 비판은 이윽고 정부를 움직이게 된다. 이렇게 한국 정부는 일본 역사교과서에 대한 조사에 착수함으로써 일본 정부에 공식 항의로 이어지는 발걸음을 내딛게 된다.

---

43) 井上光貞・笠原一男・児玉幸多『詳細日本史』山川出版社, 1983年.
44) 이에 비해 고대 한반도에 관한 기술은 당시에도 꽤나 많이 존재했다. 이는 일본 역사교과서의 '이야기 구조'가 고대부분에서는 한반도를 포함한 대륙으로부터 문화를 수용했다는 점에 무게를 두고 있기 때문이다.

6. 언설의 '실마리'를 어떻게 공급할 것인가

원래대로 라면 청일전쟁 관련 기술에 초점이 맞추어 졌을 1982년 교과서 문제가 어떤 연유로 한일 양국간 역사인식의 대립을 불러 일으키게 된 것일까? 이 의문의 열쇠는 대체 왜 한국의 미디어들이 중국 정부의 비판이 시작되자 마자 마치 이를 좇듯 일본 역사교과서의 기술 내용을 비판하게 되었는가를 보면 된다. 이에 대해 당시 조선일보 도쿄특파원으로 현장 취재에 임했던 이도형[45]은 다음과 같이 회상했다.

> 한국 기자들은 중국 기자들에 대항의식을 갖고 있었다. 중국 인민일보에 기사가 게재되자 중국 기자들은 일본 문부성에 몰려가 교과서 내용에 대해 일제히 항의했다. 이를 본 한국 기자들은 중국 기자들에 대한 대항의식에서 '우리들도 뭔가 해야된다'며, 마찬가지로 문부성에 쳐들어가 교과서 내용에 대해 질문을 던졌다.[46]

흥미로운 것은 당시 도쿄에 주재하던 한국과 중국, 두 나라 기자들 사이의 독특한 상황이다. 먼저, 당시 한중 양국은 여전히 국교가 없던 상태로, 첨예한 대립관계에 있었다는 점을 지적해야 할 것이다. 당연하게도 이러한 양국 관계는 기자들의 관계에도 영향을 미쳐, 전두환 정부의 '반공' 정책하에 있던 한국 기자들은 신화사 통신이나 인민일보 같은 중국 정부 및 공산당 산하 미디어에서 파견 나온 중국기자들에 대해 큰 경계심을 품고 있었다.

한중 양국은 모두 1960년대부터 많은 상주특파원을 도쿄에 파견하였다.[47] 즉 한중 양국 기자들에게 당시 도쿄란, 결코 원만한 관계가 아닌 두 나라에서

---

45) 이도형에 관해서는 Chosun.com 「인물검색 – 조선일보 DB」, db.chosun.com/people/index.html(최종확인 2018년 5월 5일) 참조.
46) 2012년 3월 27일, 서울 코리아나 호텔에서 3시간에 걸쳐 인터뷰를 진행했다.
47) 중일간 신문기자 교류에 대해서는 刘德有 『忘れ難き歲月: 記者たちの見た中日両国関係』五洲传播出版社, 2007년에 더 자세한 내용이 나와 있다.

건너온 많은 저널리스트들이 모여서 서로 경쟁하는, 세계적으로도 진귀한 장소였다.

그리고 이렇게 미묘한 관계에 놓여 있었기에, 한국 기자들에게는 큰 불만이 생겨나고 있었다. 1972년 중일공동선언을 거쳐 1978년 중일평화우호조약을 체결하여, 1980년대 초의 일본에는 중국에 대한 우호적인 분위기가 넘쳐 흐르고 있었던 것이다. 냉전체제가 계속되는 가운데, 미소 초대국 사이에 존재하는 '제3세력'으로서의 중국의 존재감을 중요시한 일본 정부는 중일관계 개선을 위해 적극적인 어프로치를 하고 있었다.

한편 한일 관계는 1972년 박정희의 유신정권 성립 이후, 김대중 납치사건과 문세광의 박정희대통령 암살 사건 등을 둘러싸고 긴장감이 고조되고 있었다. 더욱이 전두환 정부가 출범한 이후에는 1981년 돌연 한국에서 '60억달러 차관 요구'가 나오는 등 양국 관계는 절대 원활하다고 할 수 없었다. 그리고 당연히도 이러한 상황은 한국인 기자들의 대일감정에 악영향을 주고 있었다.[48] 게다가 한국인 기자들과 협력관계에 있는 일본의 미디어들도 한국보다는 중국과의 제휴 관계를 중시하게 되었으니, 한국인 기자들의 불만은 점점 쌓여가고 있었던 것이다.

그들은 상황을 다음과 같이 인식했다. 냉전의 최전선에서 공산주의진영과 대치하는 한국은 일본의 안전보장에 지극히 큰 역할을 담당하고 있음이 분명하다. 그럼에도 불구하고 일본은 한국보다 공산주의국가인 중국에 대한 접근을 강화하고 있다. 이러한 일본의 기회주의적인 행동은 한국에 대한 배신 행위이므로 이를 강력히 규탄해야 한다라고 말이다.

앞선 이도형의 회상에서도 전형적으로 나타나 있듯이 당시 도쿄에 주재하던 한중 양국의 기자들은 공존관계 보다는 경쟁관계에 놓여있었다. 때문에 일본 역사교과서 기술 문제에 대해 중국인 기자들이 활발한 움직임을 보이자,

---

48) 1970년대 후반에 조선일보 도쿄 특파원을 지낸 허문도는 김대중 납치사건과 관련하여 일본국내에서 느낀 한국에 대한 비판적인 분위기에 큰 충격을 받았다고 술회한 바 있다.

이것이 한국인 기자들에게 자극을 준 것이다. 그러나 여기에는 큰 문제가 하나 있었다. 이도형은 아래와 같이 회상했다.

> 나는 개인적으로 일본의 역사교과서에 관심이 있었기에 서울 본사에 몇 번이나 특집 기사를 제안했으나 그 때마다 거부당했습니다. 그래도 81년에는 채택된 적이 있는데[49] 아마 그 기사가 한국 신문에서 처음으로 일본 역사교과서에 대해 본격적으로 다룬 보도였을 겁니다. 그러나 그 기사에 별반 반응은 없었습니다.

1982년 제1차 역사교과서 파동이 발발하기까지 일본의 역사교과서 내용에 대한 한국 사회의 관심이 현저히 낮았다는 점은 이 회상에서도 알 수 있다. 그렇기 때문에 일본 국내에서는 큰 이슈였던 이에나가 사부로의 교과서 재판도 한국 국내에서는 거의 보도가 되지 않았다.[50] 결과적으로 '일본통'이라 불리던 이도형 같은 예외적인 인물을 차치하면, 도쿄에 주재하는 대부분의 한국인 기자들 역시 일본역사교과서에 대해서는 온전한 지식을 갖추고 있지 못했으며, 하물며 '서울에 있는 본사'가 그 중요성을 인식하고 있었을 리가 없었다. 실제로 1981년에 이도형이 일본의 역사교과서에 대해 보도한 글 또한 당시 한국사회에 별다른 충격을 주지 못했으며, 어느 한 매체도 이를 따라 기사를 내보내지 않았다는 점이 한국 사회의 무관심을 반증하고 있다.

그러나 일본 역사교과서에 대해 특별한 정보를 갖고 있지 않았던 한국 기자들은 일본 문부성의 검정과장이었던 후지무라 가즈오를 불러내, 그의 '역사인식'을 따진다. 그리고 그들은 질의응답 과정에서 튀어나온 한 발언에 몰려들었다. 전시 하에 한반도에서 인원을 동원한 사실에 대해 질문을 받은 후지무라가 "일본의 통치 하에 있던 조선인들은 일본 국적 보유자로서 징용된 것이므로, 이는 강제 연행에 해당하지 않는다"고 발언한 것이다. 이에 한국 기자들은 한일간 역사인식의 차이를 교과서 기술로부터가 아니라, 취재 현장

---

49) 『조선일보』 1981년 9월 25일 및 11월 25일.
50) 개중에는 『동아일보』처럼 「일본의 교과서는 좋아지고 있다」는 보도를 한 미디어까지 있었다. 『朝日新聞』 1982년 8월 3일.

에서 '물어'봄으로써 '발견'하게 된다.

한국인 기자들이 이 발언에 주목한 이유는 두 가지가 있었다. 첫째는 이 발언이 일본의 한반도 통치가 '합법'이었다는 전제에서 나왔다는 점이다. 앞서도 언급한 바와 같이 한국에서는 일본의 조선 통치가 군사력을 앞세워 강제된 '위법'적 통치라는 대전제하에 헌법의 전문이 쓰여 졌다. 그러므로 이 문제는 한국의 국가 정통성과 관련된 문제였다.

뿐만 아니라 현장 기자들에게는 이 발언에 반발해야 할 이유가 또 하나 있었다. 후지무라의 발언이 중국인 노동자 강제동원에는 위법성을 시사하면서, 다른 한편으로 한국인 강제 징용에 대해 '합법'성을 강조했다는 점이다. 이전부터 중국 기자들과 라이벌 관계에 있으면서, 일본 정부의 한중양국에 대한 태도 차이에 불만을 갖고 있던 그들은 이 발언 또한 일본정부가 중국만을 중시하고 한국은 경시한다는 반증이라고 판단했다. 그러므로 현장에 있던 그들은 '서울 본사'에 후지무라 발언의 중요성을 어필했다. 이렇게 도쿄 주재 기자들로부터 날아온 취재 원고는 다음날 한국 신문지상에서 센세이셔널하게 다루어진다.[51]

이렇게 살펴보면, 한일간의 제1차 역사교과서 파동을 둘러싼 전개가 얼마나 특수한 것이었는지가 느껴진다. 왜냐하면 여기서 문제가 된 것이 실제로는 '교과서 기술'이 아니라 특정 문부성 관료의 '역사인식' 혹은 (한국의 관점에서 보면) '망언'이었기 때문이다. 사실 사태는 이미 이 시점부터 역사교과서 문제라는 범위를 크게 벗어나 있었다.

그리고 이 문제는 여기서부터 더욱 확대 전개되어 간다. 후지무라 검정관의 발언이 크게 다루어진 다음날, 스즈키 젠코 내각에서 국토청 장관 겸 홋카이도개발청 장관을 지내던 마쓰노 유키야스가 한국 측 보도에 반발하는 형태로, 한국 측의 행위는 "경우에 따라 내정간섭이 될 수 있다"고 비판하면서 다음과 같이 말했기 때문이다.

---

51) 『조선일보』 1982년 7월 24일. 또한 이 취재를 했던 이도형 인터뷰.

한국의 역사 교과서에도 오류는 있을 것이다. 한 예로, 한일병합만 보더라도 한국에서는 일본이 침략한 것처럼 되어있는 것 같은데, 한국의 당시 국내 정세도 있었으므로 어느 쪽이 맞는지는 모르는 일이다. 일본 측에서도 확실히 조사해야 한다고 생각된다.52)

같은 날 오가와 헤이지 문부대신 또한 마키에다 모토후미 교직원조합위원장과의 회담에서 '외교문제라고 하지만 내정문제다'라며 한국 측의 보도에 이의를 제기하는 발언을 했으며, 한국의 매체들은 이 발언들을 앞다투어 비판했다. 특히 마쓰노의 발언은 합일합병을 '위법'으로 보는 한국의 공식 견해에 정면으로 반박한 것뿐 아니라 나아가 한국 교과서의 기술변경까지 요구한 것이어서, 이에 대한 한국측의 반발은 뜨거웠다.53)

이렇게 일본 교과서문제에서 시작된 한일간 대립은 결국 본격적인 정부 차원의 대립으로 발전한다. 다음에서는 이와 관련된 한국정부의 대응에 대해 살펴보기로 하자.

7. 한국 정부의 대응

그럼 이러한 상황에 한국 정부는 어떻게 대응하였을까? 결론부터 이야기하자면 한국에서 미디어들이 일본의 교과서문제 ―실제로는 이 문제가 이미 교과서 기술 내용을 떠나 일본 정부관계자의 역사인식 문제로 발전해 있었으나 ―에 대해 크게 보도하게 되었던 시점에서조차, 한국 정부의 움직임은 그리 빠르지 않았다.

한국 정부가 본격적으로 움직이기 시작한 계기는 앞서 언급한 마쓰노 장관의 합일합병에 대한 발언이었다. 한국 정부는 7월 24일 주일대사관에 대해 이러한 발언을 하게 된 '정확한 경위'를 조사토록 요구했다. 그러나 이 조사가

---

52) 「教科書問題　閣議での主な発言」,『朝日新聞』 1982년 7월 27일.
53) 『朝日新聞』 1982년 8월 3일, 홍인근 동아일보 편집위원의 발언도 참조하였다.

꼭 한국정부의 '분노'의 산물이라는 의미는 아니다. 왜냐하면 이 시점에서 한국 정부가 우려하던 것은 마쓰노의 발언보다도 '한일우호관계' 즉 당시 한국정부가 가장 중요시하고 있던 '60억 달러 차관' 문제에 어떠한 영향을 미칠지에 대한 것이었기 때문이다.[54]

또한 이 시점에서 한국 정부가 주일대사관에 '일본의 교과서 검정에 대한 상세한 보고'를 요구했다는 점도 주목할 만하다.[55] 이는 일본 '국내 문제로서의 역사교과서 분쟁'이 발발한지 1개월 가까이 지난 시점에조차, 한국정부는 일본의 역사교과서 기술 내용에 대한 구체적 정보가 없었다는 것을 의미한다. 그리고 여기서 두 가지 함의를 찾을 수 있다. 하나는 제1차 역사교과서 파동이 발발하기 이전, 한국 정부에는 일본의 교과서를 문제시한다는 발상 자체가 존재하지 않았다는 점, 두 번째는 1982년 6월 일본 미디어가 그 해 검정결과를 대대적으로 보도한 후에도 이는 변하지 않았다는 점이다. 그러므로 한국정부는 중국정부가 이 문제를 공식적으로 제기하고, 또한 이에 자극받은 한국미디어가 일본정부 관계자의 발언 즉, 한국정부와 여론의 '상식'에 반하는 '망언'을 이끌어내 크게 보도하고 난 다음에서야, 서둘러 사실관계 조사에 착수한 것이다.[56]

한국의 미디어들도 결코 민첩했다고 할 수 없었지만, 한국 정부는 이와 비교도 안될 만큼 더 느리게 움직였다. 이미 언급한 바와 같이 그 배경에는 당시 한일양국 간에 진행중이었던 차관 문제에 대한 배려가 존재했다. 전두환 정부는 성립 직후부터 한국이 '동북아시아에서 공산주의 진영의 팽창을 저지하고 있는 사이에 일본은 무임승차'하였다며, 일본 정부에 거액의 '방위 차관'을 요구했으며, 이 문제는 당시 한일 양국 사이에서 최대의 현안이었다.[57]

---

54) 『조선일보』 1982년 7월 25일.
55) 『朝日新聞』 1982년 7월 25일.
56) 중국 정부가 일본정부에 항의를 개시한 시점이 일본의 미디어 보도보다 1개월 가까이 늦어진 이유도 교과서 내용을 면밀히 조사하기 위한 시간이었을 수 있다. 이 점에 관해서는 별도로 고찰해볼 예정이다.
57) 『경향신문』 1981년 8월 13일. 『朝日新聞』 1981년 8월 18일.

1982년 여름은 이 문제에 겨우 해결의 실마리가 보이던 시기였으므로, 한국 정부는 갑작스레 발생한 교과서 분쟁이 이 문제의 해결에 악영향을 미칠 것을 크게 우려하였다.[58] 조선일보에 따르면, 당시 한국정부 관계자는 '역사왜곡에 대한 우리들의 문제 제기를 일본측이 현재 진행중인 경제협력 협상에 대한 불만으로 관련 지어 이해하지는 않을까, 그 점이 우려스럽다'면서 '일본 국민이 과거 역사에 대해 죄악감을 느낄 정도의 양심과 지식수준을 갖고 있다면 역사기술에 대한 일본 국내의 자성론이 지금보다 좀더 강화될 것이다', '일본이 스스로 수정한다면 이상적인 해결방법이 될 것이다'고 말하고 있다. 거액의 차관을 둘러싼 교섭이 막바지를 향하고 있던 시기에 한국 정부에게 갑작스럽게 닥쳐온 일본 역사교과서를 둘러싼 문제는 필시 환영할 만한 것은 아니었다는 것을 알 수 있는 대목이다.[59]

그러나 이러한 한국 정부의 태도는 점차 변화해 간다. 여야당 국회의원을 포함한 다양한 인물들이 미디어 보도에 영향을 받아 일본에 대한 강경한 태도를 요구하고 나섰기 때문이다.[60] 결국 다음달인 7월25일에는 한국 정부가 이 문제를 차관문제와 따로 떨어뜨려 논의할 것을 결정하고, 27일에 이 문제를 토의하기 위한 각의를 처음으로 개최하였다. 그러나 이 시점에서도 한국 정부는 아직 일본 정부에 대해 공식적으로 항의를 할 것인지를 결정하지 못했다. 정부는 가까운 시일 내에 일본 정부로부터 어떠한 대응안이 나올 것을 기대하면서, 일단 사태를 지켜보고 있었던 것이다.[61]

그러나 일본정부는 한국 정부의 기대에 부응하지 못했다. 일본 문부성은 7월 29일밤 왕샤오윤 중국공사를 불러들여 "'오해'를 풀고 "이해"를 구하는 설명'을 하였다. 그러나 일본측의 이 '설명'은 검정의 정당성을 이야기한 것일 뿐이었기에, 그 안에는 중국측이 기대한 교과서 기술을 수정하겠다는 내용은 포함되어 있지 않았다. 설명을 들은 왕샤오윤은 '이런 설명으로는 중국인민을

---

58) 『조선일보』 1982년 7월 25일.
59) 『朝日新聞』 1982년 7월 25일.
60) 『조선일보』 1982년 7월 24일 및 25일.
61) 『朝日新聞』 1982년 7월 29일.

납득시킬 수 없다'고 말하며, 강한 항의의 뜻을 내보였다.

한국정부에 대한 '설명'은 이어지는 7월 30일에 마찬가지로 문부성에서 이루어졌다. 내용은 기본적으로 중국정부에게 한 설명과 같아서, 문부성이 일본의 검정제도와 그 배경에 대해 설명하고 한국측에 '이해'를 구하는 형태였다. 그러나 이 시점은 아직 한국정부가 정식으로 항의하기 전이어서, 문부성 '설명'에 대한 한국측의 반응은 중국에 비하면 훨씬 '우호적'이었다. 한국측을 대표하여 참석한 이상진 공사는 '검정제도는 일본 국내 문제로, 한국이 관여할 문제는 아니다. 외교문제로 발전하는 상황은 피했으면 한다' '우호국으로서 일본의 양심에 호소하니, 스스로 대처하는 것이 바람직하다' '긴 안목으로 대처해야 할 문제이며 한국 국민이 중대한 관심을 가지고 있음에 유의하여 납득할 수 있는 대처를 바라는 바'라고 언급하는데 그쳤다.[62]

그러나 일본의 미봉적 자세는 오히려 한국 정부를 궁지로 몰아넣게 된다. 일본 정부의 '설명'에 대해 '우호적'인 태도를 보인 한국 정부와는 달리, 한국의 미디어들은 일본정부에 의한 '기만'이라고 받아들였다.[63] 상황을 더욱 곤란케 한 것은 중국이 이 문제에 대해 강경한 자세를 취했다는 점이다. 이러한 중국 정부의 강경 노선 때문에 한국 정부의 미온적인 태도가 더욱 눈에 띄게 되었다. 이도형은 조선일보 1982년 7월 30일자의 「교과서 항의 이틀만에 중공(中共)에 사과한 일본, 한국엔 왜 차별하나」라는 제목을 내건 논평에서 다음과 같이 말했다.

> 이렇듯 한국이 오늘날 만약 일본으로부터 불평등한 대접을 받고 있다면 그 이유는 강화도 조약이나 을사보호조약에서 65년의 한 — 일기본조약에 이르기까지 국민을 대표한 사람들이 그때마다 문제를 너무나도 성급히 다룬 결과라는 것을 우리는 알아야 할 것이다. 교과서 문제, 대일 경협문제에 있어서도 한번 잘못해놓으면, 그 나쁜 유산이 우리 후손에게 그대로 물려진다는 것을 한국 기성세대는 엄

---

62) 일본 정부는 동시에 서울에서도 같은 내용의 설명을 하는 자리를 가졌다. 이에 관한 한국정부의 반응은 역시 마찬가지였다. 『朝日新聞』 1982년 7월 31일.
63) 『조선일보』 1982년 7월 31일.

숙히 받아들여야 할 것 같다.64)

이 논평에는 「'실리 얽매' 의식 없는 과거 지도층 소탐대실 자초……후손들 까지 피해」라는 부제가 달려있다. 이 논평이 중국에 비해 한국을 경시하는 일 본의 태도를 비판하는 한편, '실리' 즉, 차관을 의식하여 저자세를 취하는 한 국 정부 또한 비판하고 있음은 틀림없다. 당시 조선일보가 보수성향 매체로서 정권에 가까운 위치에 있었던 점을 고려하면 이와 같은 강력한 정권비판은 이례적이라고 할 수 있다. 이 점은 당시 한국에서 '중국에 비해 한국을 차별 하는 일본'에 수수방관하는 한국정부에 대한 불만이 얼마나 고조되어 있었는 지를 보여준다.

강경한 여론에 밀린 한국정부는 결국 1982년 8월 3일, 일본정부에 교과서 문제에 관한 정식 항의의 뜻을 전한다. 그리고 9일 후인 8월 12일 조선일보는 갑작스레 '극일운동'을 선언한다. 다음에서는 일본에 항의의 뜻을 전달함과 동 시에 시작된 이 '극일운동'이 제1차 역사교과서 파동과 어떠한 관계를 갖고 있었는지 생각해보도록 하자.

8. '극일운동'이란 무엇인가

이 문제를 이야기할 때 중요한 전제가 되는 것이 당시 조선일보와 한국정 부 사이의 특수한 관계이다. 주요 인물은 한국정부에서 문화공보부 차관의 지 위를 점하고 있던 허문도였다. 1940년생인 허문도는 당시 42세. 서울대 농학 과를 졸업하고 1964년 조선일보에 입사한 그는 한일기본조약 체결 직후인 1965년에 도쿄대로 유학을 간다. 덧붙이자면 한일기본조약 체결 이전에는 일 본 유학에 큰 제약이 존재했었으므로, 그는 국교정상화 직후 절호의 기회를 살린 그리 많지 않은 유학생 중 하나였다.65) 그리고, 드문 기회였기에, 이 시

---

64) 『조선일보』 1982년 7월 30일.
65) 같은 시기에 한국에서 유학 생활을 한 인물로는 후에 국민대학교 교수가 되며, 마

기에 공식적으로 유학을 다녀온 인물들은 이후 한국 사회에서 새로운 세대의 '일본통'으로서 중요한 역할을 수행하게 된다. 허문도와 같은 시기에 도쿄대에서 유학생활을 한 인물로는 후에 국민대교수를 지내고, 마찬가지로 전두환·노태우 정부에서 대일정책의 브레인을 담당한 것으로 알려진 김영작이 있었다. 이렇게 한일기본조약 체결 직후 일본에 유학을 간 이들은 일제 강점기 하에서 교육을 받았던 세대가 사회의 제1선에서 물러나는 1980년대에 한일양국을 잇는 역할을 담당하게 된다.

허문도는 이후 1974년에 조선일보 도쿄특파원이 되어 다시금 일본에 체재한다. 한일 양국 관계가 김대중납치사건과 재일한국인 문세광에 의한 박정희대통령 암살미수사건으로 극도로 악화된 상황에서 도쿄에서 생활하게 된 것이었다. 허문도의 전임자는 민주화 이후 1990년대 한국 정계에서 '킹 메이커'라고 알려지며 유력 정치인으로 활약한 김윤환이었다. 허문도가 김윤환을 대신하게 된 것은 김윤환이 1973년 국회의원 선거에 입후보하면서 조선일보에서는 퇴사하게 되었기 때문이어서, 이 점에서도 당시 조선일보와 한국정부간의 관계가 밀접했음을 알 수 있다. 1973년 선거에서는 무소속으로 입후보해 낙선을 했었던 김윤환은 박정희와의 친분이 생겨, 제4공화국 말기인 1979년 유신정우회 소속 국회의원의 지위를 얻게 된다.[66] 그리고 김윤환은 제5공화국에서 새로이 여당이 된 민주정의당에 입당한다. 당시 정권의 넘버투였던 노태우와 고등학교 동창의 친분 관계를 이용하여 정권내에서도 유력자로 부상하게 된다.

허문도는 그 후 1979년 일본대사관의 홍보관으로 정부에서 일하게 된다. 그러나 그의 인생을 결정적으로 바꾼 것은 박정희대통령 서거 이후 전두환과의 만남이었다. 1979년 12월 군사 쿠데타 직후 재외공관 홍보관 중 한 사람으로서 일본 정세에 관해 설명하던 허문도를 눈여겨본 전두환은 그의 능력을

찬가지로 전두환·노태우 정부에서 정권의 브레인 역할을 담당한 김영작이 있다.
66) 김윤환의 경력에 관해서는 Chosun.com 「인물검색 – 조선일보 DB」 db.chosun.com/people/index.html(최종확인 2018년 5월 5일).

높이 사 자신을 보좌하도록 한다. 이렇게 허문도는 전두환이 부장으로 재임하던 중앙정보부에서 비서실장에 취임하게 된다. 허문도는 그 후 전두환이 정권 획득에 이르기까지의 행보에 함께 하며 꾸준히 자신의 지위를 높여간다. 그리고 1980년 5월 민주화운동 이후에는 국가보위비상대책위원회문화홍보위원, 같은 해 11월 전두환 대통령 취임 직후에는 대통령비서실 정무 제1비서관이라는 요직에 오르게 된다.[67]

직함만 봐도 알 수 있듯 이 시기 전두환 정부의 홍보부문을 일관되게 담당한 인물이 바로 허문도였으므로, 그가 조선일보 출신이었던 점은 큰 의미를 갖는다. 더불어 허문도는 42세의 젊은 나이에도 조선일보 내에서 특수한 인맥을 가지고 있었다. 당시 '조선일보'의 편집국장이었던 최병렬이[68] 허문도와 같은 부산고등학교 출신이어서 두사람은 허문도가 조선일보 기자였던 시절부터 친밀한 관계였다.

한마디로 이야기하자면 당시 전두환 정부에서 허문도는 정부의 홍보정책과 미디어대책을 자신의 손아귀에 넣고 있던 인물이었고, 그러한 허문도에게 그가 이전 몸담았었던 조선일보는 홍보정책에 가장 이용하기 좋은 미디어였다. 이렇게 정권과 특수한 관계에 놓여있던 조선일보가 한일관계가 악화되는 와중에 난데없이 시작한 '극일운동'이다. 이 운동이 허문도, 그리고 한국정부와 아무 관계가 없을 리 없었다. 본디 당시 한국의 매스미디어는 전두환 정부 출범 이후 일관되게 강력한 정부의 통제 하에 놓여 있었으므로, 정부의 의중을 무시하고 독자적인 외교정책을 이야기할 수 있는 상황은 아니었다.

그러면 '극일운동'의 배경에는 무엇이 있었던 걸까? 먼저 허문도는 저자와의 인터뷰에서 '극일운동'이 자신의 발안에 의한 것이었음을 인정한 바 있

---

67) 허문도의 경력에 관해서는 Chosun.com 「인물검색 – 조선일보 DB」 db.chosun.com/people/index.html(최종확인 2018년 5월 5일). 또한 일부 정보는 2012년 2월 12일 허문도와의 인터뷰에 의거하였다.
68) 최병렬 또한 제5공화국 후기인 1985년 민주정의당에 입당하여 국회의원직에 오른다. 그는 그 후 노태우 정부, 김영삼 정부에서 요직을 지냈으며, 2003년에는 당시 야당이었던 한나라당의 총재로서 노무현 대통령에 대한 탄핵을 주도했다.

다.[69] 그러나 이는 '극일운동'이 반드시 정부의 일방적인 지도 하에서 전개되었다는 의미는 아니다. 이점에 대해 도쿄특파원으로서 '극일운동'의 취재에서도 중요한 역할을 담당했던 이도형은 다음과 같이 이야기했다.

> 조선일보 편집국장을 역임한 최병렬과 허문도는 같은 고등학교 선후배 사이이기 때문에, 당연히 후배인 허문도가 최병렬에게 일방적으로 명령을 할 수 있는 관계가 아니었다. 교과서 문제에 직면한 양자가 평등한 입장에서 대화를 하였고, 조선일보가 '극일운동'을 하기로 했다고 생각하는 게 좋을 것 같다.[70]

이렇게 보면 결국 '극일운동'은 제1차 교과서 파동에 직면한 당시 한국의 엘리트 두 명이 공동으로 만들어낸 산물이라고 할 수 있을 것이다. 문제는 왜 제1차 교과서 파동이 '일본을 극복하기 위해서는 일본을 알아야 한다'는 '극일운동'으로 귀결했는지이다. 이도형은 이 점에 대해 다음과 같이 이야기했다.

> 여하튼 갑자기 본사에서 '일본을 알기 위한 연재를 하기로 했으니 준비하라'는 말을 듣고, 매우 당황했습니다. 그래서 나 한사람으로는 도저히 안되어서 이승박씨, 이건씨, 그리고 김양기씨에게 도움을 받기로 했습니다.[71]

여기서 놓치면 안될 것은 '극일운동'이 제1차 역사교과서 파동의 전개과정 중, 한국정부가 강경한 자세를 취할 수밖에 없게 몰린 시점에서 시작되었다는 점이다. 그리고 여기서 내포된 의미는 '조선일보'의 '극일운동'에 관한 극히 이른 시기의 기사를 보면 알 수 있다. 이미 언급한 바와 같이 '극일운동'이 '조선일보'지 상에서 처음으로 등장한 것은 1982년 8월 12일이다. 이 날 1면에서 운동개시를 선언한 조선일보는 같은 날 3면 전면을 거의 다 써서 이 운동의 의의를 강조하였는데, 이 점을 보면 조선일보가 이 운동에 얼마나 많은 힘을

---

69) 허문도와의 인터뷰.
70) 이도형과의 인터뷰.
71) 이도형과의 인터뷰.

쏟았는지를 알 수 있다. "분노－감정만으론 일본을 이길 수 없다 국민적 「극일운동」 벌여야"라는 제목의 '데스크 좌담' 말미에서 이름은 알 수 없는 조선일보의 '데스크'는 다음과 같이 말했다.

결론적으로 다시 두 가지 전선에 대한 다짐을 해야겠습니다. 첫째 정부 입장에서는 원칙과 실리라는 두 문제가 있을 것입니다. 원칙에 있어 확실하면서 실리를 취해야 할 것은 취해야 겠습니다. 교과서문제와 함께 경협문제가 시기적으로 동시에 걸려있는데, 그럴 우리 정부도 아니겠지만 경협이라는 것 때문에 교과서문제가 영향받지 않도록 해야겠어요.

교과서 왜곡부문도 시정하게 하고, 경협도 잘 되도록 해야겠죠. 그게 원만치 못할 경우 「선(先)교과서 시정」이라는 원칙과 태도를 분명히 하고 이 문제를 이끌어 주길 바랍니다.72)

확실한 것은 이 주장이 한국정부의 교과서문제에 대한 자세 변화를 아름답게 포장해주고 있다는 사실이다. 즉 한국정부는 당초 두 개의 전선을 동시에 확보하고자 했으나, 잘 되지 않았기 때문에 결국 '선 교과서 시정'으로 전환하게 된 것이다. 이 '데스크'의 발언은 그 움직임을 그대로 대변하고 있는 모양새다.

그러나 이 논의에서 더욱 중요한 것은 다음에 이어지는 부분이다. 익명의 '데스크'는 계속해서 다음과 말한다.

또 국민들 쪽에서는 가령 경협이 순조롭지 못하더라도 「집어 치워라」고 감정적으로 치닫기보다는 의연한 뚝심을 지니고 있어야 할 것 같습니다. 경협이 제대로 안되더라도 경제적 어려움을 극복해낼 수 있다는 굳건하고도 믿음직스러운 태도로 우리정부의 힘이 되어주어야 겠어요. 또 각계 지도층도 이 기회에 일본을 이겨내야 한다는 각오를 새롭게 해야겠어요.

---

72) 『조선일보』 1982년 8월 12일.

여기까지 살펴보면 '극일운동'이 왜 제1차 역사교과서 파동 직후에 일어났는지를 알 수 있다. 결국 당시 한국정부에게 교과서 파동이란 자신들이 아무리 원만한 자세를 취하더라도 결국 일본이 한국을 존중할 일은 없을 것이라는 부정적인 경험이 되었다. 그렇기 때문에야말로 그들은 일단 자중하고, 국민에 일본을 배우고 미래를 위해 자국의 국력을 기를 필요성을 강조하게 된 것이다.

그렇다면 우리는 제1차 역사교과서 파동의 전개과정에서 어떤 시사점을 얻을 수 있을까? 마지막으로 이점에 대해 간단히 언급하고 본 장을 마무리하도록 하겠다.

맺음말을 대신하여 - 전환점이 된 제1차 역사교과서 파동

여기까지 이야기한 내용을 정리해보자. 1982년의 제1차 역사교과서 파동은 당시까지 일본 국내에서 전개되어져 온 이에나가 재판의 연장선상에서 발발한 것이었다. 당초 일본의 '국내문제'였기 때문에 한국 국내의 관심은 극히 미미하였고, 정부 차원에서는 물론이거니와 미디어에서도 이 문제는 거의 논의되지 않았다. 이 문제가 한일간 분쟁으로 발전한 것은 중국 정부가 움직였기 때문이었다. 일본 정부에 보인 중국 정부의 강력한 항의는 도쿄 현지에서 중국 기자들에 대한 한국 기자들의 라이벌 의식을 환기시켰고, 도쿄 주재 기자들로부터 전달된 정보가 한국의 여론을 자극했다.

그러나 여기서 실제로 논의된 것은 그 해 역사교과서의 검정 방법과 구체적인 기술 내용이 아니라, 전개 과정에서 보인 일본 정부관계자의 역사인식이었다. 그 이유는 이 시점에 한국에서 입수 가능했던 일본 역사교과서에 대한 정보가 많지 않았으며, 한일간 근현대사에 관한 일본 역사교과서 내 기술 내용 자체도 매우 한정적이었기 때문이다. 이러한 의미에서 볼 때 한일간 제1차 역사교과서 파동은 사실 교과서 검정방법과 기술내용에 대한 분쟁이라고 보기 보다는 양자의 역사인식차를 둘러싼 분쟁이라고 봐야 할 것이다.

분쟁 발발 후에도 한국 정부는 미온적인 대응으로 일관하였다. 이는 당시 진행중이었던 차관 협상을 배려한 것이었다. 그러나 중국 정부가 일본에 강력히 항의하면서 국내 여론이 들끓게 되자 한국정부 또한 일본정부에 강경자세를 취할 수밖에 없게 된다. 중국정부의 강력한 항의 탓에 결과적으로 한국정부의 우유부단한 태도가 더 눈에 띄게 되었기에, 결과적으로 한국정부도 일본에 대해 강경한 자세를 취하는 방향으로 이끌려가게 된 것이다.

이러한 상황 직후에 전개된 '극일운동'은 한국정부가 처한 곤경을 단적으로 보여주는 것이었다. 이는 '강한 일본' 앞에서 미온적인 태도를 취하다 강경자세로 돌아설 수밖에 없었던 한국정부의 입장을 대변하는 한편, 그 '강한 일본'이 자국의 요구를 들어주게 하려면 국력을 키울 필요가 있으며, 국력을 향상시키기 위해서는 '강한 일본'에서 배워야함을 강조하고 있었다. 바꿔 말하면 이는 한국 정부가 국민들에게, 한일 양국 사이에 커다란 국력의 차이가 존재하는 이상, 현 단계에서 일본측이 한국의 요구를 바로 수용하기는 불가능하며, 그러니 우선 '정부와 함께' 협력해서 일본을 배우고, 근대화에 매진해야 한다는 교훈을 주는 대대적인 정치 캠페인이었다고 할 수 있다.

그러면 결국 이렇게 전개된 제1차 역사교과서 파동에서 '극일운동'에 이르는 과정을 규정한 것은 무엇이었을까? 일단 이 문제는 중국의 존재를 빼고는 생각할 수 없다. 당시 한국과 중국의 관계는 국교조차 없이 여전히 냉전 대립하에 있던 한편, 일본 내에서 영향력을 다투고 있었다. 동북아시아 국제사회가 데탕트를 지나 냉전체제의 종식으로 향하는 과도기 속에서, 일본과 한국의 '탈냉전화'의 정도 차이로 인해 과도기 특유의 상황이 발생한 것이다.

1960년대까지 아시아 냉전의 '한쪽 주역'이었던 중국은 이미 1970년대 초부터 우호관계를 쌓아오고 있었던 일본에게 국제사회에서도 가장 중요한 파트너 중 하나로 부상해 있었다. 이러한 동아시아의 데탕트 진행은 결과적으로 아시아 냉전의 최전선에 위치한 한국이 일본에서 차지하고 있던 중요성을 크게 훼손시켰다. 이를 나타내는 미시적인 현상의 발로는 도쿄에서 주재중인 한중 양국 기자들의 대립 관계로 발현되었다. 또한 교과서 분쟁의 전개과정에서는 한국보다 중국에 크게 배려하는 일본정부의 자세에서 나타났다.

　다음으로 주목해야 할 것은 이 사건이 한국으로 하여금 데탕트의 진전과 경제성장을 통해 '변해가는 일본'의 모습을 실감하는 기회가 되었다는 점이다. 교과서 파동으로부터 극일운동에 이르는 과정을 통해 그때까지는 한일관계의 최전선에 위치한 도쿄특파원만이 느낄 수 있었던 '변해가는 일본'을 비로소 마주한 초조함이 한국 정부와 여론에 전반적으로 퍼져 나갔다고 할 수 있겠다.

　그러나 80년대에 들어서자 이러한 연대감은 희박해졌으며, 한국에서는 일본과의 관계를 다시금 고찰해야 하는 상황이 벌어졌다. 본디 일본이란 무엇이며, 한국에게 어떠한 존재인 것인가? '일본을 극복하기 위해서는 일본을 알아야한다'는 일견 모순된 듯 보이는 '극일운동'의 슬로건은 이러한 당시 한국의 상황을 상징적으로 보여준다. '냉전'이라는 베일을 벗고 바라본 일본은 한국의 앞을 가로막은 높은 장벽이었고 과거에는 자국을 점령했던 극복해야 할 대상이었다. 그러나 실제로는 한국 사람들 대부분이 일본은 어떠한 교육을 받고, 어떤 생각을 하는지 알지 못했다. 때문에 이 때 '일본을 알아야 한다'는 슬로건을 외치게 된 것이다.

　한국인들에게는 이러한 갈등을 거쳐 '재발견'된 일본이 (그들의 눈에는) 한국을 중시하지도 않을뿐더러 그들이 기대하는 역사인식을 가진 존재도 아니었다는 점이 불행으로 다가왔을지도 모르겠다. 여하튼 이렇게 제1차 역사교과서 파동을 계기로 한일 양국은 '역사인식 문제'라는 판도라의 상자를 열게 된다.

제2부

위안부 문제
- 한일관계와 국제사회
언설의 변화

지금까지 역사교과서 문제를 사례로 1980년대 한일 양국의 역사인식 문제와 관련된 언설의 전개과정을 살펴보았다. 여기서 우리는 제2차 세계대전 후 한국에서 한번 관심을 잃었던 일본의 존재가 재발견되고, 일본과 관련된 인식과 언설이 재구성되어가는 과정을 확인할 수 있었다. 그런데 이 과정에는 아무런 전제도 없었던 것일까?

다음에서 한일 양국간 역사인식문제의 전개과정에서 가장 중요한 역할을 한 일본군위안부 문제와 이에 관련된 언설이 어떻게 형성되어져 왔는지를 한국, 일본, 그리고 이 문제에서 중요한 역할을 한 국제사회라는 세 개의 공간으로 나누어 분석해 보고, 그 성립과정에 영향을 미친 액터(Actor)의 역할에 대해서도 알아보자.

제3장

위안부 문제를 둘러싼 한국 언설의 상황
- 국제 분쟁화 이전

들어가며

위안부 문제를 둘러싼 논의가 한일 관계에 미치는 영향은 다시금 지적할 필요
도 없을 것이다. 1990년대 이후 한일 양국간 역사인식 문제에서 최대의 현안으로
부상한 이 문제가 2000년대 들어서서 다시금 주목을 받게 된 계기는 2011년 8월
30일에 있었던 한국헌법재판소의 판결이었다. 헌법재판소는 판결의 주문에서 "청
구인들이 일본국에 대하여 가지는 일본군위안부로서의 배상청구권이 '대한민국과
일본국 간의 재산 및 청구권에 관한 문제의 해결과 경제협력에 관한 협정' 제2조
제1항에 의하여 소멸되었는지 여부에 관한 한·일 양국 간 해석상 분쟁을 위 협정
제3조가 정한 절차에 따라 해결하지 아니하고 있는 피청구인의 부작위는 위헌임
을 확인한다"고 하고, 위안부 문제의 해결을 위해 적극적으로 노력할 것을 한국
정부에 강력히 요구했다.[1] 이에 사법부로부터 문제해결에 대한 노력을 요청받은

---

1) 이 판결문의 일본어 번역은 「アクティブ・ミュ―ジアム 女たちの戦争と平和資
料館」을 참조하였다.

당시의 이명박대통령은 같은 해 12월 교토에서 열린 한일정상회담에서 당시 일본의 노다 야스히코 총리에게 일본군 위안부의 '우선적 해결'을 강력히 촉구했다.[2]

위안부 문제는 이후 한일양국의 정권 교체가 이루어진 후에도 한일간 가장 중요한 문제 중 하나로 자리잡았다. 2012년 12월 한국에서는 대통령선거가, 그리고 일본에서는 중의원 의원선거가 각각 치뤄졌는데, 그 결과 한국에서는 당시 새누리당의 박근혜 후보가 근소한 차이로 대통령에 당선되었고, 일본에서는 압승을 거둔 자민당 아베 신조 총재가 총리에 취임하였다. 박근혜 대통령의 당선에 대해 자신과 마찬가지로 강한 보수적 성향을 가진 정권이 탄생했다고 판단한 아베 정권은 박근혜 대통령의 당선 직후부터 한일의원연맹간사장이었던 누카가 후쿠시로를 총리 특사로 파견[3]하는 등 적극적인 접촉을 시도했으나 박근혜 정부의 대응은 시종일관 냉담했다.[4] 2013년 2월 정식 출범한 박근혜 정부는 처음부터 역사인식 문제에 대해 일본측에 명확히 '단호한 자세'를 취하였고, 한일간 최중요 과제로서 특히 일본군 위안부 문제를 꼽았다.[5]

위안부 문제는 같은 시기 일본 국내에서도 마찬가지로 큰 논쟁거리였다. 중요 전기가 된 것은 2014년 8월 5일, 6일 양일간에 걸쳐 나온 아사히 신문의 "위안부 문제를 생각하다"라는 제목의 특집기사였다.[6] 이 특집기사 속에서 아사히 신문은 80년대부터 90년대 초반까지 게재한 위안부 문제 관련 보도에 일부 오류가 있었다는 인정을 함으로써 일본 국내에서는 이러한 아사히 신문의 오보가 그 후 위안부 문제의 전개에 지대한 영향을 미쳤다며 비난하는 목소리가 높아지게 된다. 일본 국내에서 위안부 문제 관련 논의가 격해지자, 국제사회로 불똥이 튀었다. 같은

---

http://www.wam − peace.org/wp/wp − content/uploads/2011/09/64e1569fc
bc532fd1df34f353e7e7f09.pdf(최종확인 2018년 5월 5일).
2)『毎日新聞』2011년 12월 18일.
3)『毎日新聞』2013년 1월 5일.
4) 예를 들면 박근혜는 누카가 간사장 방문의 답례로서 도쿄를 방문한 한일의원연맹회장 황우여에게 자신의 특사 자격을 부여하지 않았다.『産経新聞』2013년 1월 8일.
5) 이 경위에 대해서 자세하게는 졸고「韓国はなぜ中国に急接近するのか」,『アジア時報』48」2013년 6월, 참조.
6)『朝日新聞』2014년 8월 5일. 또한「慰安婦問題を考える」
http://www.asahi.com/topics/ianfumondaiwokangaeru/을 참조
(최종확인 2018년 5월 5일).

해 9월에는, 1996년 유엔인권위원회가 발간한 '쿠마라스와미 보고서'에 대해 당시 스가 요시히데 관방장관이 '보고서가 일본의 근본적인 입장과 행보를 반영하고 있지 않아 유감이다'라고 말하게 되는 사건이 일어나게 되는데,[7] 이 보고서의 논거에는 앞서 아사히 신문이 오보 인정을 통해 그 내용을 부정한 요시다 세이지의 증언이 포함되어 있었다.

그러나 이렇게 일본 국내외에서 위안부 문제에 관한 활발한 논의가 있었음에도 불구하고 실제 위안부 문제가 어떠한 경위를 거쳐서 오늘날에 이르렀는지에 대해서는 지금까지 종합적인 연구가 거의 존재하지 않았다. 이미 복수의 선행연구가 지적하고 있는 것처럼 위안부 문제가 한일양국의 중요한 정치 문제로 부상한 것은 1991년부터이며,[8] 그 이전까지 이 문제는 어디까지나 수많은 역사인식문제 중 하나에 지나지 않았다. 특히 1970년대부터 위안부문제에 대해 학문적 검증작업이 조금씩 진척되고 있었던 일본에 비해, 한국이 이 문제에 대해 갖고 있던 관심은 상대적으로 1980년대 초반까지 시종일관 낮은 수준에 머물고 있었다.

그러면 이 위안부 문제가 대체 왜 90년대 초에 들어오면서 한일간 주요한 역사인식문제 중 하나로서 갑자기 큰 주목을 받게 된 것일까? 이를 이해하기 위해서는 문제를 제기한 측인 한국에서, 그 이전까지 위안부 문제에 관해 어떠한 논의와 의미부여가 있어왔는지를 알아보아야 하겠다.

본 장에서는 위와 같은 관점에 입각하여, 91년 한일 양국간에 중요한 국제문제로서 등장하기 이전 단계에 한국에서 위안부 문제에 관한 언설이 어떻게 전개되어져 왔는지를 역사적 경위에 따라 살펴보도록 하겠다. 주요 사료로는 위안부 문제와 관련한 당시의 미디어 보도, 저작, 논문 그리고 관계자의 증언 등을 이용하고자 한다.

---

7) "쿠마라스와미 보고는 '유감'＝스가 관방장관", 시사통신 2014년 9월 5일, http://www.jiji.com/jc/zc?k＝201409/2014090500363(최종확인 2014년 9월 27일).
8) 예를 들면 Alexis Dudden, Troubled Apologies Among Japan, Korea, and the United States, Columbia University Press, 2008. 또는 졸저『한일 역사인식 문제의 메커니즘』김세덕 옮김, 제이앤씨(2019) 등을 참조.

1. 선행연구와 한계점

분석에 들어가기 전에 먼저 선행연구를 검토해보자. 앞서 언급하였듯이 90년대 이후 한일 양국간의 가장 중요한 역사인식 문제 중 하나가 된 일본군 위안부 문제의 전개과정에 대한 선행연구는 지극히 한정되어 있다.[9]

90년대 주목을 받기 시작한 이래 위안부 문제와 관련해서는 한일 양국뿐 아니라 많은 나라의 학자들이 다양한 형태의 연구를 수행해왔다. 그러나 그 대부분은 위안부 문제의 전개과정이 아니라 전시 하에서 위안부를 동원한 과정과 위안소 상황 등 과거 위안부 관련 실태에 초점이 맞춰져 있었다.[10]

종래 위안부 문제에 관한 연구가 '과거의 진상규명'에 편중되어 있는 데에는 몇 가지 이유가 있다. 첫째, 이 문제가 국제 분쟁으로 확대된 90년대 초에는 한일 양국에서 이미 과거 위안부 실정에 관한 사회적인 기억이 애매해진 면이 있었다. 후에 자세히 언급하겠으나, 일본에서는 70년대, 한국에서는 80년대 즈음부터 일본군 위안부 관련 당시의 상황을 '재발견'하고자 하는 시도가 있었으며, 이러한 움직임은 같은 시기에 전개된 다양한 역사의 '재발견' 작업과 연동되어 있었다. 오늘날 일본군 위안부의 과거사와 관련된 연구는 이 시기에 시작된 일련의 역사 '재발견' 흐름의 연장선상에 위치한다고 할 수 있겠다.

둘째, 한일 양국 사이에서 외교문제로 확대되어, 법정 다툼[11]을 동반하게 되었기 때문이다. 당연히 이 문제와 관련하여 한일 양국이 외교적 협상을 하

---

9) 위안부 문제의 언설적 전개에 대해 주목해야 할 최근 저작은 다음과 같다. 木下直子 『「慰安婦」問題の言説空間: 日本人「慰安婦」の不可視化と現前』 勉誠出版, 2017년.

10) 관련 참고 저작은 吉見義明, 林博史編著 『日本軍慰安婦: 共同研究』大月書店, 1995년, 秦郁彦 『慰安婦と戦場の性』 新潮社, 1999년, 永井和 「陸軍慰安所の創設と慰安婦募集に関する一考察」 『二十世紀研究』 創刊号, 2000년, 京都大学大学院文学研究科 등.

11) 위안부 관련 재판에 대해서는 朝鮮人従軍慰安婦問題を考える会 『補償を求める裁判闘争支援のために』 朝鮮人従軍慰安婦問題資料集 3, 1992년 등.

기 위해서는 그 전제가 되는 역사적 사실을 확정해야만 했다. 또한 일본 정부 및 기업의 책임을 묻는 재판에서는 역사적 사실의 인정을 전제로 법적 해석을 다루었다. 이러한 사정이 있었으므로, 당초 일본군위안부 관련 연구가 과거의 역사적 사실을 확정하는 작업에 집중되어 있었던 것은 당연했다고도 볼 수 있다.

셋째, 한일 양국 사이에 존재하는 위안부 문제를 비롯한 역사인식 문제들은 단순하게 이 역사적 사실을 확정하면 해결될 것이라는 막연한 기대가 존재했기 때문이다. 이렇게 생각하게 된 배경에는 통상적으로 역사적 사실을 확정함으로써 법적 책임의 범위도 확정할 수 있으며, 이에 따라 양국간 '공통의 역사인식'도 수월하게 형성될 수 있을 것이라는 낙관적인 예측이 존재한다. 2002년부터 2005년, 그리고 2007년에서 2010년까지 2기에 걸쳐 전개된 '한일역사공동연구'는 이러한 사고가 낳은 전형적 산물이었다.[12] 2001년 한일정상회담 합의에 따라 개시된 이 공동연구에서는 제2차 세계대전 이전에 있었던 과거 사실의 확정에 주요 관심이 집중되었고, 제2차 대전 이후 양국의 '역사인식'과 관련된 상황에는 큰 관심이 주어지지 않았다.

역사인식문제의 연구에서 전제가 되는 과거의 역사적 사실을 확정하는 작업은 확실히 일정한 중요성을 가지며 필자도 그 가치를 부정하는 것은 아니다. 그러나 과거의 역사적 사실을 확정하는 것 만으로, 이후 각각의 사실을 둘러싼 논의의 방향이 손쉽게 결정될 수 있다고 생각한다면 그것은 안이한 생각이다.

중요한 점은 역사인식을 둘러싼 한일간 분쟁이 제2차 세계대전 종료 이전이 아니라, 그 이후 전개된 것이라는 점이다. 그러므로 여기에는 제2차 세계대전 종료 이전에 있었던 과거의 사실 이상으로 분쟁이 확대되던 각 시기의 상황이 영향을 미친다. 바꿔 말하면, '역사인식 문제의 역사'는 제2차 대전 이

---

12) 한일역사공동연구위원회 편 『한일역사공동연구보고서』 한일역사공동연구위원회, 2010년. 또한 졸고 「日韓歷史共同硏究をどうするか」, 『現代韓国朝鮮研究』 10, 2011년 11월.

후의 역사, 즉 '전후사(한국에서는 '광복 이후의 역사')'의 일부이다. 그렇기 때문에 더욱이 이 문제를 이해하기 위해서는 한일 양국의 '전후사' 속으로 다시 돌려 놓고 생각해보아야 한다.[13]

실제로 소수이기는 하나, 이러한 문제를 '전후사' 속에서 다시 이해해 보고자 한 연구가 이전에 존재하지 않은 것은 아니다. 이를 분류해 보면, 제1 계열은 주로 운동단체에 속하는 사람들에 의한 연구이다.[14] 이 연구들은 그 성격으로 인해 확실한 한계를 가지고 있다. 운동단체에 속한 연구자들에 의해 쓰여진 위안부문제의 전개 과정에 관한 논저들은, 당연하게도 그들이 소속된 운동단체의 입장을 반영하고 있어, 강한 선입견이 작용하고 있는 것이다. 또한 운동단체 중에도 영향력이 강한 단체와 약한 단체가 존재하므로, 이들 단체 각각이 어떠한 역할을 하였는지를 그들의 저작만으로 균형감 있게 파악하기는 어렵다.

선행 연구로서 보다 주목해야 할 것은 이들과는 다른 제2의 계열, 즉 국제관계론과 국제관계사의 문맥에서 이를 역사적으로 정립하고자 한 흐름이다.[15] 이러한 연구는 당사자인 한일 양국 보다도 제3국인 미국과 유럽 국가들에서 활발하게 행해지고 있다. 연구의 배경에는 한일간 역사인식문제를 복수 국가 간의 원활한 관계를 저해하는 국제관계를 둘러싼 하나의 케이스 스터디로서 파악하고, 이 메커니즘을 보다 보편적인 입장에서 밝히고자 한 의도가 있다. 제1계열의 저작이 한 쪽 당사자의 입장에서 쓰여 졌다고 한다면, 제

---

13) 이 점에 대해서는 졸저 『한일 역사인식 문제의 메커니즘』 김세덕 옮김, 제이앤씨 (2019).

14) 金富子, 中野敏男編著 『歷史と責任: 「慰安婦」問題と一九九〇年代』 靑弓社, 2008년, 정진성 『일본군 성노예제: 일본군위안부문제의 실상과 그 해결을 위한 운동』 서울대학교출판부, 2004년 등.

15) 대표 저작으로 Alexis Dudden, Troubled Apologies Among Japan, Korea, and the United State, Jennifer M. Lind, Sorry states: apologies in international politics, Cornell University Press, 2008, Marie Soderberg ed., Changing Power Relations in Northeast Asia: Implications for Relations between Japan and South Korea, Routlege, 2011 등이 있다.

2 계열의 저작 중 대부분은 제3자로서의 입장을 적극적으로 활용하여 쓰여졌다.

그러나 이들 몇 안 되는 연구에도 문제점은 있다. 본 장과 관련된 내용으로 지적하자면, 이 저작들 중 대부분이 분석적 관심을 위안부 문제를 비롯한 개개의 역사인식 문제가 정치화된 이후의 시대에 두고 있다. 운동단체의 입장에서 쓰여진 저작은 그들이 운동을 개시한 시기 이후를 주요 기술 대상으로 삼고 있으며, 국제관계와 국제관계사의 관점에서 기술한 저작들은 이들 문제가 외교문제로 불거진 이후의 시대를 대상으로 하고 있다.

그러나 그렇다고 해서 위안부 문제 등을 분석할 때에 외교 문제화되기 이전의 상황에 대해 밝힐 필요가 없다는 것은 아니다. 몇 번이나 언급한 바와 같이 오늘날 한일 간에 커다란 분쟁의 원인이 된 역사인식 관련 이슈는 90년대가 되어서야 비로서 본격적으로 논의되게 되었으며, 이들이 논의에 이르기까지 식민지배의 종언에서 실로 반세기 가까운 시간이 경과하였다. 이렇게 긴 시간이 경과하게 되면, 각각의 이슈와 관련 사실에 대한 각 사회의 의미 부여는 필연적으로 변화한다. 시간의 경과 속에서 일정 이상의 의미가 발견된다면, 당초 세간의 이목을 모으지 않았더라도 이윽고 큰 주목을 받게 되며, 사람들 사이에서 활발하게 회자된다. 거꾸로 새로운 의미가 발견되지 않은 경우에는 사람들의 망각의 저편으로 사라지게 된다.

이미 존재하는 언설은 반드시 그 후의 언설을 규정하고, 그 언설에 규정되는 사람들의 행동에도 영향을 준다. 그러므로 현재 외교문제로 불거진 이슈가 그 이전 단계에서 어떠한 이유로 이러한 의미를 부여받았고, 왜 중요 이슈로서 부상하였는지를 확인하는 것은 외교문제화된 후의 상황을 생각할 때 매우 중요하다. 즉 문제가 되기 이전의 언설을 확인하는 것은 문제화 이후의 언설 내용을 정확하게 이해하고, 또한 문제의 전개에 미친 언설의 영향을 고려할 때에 필수불가결한 작업이다.

본 장에서는 이러한 선행 연구의 약점을 보완하기 위해서 다음과 같이 분석하려 한다. 먼저, 분석의 주요 대상은 한국이 외교문제화 하기 이전의 위안부에 관한 언설이며, 본 장에서는 이를 다음 순서대로 분석한다. 첫째, 미디어 데이터 베이스를 사용하여, 1980년대 이전 한국의 위안부를 둘러싼 언설 전개의 전체상을 밝힌다. 이 작업을 통해 일단 한국사회에서 잊혀 졌던 문제가 어떠한 과정을 거쳐 재발견되고, 어떻게 의미가 부여되었는지를 알 수 있게 될 것이다. 둘째, 사료를 미디어데이터 베이스로부터 각 저작으로 바꾸어, 해당 내용과 저작들이 이용한 정보원이 무엇이었는지를 분석한다. 한국에서 위안부에 관한 본격적인 저작이 나오기 시작한 80년대는 현재와 비교해보면 훨씬 낮은 수준일 것이나, 위안부 관련 문제가 어느 정도 주목을 받게 된 시기에 왜 그리고 무엇에 의거하여 그 언설을 만들어 냈는지를 확실히 밝히기 위해서이다.

이러한 작업들을 통해 한국의 위안부 관련 초기 언설이 일본의 언설과 어떠한 관계를 갖고 있었는 지를 분석한다. 위안부를 둘러싼 한국 측 언설에 관해서는 종래 시기적으로 선행된 일본측 언설에서 영향을 받았다는 지적이 있었다. 실제로 일본 측 언설은 초기 한국의 언설에 어떠한 영향을 미쳤을까? 본 장은 이에 대해 확실히 밝히고, 마지막에 이들 논의를 요약하여 90년대와의 연결고리를 확인해보도록 하겠다.

2. '정신대'와 '위안부'

위안부 문제가 국제화되기 시작한 1990년대 이전에는 한국에서 위안부에 대한 관심이 한정적이었다는 점이 오늘날이 되어 점차 알려졌다. 물론 위안부의 존재 그 자체는 식민지배로부터 해방된 직후 한국에서도 당연히 알고 있었던 사실이며, 그러므로 당시 매스미디어와 문학작품, 또한 영화16) 등에서는 위안부에 대한 다양한 표현이 시도되었다.

그러나 그렇다고 해서 초기부터 한국에 위안부와 위안부 문제에 대한 '독립

---

16) 영화 중 널리 알려진 작품으로는 『사르빈강에 노을이 진다』(정창화 감독, 1965년) 등이 있다.

된' 관심이 존재했음을 의미하지는 않는다. 왜냐하면, 1960년대와 70년대에 사용된 위안부에 관한 표현은 제2차 세계대전과 그 전장을 묘사할 때, 하나의 '배경'으로 가져온 것에 지나지 않았기 때문이다. 제2차 세계대전의 기억이 생생하던 당시, '전장에 위안부가 있었다'는 것은 당연한 사실로 이해되어 졌으며, 그 존재를 빼고 당시의 상황을 묘사하기란 오히려 부자연스러운 것이었다. 그렇기 때문에야말로, 이 시기 위안부에 관한 보도와 묘사는 현재와 같은 '폭로성'을 갖고 있지 않았기에, 비교적 단순한 배경 묘사에 머물렀다.

그 전형적인 사례 중 하나로서, 1971년 1월 21일이라는 비교적 이른 시기에 보도된 중앙일보의 위안부 관련 기사를 살펴보도록 하자.[17] '전쟁 중에는 권번도 통합: 일부 기생은 정신대로 동원도'라는 표제가 붙은 기사의 첫 번째 특징은 그것이 위안부 문제의 묘사를 목적으로 하는 것이 아니라, 일본 식민지 시대의 유명한 요정이었던 '명월관'의 역사적 변화를 그리기 위한 2회 연재로 게재되었다는 점이다. 즉, 이 기사가 말하고자 한 것은 '명월관'의 영고성쇠이며, '요정 소속의 기생들을 정신대에 동원'했다는 에피소드는 큰 역사의 흐름 중 한 점으로서의 위치부여밖에는 주어지지 않았다.

이 기사의 두 번째 특징은 과도기 한국의 위안부를 둘러싼 혼란스러운 언설상황을 전형적으로 보여주고 있다는 점이다. 주지하는 바와 같이 한반도에서는 이미 식민지 통치기부터 노동자로서 동원하는 것을 의미한 '정신대'와 성노동자로서 동원하는 것을 의미하는 '위안부', 이 두 가지 용어에 혼동이 있었다. 그리고 시간이 흐른 뒤 결과적으로는, '위안부'라는 말은 일본군이 '정신대' 명목으로 한반도에서 성노동자로 동원한 여성을 의미한다는 언설이 생겨난다. 이러한 '정신대'와 '위안부'를 둘러싼 혼란의 원인은 일부 업자들이 위안부의 동원에 즈음하여 실제로 '정신대'라는 용어를 사용한 점, 나아가서 '정신

---

17) 『중앙일보』 1971년 1월 21일. 또한 본 장에서 특별히 언급이 없는 한 『중앙일보』 기사는 다음의 데이터베이스에 의거하였다.
중앙일보PDF http://pdf.joins.com/joongang/(최종확인 2014년 11월 21일). 참고로 2018년 현재 데이터베이스의 구성이 바뀌어 같은 방법으로는 검색이 불가능하다.

대'라는 일본어가 한국어로 치환되었을 때에 발생한 어감의 차이에 있었다고 한다.[18]

이렇게 식민지 통치기부터 계속된 위안부를 둘러싼 혼란된 언설 상황은 기사가 쓰여진 1970년대 초반까지도 계속되었다. 이 기사도 마찬가지로 한국에서 '정신대'라는 말이 이중적 의미로 사용되고 있다는 점을 확인하고, '위안부들은 정신대라는 명목 하에 동원되었다'는 이해를 명확하게 보이고 있다.

> (일본은) 피로곤비한 일본군의 사기를 높일 목적으로 공통권번인 기생들을 동원하기에 이르렀다. 끌려간 기생들이 해야 되는 것은 전선의 군인을 몸으로 위로하는 일이었다. 즉 정신대의 다른 의미로서의 역할을 하게 된 것이다. 사전에 이를 알게 되어 폐업을 한 기생들은 이 굴욕을 면할 수 있었지만, 속아서 오게 된 기생들은 견디기 힘든 경우에 처하게 되었다. 이 얼마나 비인간적인 악행인가.

당시의 혼란스러운 용어법에 대해 또 하나 지적해야 할 것은 '정신대'라는 말과 평행적으로 '위안부'라는 말도 사용되고 있는 점이다. 단, 당시 미디어의 용어법을 살펴볼 때, 그들이 '위안부'라는 용어를 오늘날 일본의 언설과는 전혀 다른 의미에서 사용하고 있다는 점 또한 확연하다. 예를 들면, 1965년 창간된 후부터 위안부 문제가 외교문제로 불거지기 직전인 1989년말에 이르기까지 중앙일보는 '위안부'라는 말을 포함한 기사를 153건 게재하였으나, 그중 일본과의 과거와 관련된 문맥에서 이 용어를 사용한 기사는 겨우 22건에 지나지 않는다. 그 외 대부분은 군사기지 주변 성노동자를 둘러싼 문제들에 관한 기사이다.[19] 흥미로운 것은 '위안부'라는 용어가 상대적으로 고도의 관리 매춘이 행해진 한국내 성노동자에 대해서 뿐 아니라, 일본 오키나와와 베트남의 성노동자에 대해서도 사용되었다는 점[20]이다. 이는 이 시기 한국에서 '위

---

18) 이에 관해서는 高崎宗治 「『半島女子勤労挺身隊』について」, http://www.awf.or.jp/pdf/0062_p041_060.pdf(최종확인 2018년 5월 5일)에 자세히 나와 있다.

19) 예를 들면『중앙일보』 1968년 6월 18일, 1970년 6월 30일 등.

안부'라는 말이 '군인 대상 성노동자' 일반을 나타내는 보통 명사였음을 의미한다.

이러한 사실로부터, 이 시기 한국에서는 '위안부'라는 용어의 의미가 식민지 시대의 문맥에서 벗어나 일반적으로 '군인 대상 성노동자'를 의미하는 말로 변질되어가는 한편, 이를 대신하는 '식민지기에 동원된 군인 대상 성노동자'를 의미하는 말로, 본래 뜻과는 다르게도, 전시동원노동자라는 의미였던 '정신대'라는 말이 사용되게 되었음을 알 수 있다. 그리고 이 용어법에 따르면, '정신대'는 '위안부'의 일부에 해당하는 단어이다.

1970년대 초 중앙일보가 이러한 용어법을 아무런 주석도 없이 구사한 것을 감안하면, '위안부'와 '정신대'에 관한 용어법은 이 시기 한국에서 거의 확립되어 있었던 것으로 보인다. 앞서 예를 든 '정신대'라는 용어의 이중성을 인식하면서도, 후에 이어지는 '정신대'＝위안부에 가까운 인식을 나타내는 기사는 실로 과도기 한국 위안부를 둘러싼 언설 상황을 전형적으로 보여주고 있다.

이러한 한국의 용어법이 혼란을 겪은 배후에는 앞서 언급한 바와 같이 식민지기의 동원 형태와 용어 그 자체의 어감 차이에서 유래한 혼란과 더불어, '식민지기에 동원된 군인 대상 성노동자'를 의미하는 용어 자체가 제2차 세계대전이 종료된 시점에 확고한 형태로 존재하지 않았던 상황이 있을 것이다. 주지하는 바와 같이 '위안부'라는 용어는 1932년 제1차 상하이 사변 이전에는 존재하지 않았으며, 그 후 성범죄의 계속적인 발생을 우려한 일본군이 '위안시설'을 개설하고, 거기서 종사한 성노동자들을 '위안부'라고 부른 데에서 생겨났다.[21] 바꿔 말하면, '위안부'라는 용어의 명확한 일반적인 정의는 존재하지 않았다. 실제 일본군 관리하에 있었던 위안부의 존재도 다 같은 의미는 아닌 것이, 다양한 형태로 전시에 '동원'된 성노동자가 다양한 형태로 운영되는 '위안소'에서 일하는 다양한 현실이 존재했다.

---

20) 예를 들면 『중앙일보』 1972년 5월 16일, 1981년 12월 10일.
21) 稲葉正夫編 『戦場回想篇』 原書房, 1970년, 302-303쪽. 「慰安婦とは: 慰安所の設置」, 『デジタル記念館　慰安婦問題とアジア女性基金』, http://www.awf.or.jp/1/facts-01.html(최종확인 2018년 5월 5일).

앞서도 이야기하였으나, 이 시점에서 '위안부'라는 용어가 이들 성노동자의 어디부터 어디까지를 나타내는 것인가에 대한 명확한 이해는 한일 양국에 존재하지 않았으며, 이점은 결정적으로 중요하다고 하겠다. 그렇기 때문에야 말로, 그 후 일본에서는 이 용어가 좁은 의미로 해석되어, '일본군에 의해 동원된 성노동자'만을 의미하게 되었고, 한편 한국에서는 한국전쟁 발발 이후 한국정부가 자국의 '위안부'제도를 실시한[22] 사실과 맞물려, 보다 넓은 의미로 '군인 대상 성노동자'를 의미하는 보통명사로 정착되기에 이른다. 그리고 이 '위안부'라는 용어의 확대로 인해 생긴 구멍을 메우기 위해 '식민지기에 동원된 군인 상대 성노동자'를 의미하는 단어로서 '정신대'가 사용되게 된 것이라고 생각하면 당시의 언설상황의 전개를 이해할 수 있을 것이다.

3. 위안부를 둘러싼 언설의 전개

그럼, 이러한 용어로 진행된 당시 논의는 어떻게 전개되었을까? 먼저, 당시 중앙일보가 위안부 문제에 관해 어떻게 보도했는지를 개관해보자. 표 3-1은 중앙일보가 과거 식민지시대를 이야기하는 문맥에서 '위안부'와 '정신대'를 언급한 기사수를 정리한 것이다.

• **표 3-1** 1980년대 이전 중앙일보로 보는 위안부 관련 보도

	위안부	정신대	중복	합계
1965–69년	0	1	0	1
1970–74년	2	16	1	17
1975–79년	3	6	1	8
1980–84년	15	50	10	55
1985–89년	3	11	1	13

주: 중앙일보PDF, http://pdf.joins.com/joongang/(최종확인 2014년 11월 21일)에서 확인하여 저자가 작성. '위안부' 혹은 '정신대'라는 용어를 일본의 전시동원과 관련해 본문 혹은 제목에서 사용한 기사의 수를 표시하였다. 또한 한 기사 안에서 두 단어를 중복 사용한 경우가 있다는 점, 데이터베이스가 반드시 기사본문 전체의 검색에 대응하는 것은 아니라는 점은 주의해야 하겠다.[23]

22) 김정자 『미군 위안부: 기지촌의 숨겨진 진실미리보기』 한울아카데미, 2013년.

표를 보면, 이 시기의 위안부를 둘러싼 언설에서는 높은 수치가 두 군데 확실히 보인다. 말할 필요도 없이 그중 하나는 1970년대 전반이며, 여기서는 주로 '정신대'라는 말이 사용되었다. 이보다 더 높은 수치가 1980년대에 보이는데, 여기서는 '정신대'와 함께 '위안부'라는 말이 쓰여지고 있음을 알 수 있다.

여기서 이 두 정점을 불러온 원인은 무엇이었을까? 1970년대 전반에 표시된 첫 번째 정점은 식민지 시대 역사의 '재발견'작업과 연동하여 등장했다는 점이 중요하다고 하겠다. 예를 들어, 위의 표에서 나타난 1970년대 전반 중앙일보의 '정신대' 혹은 '위안부'와 관련된 17개 기사 중 4개는 광산 등 홋카이도의 전시동원과 관련된 기사이다.[24] 당시 전시동원의 실태에 대한 관심이 막 고조되기 시작했음이 그 배경이라 하겠다. 1965년 국교정상화가 이루어지자, 그때까지 한국의 일반인들이 일본에 건너갈 기회가 매우 제한되어 있었던 상황이 한정적으로나마 완화되었으며, 그 결과 많은 사람들이 전시에 동원되었던 친족의 행방을 찾아 일본으로 건너갔다. 같은 1965년에 박경식이 『조선인 강제연행의 기록』[25]을 출판하는 등 일본국내에서도 이 문제를 둘러싼 논의가 활성화되기 시작했다. 즉 1970년대 전반의 집계에 기록된 높은 수치는 「강제연행」에 대한 한일 양국의 관심의 고조가 그 배경에 있음을 알 수 있다.

그러나 위안부의 존재, 그리고 전시에 다양한 형태로 동원되었다는 사실 자체는 당시 한국사회에서 이미 모두가 알고 있던 바였으므로, 그것 만으로는 뉴스로서의 화제성이 부족했을 것이다. 그럼에도 불구하고, 70년대 한국의 미디어들이 위안부 문제 관련을 빈번하게 다룬 것은 당시 한국사회에서 그 이슈들이 지닌 특수한 의미의 뉴스성이 있었기 때문이다.

70년대 전반 한국사회에서 위안부 관련 논의가 활성화된 요인은 무엇일까? 결론부터 말하면, 그 요인은 당시 부상한 '사할린 한인 문제'였다.[26] 냉전 체

---

23) 본 표에 대해서 논문제출시에는 적절하지 않는 기사가 들어가, 일부 수정하였다.
24) 『중앙일보』 1973년 4월 25일, 5월 15일, 10월 5일, 10월 10일.
25) 朴慶植 『朝鮮人強制連行の記録』 未来社, 1965년.
26) 당시 사할린 한인 문제를 이해하기 위해 張在述 『「獄門島」サハリンスクに泣く
人々:「在樺太韓国人」置き忘られた無告の民は訴える』 樺太抑留帰還韓国人会,

제 하에서 한국과 국교가 없었던 소련은 동맹국인 북한을 배려해야 했으므로, 한국으로의 귀국을 희망하는 사할린 한인들을 막고 있었다. 그러나 1973년 6월 18일, 소련 정부가 일본정부에 사할린 한인이 일본을 경유하여 한국으로 귀국하는 것을 인정할 의사를 확실히 밝히자,[27] 이들의 한국행은 단번에 현실성을 띠게 되었으며, 같은 해 7월에는 홍만길이 실제로 귀국을 실현한다. 1971년 8월에 귀국한 손치규[28]에 이은 두 번째 귀국자였다.[29]

홍만길의 귀국에 당시에는 수많은 매스컴의 취재가 쇄도하였고, 사할린 한인 문제는 크게 주목을 받았다. 귀국 당사자가 취재에 응하였고 미디어 앞에 모습을 비추었기에, 사할린 한인 문제는 사람들의 머릿속에서 구체적인 이미지를 형성하고, 사람들은 이를 큰 뉴스로 인식하게 되었다. 본 장에서도 앞으로 이야기하겠으나, 이와 같은 '당사자의 등장'에 의한 '역사의 재발견'은 이후에도 반복되며, 각 역사적 인식에 관련된 이슈가 사람들의 주목을 받는 과정에서 중요한 역할을 담당한다.

그러면 이 사할린 한인 문제와 위안부 문제는 어떠한 관계성을 가지는 것일까? 당시 한국에는 사할린 재류한국인이 대부분 전시동원으로 연행된 사람들이라는 인식이 있었다.[30] 즉, 이 사할린 한인 문제는 앞서 이야기한 '강제연행' 문제의 일부로 간주되고 있었던 것이다. 그리고 1960년대부터 70년대 초 한국에서 보도된 사할린 한인 관련 내용은 대부분 '전시 하에서 일제에 의해 징용된 사람들이 전후에는 소련에서 강제노동에 종사하게 된 비극'이라는 문맥에서 이루어졌다. 즉 그들은 '전쟁 전에는 일본, 전후에는 소련이라는 두 억압적 국가에게 지배를 받은 비극적인 사람들'이라는 인식이 있었던 것이다.

1966년을 참조.

27) 『중앙일보』 1973년 6월 19일.

28) 『조선일보』 1971년 8월 11일.

29) 『조선일보』 1973년 7월 3일. 일본 정부는 당초 사할린 한인이 일본국적을 상실했음을 이유로 소련이 주장하는 '일본인으로서의 귀국'에는 난색을 표하였다. 1970년대에 귀국한 한국인은 가까운 친족에 일본국적보유자가 있는 등 예외적 사례에 지나지 않았다.

30) 『중앙일보』 1971년 7월 14일.

그러나 1973년 일본의 지원단체를 통해 구체적인 귀국희망자 명부가 한국에 전해져 한국의 미디어들이 그 내용에 대해 실명을 들어가며 보도하게 되자,[31] 여기에 상당수의 여성이 포함되어 있음이 밝혀진다. 그때까지 '전시동원으로 연행된' 남성을 염두에 두고 형성된 사할린 한인과 관련된 언설은 어쩔 수 없이 일정부분 수정될 수밖에 없었다. 그 결과, 이후 운동단체와 한국의 미디어들은 종래의 '징용'과 더불어 '정신대'라는 용어를 삽입하여, 사할린 재류한국인의 내력을 설명하게 된다. 이렇게 해서 사할린 한인에 대해 '남성은 징용, 여성은 정신대로서 연행된 사람들'이라는 언설이 성립된다.

문제를 복잡하게 만든 것은 당시 한국에서 운동단체 및 매스미디어가 전시 노동자와 군인 대상 성노동자라는 두개의 전혀 다른 의미를 지닌 이 '정신대' 라는 단어를 어떤 의미로 사용하고 있는지 확실히 밝히지 않고 계속적으로 사용했다는 점이다. 흥미롭게도 운동단체 및 매스미디어는 이 명부에 게재된 여성들에게 '위안부'라는 용어를 사용하지 않았다. 그 이유는 당시 한국에서 '위안부'라는 용어가 결코 듣기에 좋지 않았기에, 지금까지도 많은 수가 생존해 있는 사할린 한인 및 가족 분들을 배려한 것이라고 여겨진다.

어느 쪽이든 간에 한국에서는 이렇게 사할린 한인들에 대해―세상 끝의 얼어붙은 땅 사할린이라는 이미지와도 맞물려―총력전 시기에 동원된 가장 비극적인 피해자 중 하나라는 인식이 정착되어갔다.[32] 그리고 이 사람들 중에서도 특히 비참한 경험을 한 피해자로 위안부의 사례가 거론되어, 결국 세간의 이목이 집중된다.

이렇게 살펴본 바와 같이 1970년대 전반 한국의 위안부에 대한 관심이 증대된 것에는 이른바 '강제연행 문제'에 대한 관심의 고양과 당사자의 미디어 등장으로 사할린 한인 문제가 큰 뉴스성을 갖고 보도된 배경이 있었다. 한국에는 먼저 이러한 문맥에서 위안부 문제가 '재발견'되고, 의미가 부여되었다.

---

31) 예를 들면 『중앙일보』 1973년 12월 10일.
32) 이 이미지에 대해서는 주명영 『사할린: 朱命永大河小說 3』 思祉硏, 1989년에서 가장 인상적으로 보았다.

단, 위안부에 관한 이 시점의 언설은, 여전히 사할린 한인 문제라는, 서로 다른 역사인식 문제의 '일부'를 구성하고 있을 뿐, 그 자신이 독립된 문제로서 취급되지는 않았다는 점은 주의해서 보아야 한다.

위안부 문제에 관한 언설이 당시 상황, 특히 '뉴스성이 있는 사건'에서 큰 영향을 받아 형성되는 현상은 80년대에도 마찬가지였다. 사할린 한인 문제를 계기로 확대된 위안부 문제에 대한 관심은 1970년대 후반에 다시금 사라져갔다. 이 문제에 관해 소련과 일본 양국 정부의 소극적인 자세를 취한 점도 작용하여, 사할린 한인들의 귀국은 쉽사리 진전되지 않았으며, 여론의 관심 또한 빠르게 식어갔다.

80년대에 들어서서 이러한 상황을 반전시키고 위안부에 대한 관심을 다시금 높여 놓은 요인은 두 가지가 있다. 첫째, 교과서 분쟁의 시작이다.[33] 1982년에 발발한 교과서 분쟁－이후 반복적으로 제기되는 교과서 분쟁의 시작이며, 그 원형을 만들었다고 하여, 오늘날에는 '제1차 교과서 파동'이라는 이름으로 불리우는 경우가 많다－은 당시까지 상대적으로 낮은 수준으로 추이하던 한국내 일본 식민지 시대를 바라보는 역사인식 문제에 대한 관심을 크게 증대시켰고, 더불어 이 문제를 양국간의 주요 외교문제 중 하나로 발전시켰다. 그 과정 속에서 위안부 관련도 일본 역사교과서 내용에서 검증 대상의 하나가 되었으며, 이러한 문맥에서 일정 분량의 보도가 이루어진다.[34]

그것뿐이라면 여전히 위안부 문제는 사할린 한인 문제와 마찬가지로 다른 역사인식 문제의 '일부' 혹은 '부속물'에 지나지 않았을 것이다. 그러나 당시 위안부와 관련하여 한국에서 제기된 언설들은 이 문제를 점차 다른 역사인식 문제와 구분지어 다루고 있었다는 점에서 획기적이었다. 계기는 한국의 바깥쪽에 남겨진 전 위안부들이 자신들의 경험을 술회한 데서 시작되었다. 당시

---

33) 제1차 교과서 파동의 전개과정에 대해서는 이 책의 제2장도 참조하였다. 또한, Kan Kimura, 'Discovery of Disputes: Collective Memories on Textbooks and Japanese-South Korean Relations' Journal of Korean Studies, Volume 17, Number 1, Spring 2012.

34) 예를 들면 『중앙일보』 1982년 7월 24일, 26일, 29일, 8월 4일, 6일, 9월 17일 등.

한국 국내에 있는 전 위안부 들은 여전히 과거를 밝히는 일에 대해 주저하고 꺼리는 경향이 있었으나, 해외에 거주하는 경우는 전혀 상황이 달랐다. 이국 땅에 남겨진 그녀들은 40년 가까운 세월이 지난 시점에서 한국에 돌아오고자 했기에, 자신들은 한국인이며, 왜 그곳에 남겨지고 말았는지를 밝힐 필요가 있었던 것이다.

이러한 움직임에 관한 보도 중 이른 시기의 것으로는, 1982년 6월 16일, 중국에서 한국의 친족들을 방문하기를 희망하였으나 한중 양국의 국교가 결여되어 있었기에, 이 바람을 이루지 못한 양순덕에 대한 기사를 꼽을 수 있겠다.[35] 이 기사에 따르면, 일제 강점기에 위안부로 동원될 것을 우려한 그녀는 이를 회피하기 위해 중국으로 건너갔고, 이후 중화인민공화국의 성립으로 인해 국교가 단절되어 귀국을 할 수 없는 상태에 이르렀다고 한다. 덧붙이자면 제1차 교과서 파동이 이 기사가 보도된 직후인 6월 26일에 발발하였으며, 이 두 사건과 관련된 보도는 결과적으로 서로 영향을 주고 받으며 위안부 문제에 대한 관심을 높이는 효과를 낳았다.[36] 그리고 중앙일보는 제1차 교과서 파동이 클라이맥스를 맞이하는 1982년 8월 4일, '배 할머니의 눈물'이라는 기사를 게재하며, 다음과 같이 이야기한다.[37]

요즘 일본 역사교과서식 궤변대로라면 어디까지나 자진해서 몸바친 사람들이 바로 정신대다. 마치 몇 십 년 뒤를 내다보기라도 한 듯 『자진해서…』운운의 뜻을 새겨 넣었다.

여기서 다루고자 하는 '배 할머니'란 1979년에 일본에서 제작된 기록영화 '오키나와의 할머니 – 증언·종군위안부'에서도 소개된 배봉기 할머니이다. 오키

---

35) 『중앙일보』 1982년 6월 16일.
36) 한혜인 「우리가 잊은 할머니들…국내 첫 커밍아웃 이남님, 타이에서 가족 찾은 노수복」, 『한겨레』 2015년 8월 7일, http://www.hani.co.kr/arti/PRINT/703616.html(최종확인 2018년 5월 5일).
37) 『중앙일보』 1982년 8월 4일.

나와에 거주하는 배봉기 할머니는 한국 국내에서는 위안부였음을 밝히기가 힘들었던 시절에 자신이 위안부였음을 이미 밝혔던, 손에 꼽히는 인물이었던 만큼, 일본과 교과서 분쟁이 격심하던 당시 그녀의 존재와 증언이 주목을 받았다.

배봉기 할머니의 예에서 전형적으로 볼 수 있듯 1980년대 한국 위안부 관련 언설의 특징은 1970년대 '사할린 한인 여성은 정신대로 동원되었다'와 같이 추상적인 형태가 아니라, 구체적인 전 위안부의 '모습'을 수반하게 되었다. 위안부 '당사자의 등장'은 이 문제와 관련된 사람들이 구체적인 이미지를 환기하는 데에 크게 기여했을 뿐 아니라, 뉴스성을 증대시킴으로써 미디어가 이를 크게 다루게 되는 계기를 마련하였다.

이러한 흐름은 1984년 3월 9일, 돌연 한 사람의 전 위안부가 태국 방콕에 있는 한국 대사관에 모습을 나타냄으로써 더욱 확실해진다.[38] 그녀의 이름은 노수복이었다. 이미 알려진 바 있으나, 실제로는 일반적으로 '최초로 실명을 걸고 위안부였음을 밝힌 사람'으로 알려진 김학순 할머니의 등장(1991년 8월 14일) 이전에 다양한 사람들이 실명으로 자신의 존재를 알린 바 있다.[39] 그중에서도 노수복 할머니의 출현에는 특별한 의미가 있었다. 갑작스레 방콕에서 나타나, 살아 생전 한국으로 돌아가고 싶다고 호소한 그녀의 등장은 다른 위안부들에 비해볼 때 드라마성이 짙었다. 그녀의 존재는 순식간에 사람들의 주목을 끌었고, 한국의 매스컴들은 연일 그녀의 일대기를 보도했다.[40] 한 예로 중앙일보는 '「쿤타·킨테」얘기가 남의 일 아니다 | 노수복 할머니의 「나는 여

---

38) 『중앙일보』 1984년 3월 10일.

39) 이보다 이른 시기로는 1962년 2월에 베트남에서 사망한 김춘희. 『중앙일보』 1984년 3월 13일. 그리고 「독점수기: 나는 일본군의 정신대였다/일본군은 내 젊음을 이렇게 짓밟았다」 『여성동아』 1982년 9월의 이남님.

40) 『중앙일보』는 1984년 3월 17일부터 2주간에 걸쳐 노수복의 '일대기'를 연재했다. 또한 방송으로는 KBS가 TV화면을 통해 가족과의 재회를 보도하였다. 잡지 등의 주목을 크게 받았으며, 『영레이디』 『여성중앙』 등 주간지는 많은 페이지를 할애하여 소식을 전했다. 『중앙일보』 1984년 3월 13일, 4월 3일. 또한 「특종, 정신대 할머니 서울에 살고 있다, 라는 기사를 보도한다」 『레이디경향』 1984년 4월.

자정신대」를 읽고'라는 제목으로 당시 한국에서 인기가 있었던 미국 드라마 '루츠'에 빗대어 다음과 같은 글을 게재했다.[41]

> 우리는 동생에게 북을 만들어 주기 위해 나뭇가지를 자르러 숲에 갔다가 그 길로 노예상인에게 잡혀간 「쿤타·킨테」의 얘기에서 분노와 슬픔의 눈물을 흘렸다. 그러나 바로 반세기전 우리네 처녀들도 그렇게 끌려갔다. 노할머니는 21세 되던 가을 마을의 우물에서 물을 긷다가 사람 사냥에 나선 일본 순사에게 걸려들었다.

상황은 한국 정계를 움직였다. 당시 제1 야당이었던 민주한국당 유치송 총재는 우당(友黨)인 민사당의 나카무라 마사오 부위원장과 도쿄에서 회담을 갖고, 자신이 이 문제에 대해 주목하고 있음을 알렸다. 한국 측 보도에 따르면, 나카무라는 이에 대해 '국제법적인 보상은 문제가 복잡하여, 정치적인 보상 방법을 찾고 있다'고 대답했다고 한다.[42] 기록으로 확인하는 한, 한일 양국의 정치가가 위안부 문제에 대해 직접 논의한 것은 이것이 최초 사례이다.

노수복 할머니에 관한 이야기는 한국 국영방송 KBS와 민족단체 광복회의 지원을 받아, 같은 해 5월 25일 가족 10명과 함께 실제로 태국에서 한국으로 귀국함으로써 클라이맥스를 맞이한다. 한국의 미디어들은 전 위안부의 '역사적인 귀국'을 대대적으로 보도하였으며, 한국 국민의 관심은 좋든 싫든 간에 높아져만 갔다.[43] 이는 1972년 갑자기 괌에서 '발견'된 옛 일본군 요코이 쇼이치가 귀국하여, 매스컴으로부터 큰 주목을 받게 되자, 일본 국내에서 제2차 세계대전에 관한 논의가 활성화되었던 현상[44]과 매우 닮아 있다.

---

41) 『중앙일보』 1984년 4월 2일.
42) 『중앙일보』 1984년 3월 24일.
43) 『중앙일보』 1984년 5월 25일.
44) 예를 들면 「もう一つの『３０年間』傷病軍人の戦中・戦後: 横井さんには「明日」があるがオレたちは「消耗」するだけだ」, 『朝日新聞』 1972년 2월 13일. 또한 본 장의 아사히 신문 기사는 특별한 언급이 없는 한, 아사히 신문기사 데이터베이스 朝日新聞記事デ—タベ—ス聞蔵II, http://database.asahi.com/library2/main/top.php(최종확인 2018년 5월 5일)에 의거한다.

이렇게 70년대 전반의 사할린 한인 문제부터 80년대 전반 제1차 교과서 파동, 그리고 노수복 할머니의 극적인 등장과 귀국으로 이 시기 한국의 위안부 문제에 대한 이해는 굳혀져 갔다. 여기서 중요한 것은 구체적 이슈의 출현과 당사자의 등장이었다. 그것이야 말로 사람들이 이 문제에 구체적인 이미지를 갖고, 자기동일화해가는 데에 큰 역할을 했다고 하겠다.

4. 국제분쟁화 이전 한국 지식인들 사이의 위안부에 관한 인식

80년대 위안부 문제에 대한 관심이 고조되면서, 이 문제에 관해 잘 정리된 저작이 나오게 되었다. 흐름을 간단히 정리해보면 다음과 같다.[45]

1970년대까지 한국은 위안부에 관한 논의가 매우 한정적이었으며, 위안부 문제를 주제로 집필된 저작은 존재하지 않았다.[46] 당시 한국내에서 위안부와 관련된 인식에 지배적인 영향을 미친 것은 그보다 앞선 시기에 쓰여진 일본어 서적들이었다. 그중 이른 시기에 쓰여진 예로는, 1973년 센다 가코가 발간하여, 다음해인 1974년에 한국어로 번역된『종군위안부: 소리 없는 여인, 8만인의 고발』을 예로 들 수 있을 것이다.[47] 좁은 견식이지만, 1970년대 이전 위안부와 정신대와 관련된 한국어 저작은 이 한권 밖에 존재하지 않는 것으로 보인다. 이 점은 역설적으로 센다 가코의 책이 당시 한국내 논의에 미친 영향의 크기를 짐작케 한다.[48]

---

45) 이 분석은 동북아역사재단편『한일 역사현안 관련 일본군 위안부: 연구논저 목록』 동북아역사재단, 2009년을 참고하였다.

46) 이에 대해서는 국립중앙도서관 소장 데이터베이스를 참고하였다. 대한민국중앙도서관, http://www.nl.go.kr/nl/index.jsp(최종확인 2018년 5월 5일). 또한, 동북아역사재단편『한일 역사현안 관련 일본군 위안부: 연구논저 목록』.

47) 千田夏光『從軍慰安婦: 소리없는 女人, 八萬人의 告發』丁海洙訳, 新現實社, 1974년.

48) 예를 들면, 후에 정신대문제대책협의회를 결성하고 초대 대표직을 맡았던 윤정옥도 이 저작에 자극받은 인물 중 하나이다.「[위안부 보고서 55] 17. 위안부 실상 첫 고발자, 윤정옥 전 이화여대 교수」,『아시아경제』2014년 9월 3일, http://www.asiae.co.kr/news/view.htm?idxno=2014090310153546706(최종

한국에서 위안부 관련 지견이 일본어로 쓰여진 저작에 의존하게 되는 상태는 1980년대 초에도 계속되었다. 1980년에는 일본에서 1977년에 간행되었으나 이 후 '위증'으로 큰 물의를 빚은 요시다 세이지의 첫 저작 『조선인 위안부와 일본인 - 전 시모노세키 노보동원부장의 수기』가 한국어로 번역되었고,[49] 1981년에는 '친일파 문제' 연구의 1인자로 알려진 임종국이 김일면이 쓴 『천황의 군대와 조선인 위안부』를 그대로 한국어로 옮겨서 『정신대 실록』이라는 제목으로 편저 출판한 사건이 일어났다.[50]

그러나 앞서 소개한 바와 같이 제1차 교과서 파동이 발발하고, 노수복 할머니가 등장하여 귀국한 1980년대 전반을 기점으로, 한국의 위안부 관련 언설 상황은 크게 변화한다. 이 시기에 이르면 한국 국내에서 한국인이 쓰고 한국어로 쓰여진 위안부 관련 저작을 출판한다.

당시 위안부 관련 한국어 저작은 크게 두 개의 카테고리로 나누어 볼 수 있다. 첫째, 센다 가코, 김일면 등 일본어 저작 번역본 들의 흐름을 이어, 위안부 문제의 실정을 밝히는 데 초점을 둔 저작들이다. 가장 이른 시기에 나온 저작으로는, 한백흥 『실록 여자 정신대: 그 진상』[51]이 있다. 둘째는 노수복 할머니의 등장에 호응하며 나타난 위안부 생애를 조명한 소설군이다. 이 저작들은 주로 80년대말부터 대량으로 출현한다. 대표작으로는 허문순의 장편소설 『분노의 벽』[52], 허문열의 장편소설 『민족의 비극: 여자 정신대』[53], 그리고 주명영 『사할린』[54] 등을 들 수 있다. 흥미로운 점은 80년대 말에 이르러서도 한국에서 위안부에 대한 이미지 중 일부는 여전히 사할린 한인과 이어지는

확인 2018년 5월 5일)

49) 吉田清治 『挺身隊의 사냥꾼』 金昭英訳, 日月書閣, 1980년.
    吉田清治 『朝鮮人慰安婦と日本人: 元下関労報動員部長の手記』, 新人物往来社, 1977년.
50) 임종국 『정신대 실록』 일월서각, 1981년. 임종국은 이 책을 자신의 '편저'로 출판하였으나, 이 책이 金一勉 『天皇の軍隊と朝鮮人慰安婦』을 번역한 것임은 자명하다.
51) 韓百興 『(實錄)女子挺身隊 그 眞相』 藝術文化社, 1982년.
52) 허문순 『허문순 장편소설: 분노의 벽』 자유시대사, 1989년.
53) 허문열 『민족의 비극: 여자정신대』 성도문화사, 1989년.
54) 주명영 『사할린 : 朱命永大河小說 3』.

문맥에서 이야기되고 있다는 점이다. 83년에는 첫 번째 카테고리에 속하는 미타 히데아키 『버려진 4만3천명』도 한국어로 번역 출간된 것으로 보아,[55] 70년대에 형성된 위안부 문제를 사할린 한인 문제를 잇는 흐름에서 이해하고자 하는 경향이 당시 한국에 여전히 굳건하게 존재하고 있음을 나타내고 있다.

그러면 한국의 저작들은 초기에 어떠한 정보원에 입각하여 쓰여 졌을까? 이를 참고 문헌이 명기되어 있는 한백홍의 저작에서 살펴보면 다음과 같다(표 3-2 참조).

이를 언뜻 보더라도 알 수 있는 점은, 이 책이 논거를 두는 저작이 모두 일본어 문헌이며, 게다가 대부분이 1950년대부터 70년대 사이에 쓰여진 제2차 세계대전 관련 논픽션이라는 점이다. 애당초 이 저작이 쓰여진 1982년 봄 시점에[56] 저자가 구할 수 있었던 문헌은 결코 많지 않았을 것이다. 그러므로 저자는 일본의 '전쟁기록물' 중에 단편적으로 등장하는 위안부 관련 기술을 모두 긁어모아, 자신의 책을 집필하게 된 것이다.

이러한 한국 위안부를 둘러싼 저작의 당시 실태를 보면, 사실 한일 양국의 제2차 세계대전 당시 과거를 둘러싼 '재발견'이 시간과 공간을 넘은 공명 효과를 가지고 있었음을 알 수 있다. 이는 1970년대에 일본 국내에서 활발하게 이루어진 전시 과거에 관한 '재발견'의 성과가 1980년대 한국에서 본래와는 다른 문맥에서 이용되는 현상이다. 한국 사람들이 위안부 문제의 실태를 밝히기 위해 이용한 문헌의 대부분이 전시 상황에 비판적인 문맥이 아니라, 자신의 노력과 고난을 감상적으로 회고하는 문맥에서 쓰여진 것임은 아이러니한 현상이기는 하나, 이 점은 동시에 '역사의 재발견'이 얼마나 넓고 시공을 초월한 파급효과를 가지는지를 나타내기도 한다.

위안부 문제와 관련한 1980년 이전의 상황은 양국의 연구자들과 단체가 협력하여 서로에 대해 깊이 이해하고, 관련 움직임에 기여하는 방향으로 연구를 진행한 결과라고 하기 보다는, 문제에 관심을 가진 두 나라의 사람들이 개별

---

55) 三田英彬 『日本人을 告發한다』成正出版社, 1982년.
56) 한백홍 『실록 여자 정신대: 그 진상』의 서문 및 후기.

적으로 정보를 끌어 모아, 자신들의 이해와 인식의 틀을 만들어가는 도중이었
다고 할 수 있겠다.

• 표 3-2 한백흥 『실록 여자 정신대: 그 진상』의 참고문헌

문헌	지은이	출판사/ 출판년월
太平洋戦争(上・下)	児島襄	中央公論社 / 1974년 6월
関東軍: 在満陸軍の独走	島田俊彦	中央公論社 / 1965년 10월
日中戦争: 和平か戦線拡大か	臼井勝美	中央公論社 / 1967년 5월
東京裁判(上・下)	児島襄	中央公論社 / 1971년
華北戦記	桑島節郎	図書出版社 / 1978년 7월
華中戦記	森金千秋	図書出版社 / 1976년 4월
武漢兵站	山田清吉	図書出版社 / 1978년 12월
天皇の軍隊と朝鮮人慰安婦	金一勉	三一書房 / 1976년 1월
朝鮮人慰安婦と日本人: 元下関労報動員部長の手記	吉田清治	新人物往来社 / 1977년 3월
証言記録従軍慰安婦・看護婦: 戦場に生きた女の慟哭	広田和子	新人物往来社 / 1975년 11월
沖縄のハルモニ: 大日本売春史	山谷哲夫 (編著)	晩声社 / 1979년 12월
セレベス戦記	東村明	図書出版 / 1974년
史説山下奉文	児島襄	文藝春秋 / 1979년 12월
菊と龍: 祖国への栄光の戦い	相良俊輔	光人社 / 1972년 5월
沖縄の歴史	宮城栄昌	日本放送出版協会 / 1968년 11월
三光: 日本人の中国における戦争犯罪の告白	神吉晴夫	光文社 / 1957년 3월
特務諜報工作隊: 秘録雲南の虎と豹	丸林久信	番長書房 / 1971년 12월
十五対一: ビルマの死闘	辻政信	原書房 / 1968년 3월
かかる軍人ありき	伊藤桂一	光人社 / 1979년 10월
遥かな戦場	伊藤桂一	光人社 / 1978년 4월
捜索隊' 山峡を行く	伊藤桂一	光人社 / 1980년
그 외 신문 및 잡지 다수		

주: 한백흥 『실록 여자 정신대: 그 진상』 예술문화사, 1982년, 300쪽을 참고하여 저자가 작성하였다.
　　출판년은 해당 출판사에서 같은 이름의 서적이 초판 출판된 연월을 기록하였다.
참조: CiNii, http://ci.nii.ac.jp/books/(최종확인 2018년 3월 19일).

맺음말을 대신하여

정리해 보자. 본 장에서는 먼저 한국에서 국제 분쟁으로 다루어 지기 이전의 위안부 관련 언설이 70년대 전반과 80년대 전반에 두 번의 정점을 경험함으로써 형성되어가는 과정을 자세히 살펴보았다. 70년대 이전에는 단편적으로 밖에 존재하지 않았던 한국의 위안부 관련 언설은 사할린 한인 문제가 부상함에 따라 일정한 방향으로 정리되어져 갔다. 여기서 당초 남성 징용자를 중심으로 형성되어 있던 사할린 한인에 대한 언설이 여성의 이름이 들어간 명단이 등장함에 따라 '정신대'를 포함하게 된다. 이렇게 한국에서 위안부 관련 언설이 하나의 원형을 형성해 가게 된다.

그러나 이 시점에서는 문제가 아직 추상적인 레벨을 넘지 못했으며, 때문에 여론의 주목을 길게 끌지는 못했다. 80년대에 접어들면서 급작스레 발발한 제1차 교과서 파동 속에서 위안부 문제는 재발견되며, 해외에 거주하던 전 위안부들의 출현이 이어지자 구체적 이미지를 형성하게 된다.

두 번째로는 그럼에도 불구하고 80년대 시점에서는 이들 위안부 문제를 구성하기 위한 구체적인 정보는 여전히 단편적인 것에 머물렀기에, 당시 한국에서는 선행한 일본의 언설을 끌어 모아, 간신히 전체상을 그릴 수밖에 없었던 상황을 살펴보았다. 이 단계에서 한국 위안부에 관한 논의는 어디까지나 과도기적인 것이었으며, 그러므로 위안부 문제를 둘러싼 언설의 양상도 불안정하였다. 그러므로 이 시기의 위안부에 관한 한국의 언설에는 일본의 식민지배에 대한 소박한 비판 이상의 명확한 방향성은 존재하지 않았다.

이는 당시 한국 위안부 언설을 보면 이 후와는 달리 여성 문제의 관점에서 논의를 일절 끌어내지 않는 점에 전형적으로 나타나 있다. 실제로 후에 활동의 중심적인 존재가 된 여성 운동가들의 위안부 관련 지식은 이 단계에서는 초보적인 레벨에 머물러 있었다. 이를 여실하게 드러낸 것이 한국에서 위안부 문제가 사람들의 관심을 끄는데 큰 역할을 한 한겨레 신문 연재 기사, 윤정옥의 「'정신대' 원혼서린 발자취 취재기」와 그것이 쓰여진 과정이다.

1990년 1월 4일부터 4회에 걸쳐 실린 이 연재57)는 제1회 홋카이도, 제2회 오키나와, 제3회 태국 그리고 최종회가 파푸아뉴기니를 무대로 하고 있으며, 윤정옥 자신이 이 지역에 건너가 '취재'를 하는 과정 자체가 연재의 주 내용이다. 취재 대상으로 선정된 지역은 모두 과거에 위안부 문제 관계로 거론된 지역이다. 홋카이도는 멀리 1970년대 전반에 '정신대'의 연행지로 화제가 된 장소이며, 오키나와와 태국은 각각 80년대 전반에 자신이 전 위안부임을 밝혀 그 증언이 주목받고 있는 할머니들이 살고 있는 지역이다. 파푸아뉴기니에서 성사된 옛 위안소 취재에서 가까스로 윤정옥의 독자성을 엿볼 수 있으나, 그 내용은 임기응변식의 청취조사 그 이상도 이하도 아니다.

또한 전 위안부들과 윤정옥의 연결고리도 매우 희박했다. 제3회 연재에서 "필자가 아는 한 지금까지 살아남은 사람 중 자신이 위안부였다는 사실을 세상에 말한 사람은 오키나와 나하의 배봉기 할머니와 타이 핫차이에 있는 유유타(70)(필자주: 노수복) 할머니뿐이다"라고 쓰고 있는 것에서 알 수 있듯, 이 단계에서 윤정옥은 한국 국내의 전 위안부들과 아무런 관계가 없었던 것으로 보인다.58) 1980년에는 배봉기 할머니와 만날 기회가 있었으나 '대인공포증'으로 인해 이를 거절당했으며, 노수복 할머니와의 만남도 84년에 그녀를 취재했던 아사히 신문 마쓰이 야요리의 소개로 겨우 성사되었음을, 윤정옥 자신이 당시 '취재' 중 밝힌 바 있다. 즉 윤정옥은 당시 한국에서 널리 이름이 알려져 있던 당사자들과조차 개인적인 관계를 구축하지 못한 상태였다.

그러나 본 장에서 주목하고자 하는 것은 여기까지 소개해온 바와 같이 70년대부터 80년대까지 완만하지만 꾸준히 위안부에 대한 관심이 증대되어 왔기에, 당초 위안부와 관련해서는 특별한 지식이나 인맥이 없었던 윤정옥을 비롯한 여성 운동가들로 하여금 이 문제에 눈을 돌리게 한 계기가 만들어졌다는

---

57) 『한겨레신문』 1990년 1월 4일, 12일, 19일, 26일.
58) 관계자에 따르면 윤정옥이 연재를 했을 당시, 몇 명의 전 위안부들이 태평양전쟁희생자유족회를 비롯한 단체에 자신들의 과거에 관한 증언을 하기 시작하였으며, 이미 일본정부를 상대로한 재판 준비에 들어가 있었다고 한다. 한겨레신문의 연재를 보건대, 윤정옥은 이러한 사람들의 존재조차 몰랐다는 것이 된다.

점이다. 그리고 이 윤정옥을 비롯한 여성운동가들은 방향성이 불명확했던 위안부에 관한 언설에 확실한 방향성을 도입한다. 90년대에 융성하게 위안부 관련 운동이 이루어진 것은 이렇게 그때까지 차곡차곡 쌓아 올려져 온 위안부 언설 위에, 여성 운동단체의 이데올로기를 더해 올림으로써 가능해진 것이다.

제4장

영어권 미디어의 위안부에 관한 보도와 경향

- 1990년대초 보도를 중심으로

들어가며

　　1990년대 이후의 위안부 문제가 한일 양국간에 존재했던 그전까지의 역사인식 문제와 크게 상이한 점 중 하나는 다른 문제 이상으로 국제사회, 특히 동아시아 이외 국가들의 여론을 의식하면서 진행되었다는 점이다. 90년대 이전을 보자면, 역사교과서 관련 분쟁을 포함한 일본의 역사인식문제는 1982년부터 비로서 본격적으로 주로 중국·한국과 같은 근린 국가들과의 사이에서 전개되었으며, 동아시아 이외의 지역에서는 큰 주목을 끌지 못했다. 한편 90년대초에 본격화되는 위안부 관련 분쟁은 이른 단계부터 국제사회에 주목을 받았으며 현재에 이르기까지 큰 논란을 불러 일으키고 있다. 때문에 이 문제에 관해서는 '일본의 국가이미지'에 직결되는 문제로 일본 국내에 인식되어 있어, 실수 없이 대처하여 일본의 국가이미지를 개선시키자는 움직임까지 나오고 있다.[1]

---

1) 예를 들면, 산케이신문이 2014년 이후에 사용하기 시작한 '역사전(歷史戰)'은 이 점을 강하게 의식한 용어이다. 阿比留瑠比『歷史戰: 朝日新聞が世界にまいた「慰安

위안부 문제가 다른 역사인식 문제과는 달리 '국제적' 성격을 가지게 된 데에는 몇 가지 이유가 있다. 첫째는 잘 알려진 바와 같이 이 문제와 관련된 일을 하는 전 위안부 지원단체와 인권단체가 자신들의 운동을 효율적으로 전개하기 위해서 의도적으로 국제여론을 활용한 점이다. 가장 초기의 사례로는, 1992년 2월 도쓰카 에쓰로가 UN인권위원회에 위안부와 관련해 문제를 제기한 일을 들 수 있겠다. 이 위원회에 NGO국제교육개발 대표로 출석한 도쓰카는 위안부 문제를 노동자의 강제연행 문제와 나란히 제기하고, 일본정부에 그 책임을 질 것을 요구했다. 이러한 움직임의 배후에는 그때까지 주로 일본 국내법에 의거하여 이루어져온 다양한 인권운동이 이 시기에 이미 한계를 보이기 시작하여, 그들이 전환의 계기를 국제법에서 찾고자 한 사정이 있었다.

그러나 위안부 문제가 조기부터 국제사회의 관심을 모은 이유가 이뿐만은 아니다. 위안부 관련 운동은 한일 양국간의 관계와 역사에서 유래한 '양국에 고유한 문제'와 관련된 운동임과 동시에 '전시(戰時)의 여성' 나아가서는 '(경제적 혹은 정치적 지배시스템을 포함하는) 조직적 폭력의 지배 하에 놓인 여성'과 관련된 운동이라는 두 개의 전혀 다른 요소를 지니고 있었다. 즉 다른 역사인식 문제와는 달리, 다른 나라에도 존재하는 '조직적 폭력의 지배 하에 놓인 여성'에 관한 문제 중 하나이므로, 보다 보편적인 관점에서 전개되었기 때문에 당초부터 널리 국제사회의 관심을 끌었던 것이다.

전 위안부 지원단체가 자신들이 전개하는 운동의 장을 국제사회에서 찾고 그것이 실제로 큰 효과를 발휘한 것도, 본디 이 문제가 국제사회에 수용되기에 좋은 소지를 가지고 있었기 때문이다. 그만큼 위안부 문제를 생각하는 데 있어서는, 이 운동단체들이 전개하는 작업의 '객체'인 국제사회에서 문제가 구체적으로 어떻게 받아들여졌는지를 아는 것이 매우 중요한 포인트가 된다.

전 장에서 이미 언급한 바와 같이 위안부 문제를 둘러싼 선행 연구의 대부분은 운동의 전개보다도 위안부 제도와 그 실태의 해명에 관심이 향해 있었으므로, 한일 양국간의 외교적 분쟁으로서 위안부 문제가 어떻게 전개되었는지, 그 자체를 자세히 분석한 논고는 많지 않다.2) 또한 그 소수의 위안부 문제 관련 연구도 전개

婦」の嘘を討つ』産経新聞社, 2014년 등.
2) 이 중 소수지만, 정진성 『일본군 성 노예제: 일본군 위안부 문제의 실상과 그 해결

과정을 한일 양국, 혹은 동북아시아 국제관계 속에서만 파악하는 경향이 강했으며, 동북 아시아 외 국가들의 반응을 분석하는 데까지는 충분히 발을 들여놓지 못했다.

본 장은 이러한 선행연구 상황을 전제로, '국제사회 속에서의 위안부 문제'가 어떻게 전개되었는지 구체적으로 밝히는 것을 목적으로 한다. 그러나 1990년대 초부터 현재까지 일관되게 주목을 받아온 문제에 대해 한정된 지면에서 전체상을 모두 밝히기란 쉽지 않다. 그러므로 여기서는 다음 몇 가지 포인트에 초점을 맞추어 위안부 문제에 대한 국제사회의 반응을 정리해 보도록 하겠다.

첫 번째 포인트로, 국제사회의 반응은 주로 영어권 미디어를 중심으로 살펴보겠다. 여기에는 필자의 어학능력 문제 이외에도 몇 가지 이유가 존재한다. 먼저, 영어권 미디어는 데이터베이스가 비교적 잘 정리되어 있으므로, 이를 이용하면 넓고도 많은 범위의 미디어 기사가 어떻게 변천되어져 갔는지를 동시에 추적할 수 있기 때문이다. 구체적으로 본 장에서는, 이 분야에서 잘 알려진 데이터베이스인 Lexis.com[3]을 활용하겠다. 둘째, 이 문제에 관해 한국어 및 일본어 미디어에 이어 적극적인 보도를 한 것이 영어권 미디어이기 때문이다. 셋째 이유는 그 영향력이다. 영어는 가장 광범위하게 사용되는 국제언어이기에, 당연하게도 영어 보도는 다른 언어로 만들어지는 보도에도 빈번하게 인용되는 등 큰 영향력을 갖는다.

두 번째 포인트는 1990년대 전반의 상황을 집중적으로 분석해 보겠다. 후에 이야기하겠으나, 위안부 문제를 둘러싼 영어권 미디어의 다양한 언설과 이해의 대부분은 90년대 전반에 만들어진 것으로, 그 후에도 크게 변하지 않았다. 그러한 의미에서 초기 단계인 90년대의 상황을 밝히는 것은 이 문제를 이해하는 데 있어 결정적인 중요성을 갖는다고 생각한다.

그러면 바로 본론으로 들어가보도록 하자.

을 위한 운동』서울대학교 출판부, 2004년. 또한 졸저 『한일 역사인식 문제의 메커니즘』 김세덕 옮김, 제이앤씨(2019) 등을 참조.

3) LexisNexis사의 'Lexis.com'은 미국을 중심으로 한 해외 판례·법령·법령 해석·세계 각국의 뉴스·비즈니스 정보를 제공하는 온라인 데이터베이스. 영어 미디어에 대해서는 주요 신문과 더불어 6376개 미디어를 포함한다. 단, 데이터베이스에 포함된 시기는 각 미디어에 따라 다르다는 점에 주의해야 한다. Lexis.com(최종확인 2018년 5월 5일).

1. 기존 논의의 검토

반복해서 언급하고 있는 바와 같이 위안부 문제, 특히 전후사로서의 위안부 문제에 대해 그것이 오늘날까지 어떠한 형태로 전개되어 졌고, 그 과정에 어떠한 요소들이 영향을 미쳐왔는지를 분석한 연구는 매우 미진하여, 당연히 이에 대해 해외 미디어가 어떻게 보도했는지를 본격적으로 분석한 연구는 존재하지 않는다. 이러한 상황 하에서 주목할 것이, 2014년에 부상한 위안부 문제를 둘러싼 아사히 신문의 오보문제와 관련하여, 해외 미디어가 이에 대해 어떻게 보도하고 있는지를 분석한 두 개의 논고이다. 하나는 하야시 가오리의 「데이터로 보는 '위안부' 문제의 국제보도 상황」이다.[4] 이 논설은 아사히 신문이 자사의 위안부 보도를 검증하기 위해 설치한 '제3자 위원회' 보고서의 부속문서로 쓰여졌다. 또 하나는 이에 대항하는 형태로 집필된 시마다 요이치의 「'92년 1월 강제연행 프로파간다'가 미국 신문에 미치는 영향」이라는 문건이다.[5] 먼저 본론에 들어가기 전에, 이 두 개의 논설에 대해 간략하게 설명하겠다.

하야시의 논설은 주로 수량적인 데이터를 활용하여 1984년부터 2014년까지 구미 국가들 및 한국, 일본의 위안부 관련 보도를 정리한 것이다. 이들 세 지역에서 있었던 위안부 관련 보도의 양적 추이를 확인할 수 있을 뿐 아니라, 각 보도의 정보원이 무엇이었는지 비교적 상세하게 분석되어 있다. 그러나 분석기간이 30년이라는 긴 기간에 걸쳐 있음으로 인해 본래 성격이 다른 두 문제, 즉 위안부 문제에 관한 '언설'이 형성되는 과정과 이 문제가 '외교문제화' 되어 다른 문제와 연결됨으로써 '심각화'가 진행되는 가운데 같은 언설이 반복적으로 나타나는 과정, 이 두 가지 과정을 구별없이 논의하고 있는 점은 문

---

4) 林香里 「データから見る『慰安婦』問題の国際報道状況」, http://www.asahi.com/shimbun/3rd/2014122204.pdf(최종확인 2018년 5월 5일).
5) 島田洋一 「『92年1月強制連行プロパガンダ』の米紙への影響」, 아사히 신문의 위안부보도에 대한 보고서인 独立検証委員会編 『報告書』, http://www.seisaku-center.net/sites/default/files/uploaded/dokuritsukens youiinkai20150219-C20150227.pdf(최종확인 2018년 5월 5일).

제이다. 특히 이 언설이 분석의 포인트를 보도의 양적 크기에 두고 있기 때문에, '외교문제화'되고 '심각화'되는 단계의 중요성이 과대 평가되었다. 많은 미디어에서 단순한 사회문제였던 단계보다 한일 양국정부간의 '외교문제화'된 단계에서 상황을 크게 다루는 것은 당연한 일이기 때문이다.

또한 미디어 보도의 사회적 중요성은 단순히 그것이 어느 정도의 빈도로 보도되었는지 만으로 결정되지 않는다. 중요한 것은 미디어에 의한 보도가 사회의 특정 문제에 대한 언설과 논의의 틀을 형성하는 과정에 얼마나 큰 영향력을 가지고 있는 지이다. 많은 경우에 어떤 문제에 대한 견해와 '언설'은 일단 형성되고 나면, 같은 형태가 반복적으로 나타나며, 크게 변화하지 않는다.

더불어 하야시의 분석은 Lexis.com에 수록된 기사의 양이 게재 시기마다 다른 점을 간과하고 있다. 이 데이터베이스에 수록된 기사의 수는 시기가 최근에 가까워질수록 증가하므로, 해당 기사 수도 이에 따라 늘어나는 것이 어느 정도 당연하다고 할 수 있다. 그러한 의미에서 하야시의 언설은 위안부 문제에 관한 해외 미디어의 보도 양상에 관한 기초적인 정보를 제공하는 데는 성공하였으나, 그 전체상을 충분히 파악했다고는 할 수 없다.[6]

이에 비해 시마다의 언설은 그 제목에서부터 확실히 보이듯 92년 1월 11일 아사히 신문이 일면으로 보도한 「위안소, 군관여를 보여주는 자료발견」기사와 그 이후의 보도들이 미국의 미디어, 보다 구체적으로는 뉴욕타임즈, 워싱턴포스트, 로스엔젤레스타임즈 등 세 개 신문에 미친 영향을 집중 분석하고 있다. 분석의 대상을 미국의 주요 3대신문으로 한정한 점, 그리고 아사히 신문의 보도가 이 세 개 신문에 미친 영향만을 분석한 점이 특징이다.

시마다의 언설은 미국 미디어에서 보이는 위안부 문제 보도 양상의 전체상에는 눈을 돌리지도 아니하고, 그 전개를 좇는 것을 목적으로 삼지도 않았다. 92년 1월 아사히신문 보도 이전의 상황은 거의 다루고 있지 않으므로, 결과적

---

6) 하야시의 논설에 관한 필자의 견해는 졸고 「위안부 보도에 대한 현재의 역사인식을 밝히고, 자신의 "주장"을 수정하라」「慰安婦報道についての現在の歴史認識を明らかにし, 自らの『主張』作り直せ」『저널리즘』아사히신문사, 2015년 3월 참조.

으로 시마다가 속한 '아사히 신문 '위안부 보도''에 대한 독립검증위원회'가 주목한 92년 1월의 아사히 신문 보도가 미국미디어의 보도에 미친 임팩트에 대해서도 증명이 불가능한 구조이다. 또한, 아사히 신문이 80년 이후 다뤄온 요시다 세이지의 증언(이하 '요시다 증언')을 강조하고 있으면서도, 관헌이 위안부를 연행했다는 미국 미디어들의 묘사 내용이 전부 요시다 증언에만 근거한 것처럼 이야기하고 있어, 당시 보도의 실태와 괴리되어 있음을 알 수 있다. 후술하겠으나, 당시 영어미디어의 위안부 관련 이해에는 다른 요소들도 크게 영향을 미쳤음이 확실하며, 그럼에도 불구하고 시마다의 언설에서는 그러한 요소들이 모두 간과되고 있으므로, 지극히 불충분한 내용이 되고 말았다고 하겠다.

이렇게 하야시와 시마다의 언설은 주장의 방향성을 잘못 잡았는데, 여기다 공통적으로 치명적인 결함까지 갖고 있다. 첫 번째로, 양자는 위안부 문제를 둘러싼 언설의 역사적 전개를 사태가 심각화 되기 이전 상황은 고려하지 않은 채 분석하고 있으며, 그렇기 때문에 각 사상(事象)이 언설의 변화에 가져온 영향이 분석 불가능한 구조가 만들어졌다. 양자의 분석은 애초에 위안부 문제 관련 언설의 전환점이 어디에 있으며, 또한 어떤 언설이 중요한지에 대해 이해가 결여된 채 진행되고 있어, 결과적으로 인과관계에 대한 추측도 합당하지 않은 것으로 보인다.

두 번째 결함은, 양자가 모두 언설의 전후관계와 이에 영향을 미친 당시 사료들을 무시한 채 서둘러 결론을 이끌어내고 있는 점이다. 앞서 언급한 바와 같이, 시마다의 분석은 일본 관헌의 위안부 강제연행을 설명한 영어권 미디어 언설이 전부 '아사히 신문의 보도를 통해 알려진 요시다 증언'에 의거하고 있는 것처럼 말하고 있으나, 실제로는 92년 시점에 해외 미디어가 근거로 삼을 수 있었던 일본 관헌의 위안부 강제 동원에 관한 정보원은 ― 그 정확성은 일단 차치하고 ― 많은 수가 존재했다. 이는 하야시의 언설도 마찬가지다.

말할 필요도 없겠으나, 영어권 미디어의 정보원은 그들이 주목한 요소 이외에도 수많이 존재했으나, 양자는 이들을 거의 모두 무시하고 있다. 바꿔 말하면, 두 언설 모두 문제의 문맥을 무시한 분석이며, 현재의 연구수준에 비해 보면 크게 뒤떨어져 있다고 하겠다.

2. 1991년 이전의 위안부에 관한 보도

그러면 실제로 영어권 미디어들은 일본군 위안부에 관해 어떻게 보도하고 있었을까? 이 점에 대해 이하 Lexis.com이 소장한 데이터를 활용하여 살펴보도록 하자.

이러한 종류의 조사를 하는 데에 있어 주의해야 할 점이 몇 가지 있다. 하나는 초기에 영어권 미디어가 위안부 관련 보도를 할 당시에는 한국어/일본어의 '위안부'에 해당하는 용어가 안정되어 있지 않았다는 점이다. 오늘날 널리 알려진 'comfort women'이라는 번역뿐 아니라, 한국어의 '전장 위안부' 혹은 '군대 위안부'의 직역인 것으로 보이는 'battle field comfort women'이나 'comfort girls'도 있었으며, 더불어 'comfort corps'와 'sex slavers'와 같은 다양한 번역이 차용되었다. 때문에 기사를 검색할 때도 각 미디어의 경향과 용어의 시기적 변화를 고려할 필요가 있다.

또 하나, 영어권 미디어에서는 통신사 등으로부터 전송된 기사가 많은 미디어에 그 내용 그대로 전송 게재되는 경우가 많다. 따라서 정보의 발신원이 어디이며, 어디에서 어디로 전송 게재된 것인지를 주의 깊게 보아야 한다.

이를 전제로 영어권 미디어에서 위안부 관련 보도가 어떻게 추이 했는지를 실제로 살펴보자. Lexis.com에 소장된 영어권 미디어 기사로 가장 오래된 위안부 관련 보도는 1982년 8월 13일, AP통신이 때마침 제1차 교과서 파동이 진행되던 시기[7]에 서울에서 전한 소식이었다.[8] 제목은 "Korea Liberation

---

7) 제1차 교과서 파동에 대해서는 본 서 제2장, Kan Kimura 'Discovery of Disputes: Collective Memories on Textbooks and Japanese-South Korean Relations' Journal of Korean Studies, Volume 17, Number 1, Spring 2012, pp. 97-124등도 참조.

8) The Associated Press "Korea's Liberation Day Finds Nation in New

Day Finds Nation in New Dispute with Japan"이다. 이 글에서는 위안부에 관해 다음과 같이 언급하고 있다.

> 오랜 반일감정이 자극된 결과, 한국 신문은 일본의 잔혹행위와 처형행위, 그리고 역사적 문화재를 파괴하고 한국인 여성들을 일본군을 위한 '위안부(comfort girls)'로 끌고 간 모습 등이 찍힌 사진으로 넘쳐나고 있다.

그러나 이 시점에서 위안부 문제는 일본이 저지른 일련의 '만행' 사례로서 다른 행위들과 함께 열거된 것에 지나지 않았다. 위안부 문제를 다른 문제와 분리하여 독립된 문제로 보도한 사례 중 가장 오래된 영어권 미디어보도는 1988년 10월 12일자 영국 일간지 The Guardian의 기사로 "Wednesday Women: Cold comfort−Tomiyama Taeko's art exposes Japanese guilt" 라는 제목을 달고 있다.9) 이 보도는 런던에서 개최될 예정이었던 도미야마 다에코의 슬라이드 '바다의 기억' 제작·상영전10)에 관한 것이다. 이전부터 일본 식민지 통치에 관한 전시를 계속해 온 도미야마가 그 해에는 런던과 베를린에서 전시회를 열었고, 그 내용을 The Guardian이 보도한 것이다. 기사는 '전쟁이 끝나자 병사들은 집으로 돌아갔습니다. 그러나 10만명, 혹은 20만명까지 이르는 일본군 위안부들은 어디로 사라진 것일까요?'라는 도미야마의 발언을 인용하며, 위안부 문제의 진상규명을 요구하는 형태를 취하고 있었다.

이 보도에서도 전형적으로 보이듯, 위안부 문제를 독립적인 문제로 다룬 영어권 미디어에서 초기에 나타나는 특징은 일본 혹은 일본인을 발신원으로 하는 경우가 많다는 점이다. 예를 들어, 앞선 The Guardian 사례에 이은 위안부 관련 기사는 1990년 1월 3일자 The Economist에서 찾아볼 수 있다.11)

Dispute with Japan," August 13, 1982.
9) John Gittings "Wednesday Women: Cold comfort − Tomiyama Taeko's art exposes Japanese guilt," The Guardian (London), October 12, 1988.
10) 「富山妙子と火種工房のあゆみ」 http://www.ne.jp/asahi/tomiyama/hidane−kobo/contents/jidai/jidai.html(최종확인 2018년 5월 5일)

이 기사의 제목은 "Japan's Women say sayonara to suppression"이다. '옛 일본의 구제국군은 소속 '위안부'를 동반하지 않고 서는 전장으로 향하지 않았다'는 충격적인 도입부로 시작하는 이 도쿄발 기사는 당시 일본의 총리였던 우노 소스케의 게이샤 스캔들을 취재하면서, 여성에 억압적인 일본사회에서 저항을 시도하는 사람들의 모습을 전하고 있다. 1973년에 센다 가코가 『종군위안부: 소리 없는 여인, 8만인의 고발』[12]을 발표한 이래, 일본 국내에서 위안부 문제는 이미 널리 알려진 문제였으며, 그러한 일본의 상황이 일본인의 행동을 통해 해외에 단편적으로 전해진 예라 할 것이다.

그러나 1990년까지의 시점에서 영어권 미디어의 위안부 관련 기사는 한정적이고도 산발적인 보도에 지나지 않았다. 이러한 상황이 바뀌기 시작한 것은 1991년 12월부터이다. 이 시기가 영어권 미디어의 보도에서 전환점이 된 데에는 두 가지 이유가 있다. 첫째, 그 해 12월7일이 태평양전쟁 개전 50년을 맞는 날이었기 때문이다. 이 날을 전후로, 전쟁 당사국이었던 미국, 영국, 캐나다, 호주 등 국가의 미디어들은 과거 일본과 치룬 전쟁 관련 보도가 늘어난 경향을 보였다. 위안부와 관련된 기사 중 일부는 이러한 흐름에서 보도된 것이었다.

두 번째 이유는 정확히 하루 전날인 12월 6일, 그 해 8월에 한국에 살면서 과거 자신이 위안부였음을 밝힌 첫 사례인 김학순 할머니 등 세 명을 포함한 35명의 한국인 '전쟁피해자'가 일본 정부를 대상으로 소를 제기했기 때문이다. 그녀들의 제소는 일부 영어권 미디어에서 하루 뒤인 12월 7일에 '태평양전쟁 50년 기사'를 내보내는 데에 알맞은 재료로 제공되었다.

이 시기 보도에서는 흥미로운 점이 몇 가지 있다. 먼저 할머니들의 증언이 영어권 미디어에 적극적으로 소개된 점이다. 예를 들면 호주의 Courier—Mail

---

11) The Globe and Mail (Canada) "Japan's women say sayonara to suppression," January 3, 1990. The Economist를 옮겨 실었음이 명시되어 있다.
12) 千田夏光 『従軍慰安婦:「声なき女」八万人の告発』 双葉社, 1973년. 초기에 한일 양국에서 위안부 문제에 대한 이해에 이 책의 영향력은 절대적이었다. 이 점에 대해서는 본 서 제3장도 참조.

은 김학순이라는 이름을 구체적으로 들면서, 그녀의 증언을 전하고 있다.[13] 또한 일본발 보도가 특히 많은 점도 주목할 만하다. 한 예로, 일본계 영자신문인 The Daily Yomiuri는 1991년 12월 7일자에서 많은 자수를 할애하여 김학순 할머니 등 3명의 증언을 자세히 보도하였으며,[14] 독립계 통신사인 IPS(Inter Press Service)도 스리랑카인인 Suvendrini Kakuchi가 전하는 도쿄발 리포트로 이 문제를 자세히 보도하였다.[15]

또 하나 주목해야 할 것은 이 단계에서 이미 영어권 미디어들 대부분이 문제를 단순한 한일 양국간의 역사인식 문제로서가 아니라 일본 내 여성과 에스틱 마이너리티 차별 문제와 관련 지어 보도하고 있다는 점이다. 이미 살펴본 The Economist의 보도가 전형적인 사례이다. 또한 캐나다의 The Globe and Mail에는 1991년 12월 11일, "Japan's 'apartheid' establishment in battle over minority rights activism"이라는 제목으로 위안부 문제를 일본 내 한국인차별과 관련 지어 논하는 글이 게재되었다.[16]

3. 전환점이 된 1992년 1월

그렇다고는 하나, 아직 이 시점에서 영어권 미디어의 위안부관련 보도는 절대수 부족은 물론이거니와 이를 보도하는 매체 수도 한정되어 있었다. Lexis.com에 의하면, 91년 이전 시기에서 영어권 미디어의 위안부 관련 보도가 가장 집중되었던 91년 12월에도 그 숫자는 겨우 10개사 15건에 머물렀다.

그러나 1992년 1월이 되면 상황은 돌변한다. 단순히 숫자만 보더라도 그

---

13) Courier – Mail, "Crime not forgotten," December 7, 1991.
14) The Daily Yomiuri, "Korean 'Comfort Women' File Suit" December 7, 1991.
15) Suvendrini Kakuchi, "Japan: 50 Years after, victims still haunt Tokyo with its war past", IPS – Inter Press Service, December 6, 1991.
16) Edith Terry, "Japan's 'apartheid' establishment in battle over minority rights activism," The Globe and Mail (Canada), December 12, 1991. 당시 문제가 되었던 교토부 우지시 우토로 지구의 철거 문제와 관련해 논하고 있다.

달의 보도는 19개사 55건으로 전월과 비교하여 비약적으로 증가하였다. 계기가 된 것은, 오늘날 잘 알려진 바 있는 1992년 1월 11일 아사히신문 조간 1면의 「위안소, 군관여를 보여주는 자료발견」이라는 특종 기사이다.[17] 이 점에 대해 다시 Lexis.com에서 확인하면 다음과 같다. 일단 이 기사의 내용은 바로 당일 UPI에 의해 "Document on 'comfort women' found in Defense Agency Library"라는 제목으로 세계 각지에 전송되었다.[18] UPI는 이후 12일에는 "Japan apologizes for forcing women to serve as prostitutes"[19], 13일에는 "Foreign Minister admits army role in forced prostitution"이라는 제목으로 속보를 전하는 등[20] 이 문제에 관해 적극적으로 정보를 발신하고 있다. 결과적으로 13일 이후, 위안부 문제에 대한 영어권 미디어의 보도는 단순한 사실보도의 영역을 넘게 되어, The New York Times[21], Washington Post[22]와 같은 영향력 있는 미디어들도 이 문제에 관해 자세한 논평을 게재하기에 이른다.

그러면 이들 영어권 미디어는 당시 위안부 문제에 대해 어떠한 내용들을 전했을까? 일단, 그들이 위안부 문제를 구 일본군에 의한 '만행' 중 하나로 보도한 것은 확실하다. 예를 들면, 92년 1월 18일 The Washington Post의 칼럼은 적나라하게 "'Comfort Women': A barbaric act"라는 제목을 달았다.

---

17) 『朝日新聞』 1992년 1월 11일.
18) United Press International, "Documents on 'comfort women' found in Defense Agency Library," January 11, 1992.
19) United Press International, "Foreign Minister admits army role in forced prostitution," January 12, 1992.
20) United Press International, "Japan apologizes for forcing women to serve as prostitutes," January 13, 1992.
21) David E. Sanger, "Japan admits army forced Koreans to work in brothels," The New York Times, January 14, 1992, David E. Sanger, "Wako Journal; History scholar in Japan exposes a brutal chapter," The New York Times, January 27, 1992.
22) The Washington Post, "'Comfort women': A barbaric act," January 18, 1992.

또 하나 특징을 꼽자면, 이 시기 대부분의 영어권 미디어들은 위안부란 '일본의 관헌에 의해 일본군병사와 강제로 관계를 맺은' 존재이며, 그러한 위안부의 실태는 일본 정부 또한 인정하고 있다는 이해 하에 보도를 하고 있다는 점이다. 예를 들면, 92년 1월 14일 The New York Times는 다음과 같이 말한다.[23]

주말, 일본의 외무대신 와타나베 미치오는 일본군이 여성들에게 병사와의 성교를 강제한 일을 '인정하지 않을 수 없다'(강조점은 필자. 이하 마찬가지)고 말했다. '나는 밝혀져 버린 끔찍한 이야기에 곤혹스럽고, 가슴이 아프다'고 와타나베는 이야기했다.

또한 The Washington Post는 애초에 위안부의 정의에 대해 다음과 같이 말하고 있다.[24]

(위안부)란 제2차대전 중 태평양 전선의 전반에 걸쳐 일본 병사의 향락을 위해 강제로 매춘을 하게 된 10만명의 한국인 여성을 의미하는 말이다.

그리고 이러한 영어권 미디어의 위안부 문제에 관한 이해는 당시 영어권 미디어 중 한발 앞서가던 UPI의 최초보도부터 일관되게 보인다.[25]

10만명, 또는 20만명이라고도 이야기되는 여성들이, 대부분 일본 통치하의 한반도로부터 동원되어 전쟁 중 매춘부 일을 강제로 하게 된 것으로 여겨진다.

---

23) David E. Sanger, "Japan admits army forced Koreans to work in brothels," The New York Times, January 14, 1992.
24) T.R. Reid and Robin Bulman, "War atrocities overshadow visit to Seoul; Thousands of Korean women were forced into prostitution to comfort' Japanese soldiers," The Washington Post, January 16, 1992.
25) United Press International, "Documents on 'comfort women' found in Defense Agency Library," January 11, 1992.

또한 일본 정부의 자세에 대해서는 다음과 같이 말한다.[26]

> 월요일, 일본정부는 공식적으로 제국 육군이 한국인 여성에게 제2차 대전의 최전
> 선에 있는 병사에 대해 성적인 서비스를 제공하도록 강제했다고 인정하게 되었다.

그러나 이러한 영어권 미디어의 상황은 좀 이상해 보인다. 왜냐하면, 당시 상황의 큰 변화를 가져온 아사히 신문 보도가 직접적으로 밝힌 것은 위안부와 관련하여 당시 정부와 군의 '관여'가 있었던 점으로, 논의가 아직 '강제'의 유무까지는 미치지 않았었기 때문이다. 일본에서 위안부 동원 등에 '강제'가 있었는지 아닌지, 또는 애초에 '강제'란 구체적으로 무엇을 의미하는 것인지에 관해 본격적으로 논의되기 시작한 것은 1992년 7월 '제2차 가토담화'에서 동원 과정의 강제성이 명언 되지 않았던 점이 문제시된 후의 이야기이다. 그러므로 특종을 보도한 아사히신문 조차도 '강제'가 직접적으로 인정되었다는 표현은 주의를 기울여 회피하고 있다.[27] 다음 글이 그 예이다.

> 청일전쟁과 태평양 전쟁 중 일본군이 위안소 설치와 종군위안부 모집을 감독하
> 고 통제했음을 나타내는 통달류와 진중일지(陣中日誌)가 방위청 방위연구소도서
> 관에 소장되어 있다는 사실이 10일 밝혀졌다. 조선인 위안부에 대해 일본 정부는
> 지금까지 국회답변을 통해 '민간업자가 데려왔다'며, 국가의 관여를 인정하지 않아
> 왔다.

이러한 영어권 미디어와 아사히신문을 비롯한 일본미디어의 사이에 발생한 군과 정부의 '강제' 관련 보도자세의 괴리는 당시 일본 정부관계자의 발언을 보도할 때에도 명백하게 보인다. 예를 들면, The New York Times가 보도한 와타나베 미치오 외무대신의 발언을 아사히 신문은 다음과 같이 보도하였다.

---

26) United Press International, "Foreign Minister admits army role in forced prostitution," January 12, 1992.
27) 『朝日新聞』 1992년 1월 11일.

와타나베 부총리·외상은 11일 밤, 도쿄방송(TBS)의 TV프로그램에 출연하여, 구 일본군이 조선인을 중심으로 한 종군위안부에 대해 감독과 통제에 관여한 것이 아니냐는 문제에 대해, '50년 이상 지난 이야기로 확실한 증거는 없으나, 어떠한 관여가 있었다는 점은 인정하지 않을 수 없다고 생각한다'고 말했다.

외상은 출연 후 기자단에 "능동적인 관여인지 아닌지는 모른다. (위안부의)수를 세거나, (위안소 설치를)허가하는 하는 관여일 수 있다. 이는 조사해보지 않으면 모른다."고 말했다.[28]

그러면 영어권 미디어에서는 어떻게 일본 미디어의 보도가 단순화되어, 마치 일본 정부가 그 '강제'성을 이 시점에서 이미 인정한 것처럼 되어 버린 것일까? 다음에서 이 점에 관해 시점을 바꾸어 생각해 보도록 하겠다.

4. 영어권 미디어의 정보원

지금까지의 이야기를 정리해보도록 하자. 영어권 미디어의 위안부 관련 보도는 당초 주로 일본 국내에서 발신하는 형태로, 산발적인 보도에 지나지 않았다. 그러나 91년 12월 태평양전쟁 발발 50년과 전 위안부들의 등장으로 소송 개시에 무게가 더해지자, 조금씩 상황이 변화한다. 위안부 문제에 대한 영어권 미디어의 관심은 92년 1월 11일 아사히 신문의 특종과 이에 영향을 받아 일본 정부가 위안부 문제에 대한 관여를 인정함으로써 폭발적으로 증가했다. 그러나 그 보도에는 명확한 특징이 있었다. 아직 일본 국내에서 본격적인 논의가 없었던 위안부의 성격과 동원의 '강제'성, 나아가 '일본정부의 책임'에 대해서 깊게 파고들어 이야기하고 있다는 점이다.

이러한 상황은 어떻게 만들어진 것일까? 먼저 확실한 것은 영어권 미디어의 보도 자세가 일본 미디어들에 비하면 확실히 도드라지는 면이 있으며, 이를 일본 미디어 보도의 영향만으로 설명하기는 곤란하다는 점이다. 또, 이러한

---

28) 『朝日新聞』 1992년 1월 14일.

보도 경향은 미디어, 또는 미디어가 속한 국가가 상이함에도 상관없이 폭 넓게 보이는 특징이므로, 그 원인을 특정 영어권 미디어와 일본어 미디어의 제휴 관계나 인적 관계로 설명하기도 어렵다.

그렇다면 이들 보도의 경향을, 일본과는 달리 위안부 동원 과정에 대한 일본 정부와 군의 직접적 관여를 당연시했던 한국과 중국의 운동단체 및 미디어의 영향이라고 설명할 수 있냐고 하면, 그 또한 어렵다. 예를 들어, 아사히 신문의 특종이 보도된 92년 1월 11일부터 당시 미야자와 기이치 총리가 방한한 같은 달 16일까지의 사이에 있었던 영어권 미디어의 보도 24개 중 서울발 기사였음이 확인된 것은 겨우 3개에 그쳤다. 중국 국영통신사인 신화사를 비롯, 당시 위안부 관련 뉴스를 전한 해외 미디어 기사의 대부분은 도쿄발로 쓰여졌으며, 한국·중국 미디어에서 전한 내용이 인용된 것은 거의 전무했다.

그러면 주로 도쿄에서 전해진 영어권 미디어의 기사내용이 왜 위안부 관련 보도를 함에 있어 일본 정부와 군에 의한 '강제'를 전제로 하게 된 것일까? 이를 이해하는 데 첫 번째로 단초가 된 것은 일본계 영자 미디어의 보도였다. 왜냐하면 그들 또한 같은 내용의 보도를 하고 있었기 때문이다. 예를 들면, 1991년 12월 12일자 'The Daily Yomiuri'는 다음과 같이 보도했다.

> 위안부란 병사들에게 서비스를 하도록 강제로 하게 된 매춘부를 말한다. 일본 정부는 이 문제에 대한 책임을 인정하기를 거부하였으며, 위안부는 민간 업자에게 고용되었다고 주장하고 있다.29)

영어권 미디어의 독자들 입장에서 본 '위안부'는 일본어 직역에 불과한 "comfort women"이라는 표현으로, - '위안소'를 의미하는 "comfort station"이 미국말로 '공중변소'를 의미하는 점이 나타내듯 - 그것만으로는 이해 불가능한 단어였다. 그렇기 때문에 The Daily Yomiuri도 굳이 이 말에 인용부호

---

29) Takuji Kawada, "Seoul takes govt to task over comfort women," The Daily Yomiuri, December 12, 1991.

를 붙여, '일본군용 매춘시설에서의 노동을 강제로 하게 된'이라는 주석을 달았다. 실제, 92년 1월 이전 영어권 미디어에서 나온 위안부와 관련된 대부분의 기사는 "comfort women"이라는 말에 인용부호를 붙이거나, 문장 속에서 설명을 추가하는 등의 작업을 추가하고 있다.

좀 더 이야기하자면 이 당시 일본내 위안부 동원에 일본 정부의 '관여'가 있었는지에 관한 논의[30]는, 1990년말에 일본정부가 처음으로 이 말을 사용한 이래 사태의 전개를 줄곧 숙지하고 있는 영어권 미디어나 독자가 아니라면, 지극히 이해하기 힘들었을 것이다. 실제로 보도할 때, 정부의 '관여'에 대해 "involvement"라는 단어를 사용한 영어권 미디어 보도는 46건 중 10건에 머물렀으며, 대부분 위안부 문제에 대한 국가의 '관여'라는 문제에서 풍기는 일본어의 미묘한 뉘앙스를 무시한 채 보도했다.

그리고 영어권 미디어에서 "comfort women"이라는 말을 설명할 때 빈번하게 사용된 용어 중 하나가, "sex slaves" 혹은 "slaves", 그리고 "slavery"라는 용어였다. 좁은 견식으로 보는 한, 위안부 관련 보도에서 "sex slaves"라는 용어를 처음 접한 것은, 앞서 언급한 91년 12월 6일자 IPS(Inter Press Service)의 기사였다.[31] 김학순 할머니 등의 일본 정부를 상대로 한 소송 제기를 취재해서 쓴 기사에 다음과 같은 기술이 있다.

> 16세 한국인 여성 한 명이 일본 병사의 '성노예(sex slaves)' 역할을 강제로 하게 된 후 50년이 지났다. 그녀는 일본 정부에 배상과 사죄를 요구하고 있다.

덧붙이자면, 일본 미디어에서 위안부를 '성노예'라고 표현한 기사는 92년 5월 15일 아사히신문 조간이 북한 정부의 견해를 그대로 전하면서 사용한 것이 최초임으로, 여기에서도 일본 미디어의 보도가 영어권 미디어에 영향을 미쳤

---

30) 이 점에 대해서는 졸저 『한일 역사인식 문제의 메커니즘』 김세덕 옮김, 제이앤씨(2019) 도 참조함.
31) Suvendrini Kakuchi, "Japan: 50 Years after, victims still haunt Tokyo with its war past", IPS—Inter Press Service, December 6, 1991.

다고는 생각할 수 없다.32) 이 후 이러한 "comfort women" ⊂ "sex slaves"라
는 도식은 이 무렵 많은 영어권 미디어 사이에서 급속도로 공유되어져 갔다.
한 예로, 이 다음 날인 91년 12월 7일, 호주의 The adviser는 다음과 같은 형
태로 "slaves"라는 말을 사용하고 있다.

> (일본) 정부는 여전히 전쟁 이전의 정부와 군이 여성을 납치하고 일본 병사를
> 위한 소위 '전장 위안부(battle field comfort women)'로 만들었음을 인정하지
> 않는다. 전문가는 10만명이나 되는 여성들이 노예 매춘부(slave prostitutes)의
> 위치에 있었다고 이야기한다.33)

이러한 견해는 이어진 12월 12일자 The Reuter에서 "Tokyo inquiry into
prostitution claim"이라는 제목의 기사가 보도된 후 더욱 널리 유포되기에
이른다.34) 이 기사는 위안부에 대해 다음과 같이 설명했다.

> 이 (위안부)제도는 1930년 중국에서 만들어졌다. 당시 중국에서는 일본병에 의
> 한 강간 사건이 빈발하였기 때문이다. 전문가는 그 수가 10만명에서 20만명에 이
> 르며, 그중 80퍼센트가 조선인으로, 일본군 병사를 위한 노예 매춘부(slave
> prostitutes)로서 활용되었다고 말한다.

이렇게 보면, 92년 1월에 영어권 미디어들이 실은 위안부 관련 보도의 이
해는, 앞선 91년 12월에 있었던 일련의 보도를 답습하고 있음을 알 수 있다.
그러면 91년 12월 시점에서 영어권 미디어가 위안부 관련 문제를 이해한 원
천은 어디에 있었을까? 이 의문에 대해, 당시 영어권 미디어가 위안부와 관련
해 사용한 '10만명에서 20만명' 혹은 그 '80퍼센트가 조선인'이라는 표현의 구

---

32) 『朝日新聞』 1992년 5월 15일.
33) Matthew Franklin, "Japan falters with apology," The Advertiser, December
    7, 1991.
34) The Guardian (London), "Tokyo inquiry into prostitution claim," December
    12, 1991. Reuter발이라는 점이 명기되어 있다.

체적인 숫자가 중요한 시사점을 던져준다. 또한 The Adviser가 사용한 '전장위안부'라는 특수한 용어도 단초가 되어 준다.

중요한 것은 앞서 나온 위안부와 관련된 숫자가 당시 일본내에서 일반적으로 사용되던 숫자와는 미묘하게 다르다는 점이다. 일본 국내에서는 센다 가코가 책의 부제목으로 '8만인의 통곡'이라는 표현을 쓰고, 본문에서 '20만명'이라는 숫자를 쓴 이래, 위안부의 총 수에 대해 '8만명에서 20만명'이라는 숫자가 널리 사용되고 있었으며,35) 그 중간인 '10만명'이라는 숫자가 사용되는 일은 극히 드물었다. 오히려, '10만명에서 20만명'은 정신대문제대책협의회를 비롯한 한국 운동단체가 즐겨 사용한 숫자이다.36) 마찬가지로 '전장위안부'라는 용어도 일본어로서는 잘 사용되지 않는 표현으로, 한국어로는 주로 운동단체가 사용하고 있었다.

그렇다고 해서, 그럼 영어권 미디어 일련의 보도들이 한국의 언설을 직접 참조한 결과이냐고 한다면, 이는 그렇지 않을 것이다. 왜냐하면 이들 기사의 대부분은 서울발이 아니라 도쿄발로 쓰여진 것이기 때문이다. 당시 영어권 미디어의 일본 특파원 중에는 일본어 능력이 떨어지는 사람도 많았고, 시대가 여전히 일본이 아시아에서 유일하게 경제대국이었던 때라, 일본 주재 특파원들이 일본어와 더불어 한국어나 중국어까지 잘하는 경우는 상상하기 힘들었다. 즉, 당시 도쿄에 주재하던 영어권 미디어나 저널리스트가 정보원으로 의지할 가능성이 있는 것은 도쿄에서 접근가능한 영어와 일본어 자료만으로 한정된다. 그리고, 영어권 미디어가 비로서 본격적으로 위안부 관련 보도를 시작한 이 시기에는 영어로 정리된 관련 문헌이 사실상 전무했다. 결국 그들은 모종의 일본어 정보원에 의지할 수밖에 없었을 것이다.

일본인이 일반적으로 쓰는 정보원이 아니면서 일본어로 쓰여 있고, 도쿄에서 쉽게 접근 가능하며, 한국 운동단체에 대한 이해와 용어법이 짙게 반영되

---

35) 예를 들면, 『朝日新聞』 1988년 8월 18일 조간, 동 1991년 1월 18일 조간.
36) 예를 들면, 『朝日新聞』 1991년 7월 18일 조간에 실린 윤정옥의 발언. '일본군이 10~20만명이나 되는 조선의 미혼 여성을 강제연행 등을 통해 위안부로 동원했다'고 언급했다.

어 있는 것은 무엇일까? 결론적으로 이야기하자면, 그것은 바로 1991년 12월 6일, 전위안부들을 포함한 35명의 원고가 도쿄지방재판소에 제출한 '소장'이다.[37] 사실, 이 소장은 위안부의 실태에 대해 다음과 같이 설명하고 있다. 이를 보면, 이후에 계속된 영어권 미디어의 보도내용과 위안부 숫자, 조선인 여성의 비율 등이 깨끗하게 일치하고 있음을 알 수 있다.

> 1910년대부터 조선인 여성을 일본으로 팔아 넘겨 매춘을 시키는 일이 일상적으로 일어나고 있었음을 배경으로, 군대 위안부는 1938년부터 국가와 군의 관여하에 조직적으로 모아져서 관리를 받게 되었다. 그 수는 10만명에서 20만명에 이른다고 하며, 그중 8할이 조선인 여성이었다.[38]

이 '소장'에서 보이는 또 하나의 특징은 위안부를 비롯한 총력전기의 피동원자, 식민지 통치 하에 있었던 한반도 사람들의 상태를 '노예 상태'라고 정의한 점이었다. '소장'은 또 이렇게 말한다.

> 즉, 고향으로부터 경계 너머로 강제연행되어 아직 고향에 귀환하지 못한 사람들은 그 귀환을 이루는 것이 '노예 상태'로부터 회복하는 것이며, 군인·군속으로서 일본을 위해 몸을 바쳐, 사망, 부상에 이른 사람들은 그 물적 정신적 손해의 보상이 '노예 상태'로부터의 회복을 의미하며, 군대 위안부는 일본군 병사의 성욕 처리의 도구가 되었던 것 자체가 '노예' 이외의 어떤 것도 아니었으므로, 그 정신적 육체적 고통에 대한 보상이 그녀들에게 '노예 상태'로부터의 회복임에 다름없다. 왜냐하면 당해 조선인이 현재 군인·군속 또는 군대위안부의 지위에 없더라도 군인·군속 또는 군대위안부로서 받은 정신적 육체적 침해 결과가 보상되지 않는 한, 강제연행 등에 의한 침략의 결과로서 '노예 상태'는 여전히 잔존하고 있기 때문이다.[39]

---

37) 「アジア太平洋戦争韓国人犠牲者補償請求事件　訴状」 1991년 12월 6일,
    http://www.awf.or.jp/pdf/195-k1.pdf(최종확인 2018년 5월 5일).
38) 「アジア太平洋戦争韓国人犠牲者補償請求事件　訴状」 13쪽.
39) 「アジア太平洋戦争韓国人犠牲者補償請求事件　訴状」 55~56쪽.

당시 영어권 미디어가 보도한 일련의 내용들이 이 '소장'의 표현에 크게 영향을 받았음은 이미 자명해 보인다. 앞서 언급한 바와 같이 91년 12월 보도에서 많은 영어미디어들은 전 위안부들의 증언과 이력을 보도하였으나, 그 내용도 실은 '소장'의 내용을 거의 그대로 옮겨 놓은 것이다. 즉, 이 시점에서의 도쿄발 영어미디어의 보도는 '소장'을 비롯한 원고단의 주장에 따른 것이며, 그들이 독자취재에 의해 여기에 뭔가 정보를 더한 흔적은 존재하지 않는다. 특히 보도에서 사용되는 '전문가에 따르면'이라는 표현에도, 이 시점의 기사에서 특정 인명이 등장하는 일은 거의 없다고 하겠다.

이 기사들은 당시 영어권 미디어의 주 정보원이 도쿄지방재판소에 제출된 전 위안부 등의 '소장'이었던 점 그리고 이에 더해진 요소 또한 기껏해야 원고단이 이 시기에 가졌던 기자회견 내용 등에서 나온 정보였음을 시사하고 있다.

5. '성노예'에 관하여

이렇게 살펴보면 90년대초 영어권 미디어에 의한 위안부 관련 보도의 전개에는 극히 근접한 시기이면서, 그 역할이 크게 다른 두 단계가 있었음을 알 수 있다.

첫째 단계는 91년 12월 전 위안부할머니들의 소송 개시 직후로, 이 단계에서 다수의 영어권 미디어들은 위안부 문제에 관한 이미지와 '언설'의 기초를 형성하게 된다. 여기서 그들은 전 위안부할머니들의 주장, 보다 정확하게는 그녀들이 제출한 '소장'에 많은 영향을 받았다. 영어권 미디어는 '소장'의 내용과 표현을 그대로 받아들이는 형태로 그들의 이해를 형성하고, 결과적으로 위안부란 일본의 관헌에 의해 강제적으로 납치 연행된 '성노예'라는 이해가 굳어지게 된다.

그렇다고는 해도, 이 단계에서는 보도의 양이 여전히 적었으며, 기사의 영향력도 한정적이었다. 그러나 92년 1월의 아사히 신문이 특종을 보도하고, 그 직후 일본 정부가 군과 정부의 '관여'를 인정하면서, 영어권 미디어의 위안부 관런 보도는 두 번째 단계로 나아갔다. 앞서 고정화된 전 위안부 측의 주장에 크게 치우친 영어권 미디어의 위안부 문제에 관한 이해가 New York Times와 Times 같은 유력 미디어를 포함한 영어권 미디어 전반에 확산되는 단계이다.

전 위안부들의 '소장'에서 전개된 위안부 문제에 관한 이해가 왜 이만큼 쉽게 영어권 미디어에 받아들여진 것일까? 그 기저에 있는 것은 당시 다수의 영어권 미디어가 가지고 있던—이 문제에 국한된 것은 아닌—일본의 '과거'에 대한 비판적인 인식일 것이다. 전 위안부들의 일본정부를 상대로한 제소가 태평양전쟁 발발 50년에 맞추어 이루어진 것은 영어권 미디어의 이해 경향에 박차를 가했을 것으로 생각된다. 대부분의 영어권 미디어들은 거점을 구 연합국 측에 두고 있다. 그들이 제2차대전과 관련된 일본의 '과거'에 엄격한 시선을 두고, 일본 정부의 주장보다는 전 위안부들의 주장에 귀를 기울이는 경향이 있는 것은 일정 부분 당연하다고 할 수 있겠다.

동시에 간과해서는 안되는 것은 이러한 언설의 형성이 일본 사회의 여성 문제 관련 이미지와도 연결되어 전개되었다는 점이다. 앞서 소개한 90년의 The Economist 기사는 전형적인 사례 중 하나일 것이다. 당시 일부 영어권 미디어는 일본의 성 산업, 특히 외국인 성노동자 문제에 예전부터 강한 비난의 눈길을 보내고 있었다. 예를 들면 1989년 10월 13일, Reuter는 마이니치 신문의 보도를 전하는 형태로 다음과 같은 기사를 실었다.[40]

> 150명 이상의 아시아인 여성(그중 대부분은 필리핀인)이 니시니혼의 매춘 시설에 '성노예(sex slave)'로서 감금되어 있다고 최근 마이니치 신문이 보도했다.
> 이 여성들은 가수나 댄서, 또는 웨이트레스의 명목으로 일본에 왔으나, 현재로는 사실상 야쿠자 관리하에 죄수생활을 하고 있으며, 나라현 내에 있는 료칸 등에서 성 서비스를 강요받고 있다고 이 신문은 1면에서 보도하고 있다.

---

40) The Toronto Star, "Women kept as sex slaves in Japan newspaper says" October 13, 1989. Reuter 발이라는 점이 명기되어 있다.

실제로 이러한 일본의 성매매산업에 대한 비판적 관심은 위안부에 대한 관심과 구체적인 연결고리를 갖고 있다. 예를 들어, 전 위안부들의 제소 직후인 91년 12월 7일, 위안부를 '노예 매춘부(slave prostitutes)'의 위치에 있었다고 설명한 매튜 프랭클린은 91년 7월 17일, "Australian accused in sex slave scandal"이라는 제목의 기사에서 다음과 같이 쓰고 있다.[41]

> 도쿄가정재판소는 어제 일본 야쿠자 조직의 일원인 호주인이 한 소녀를 올해초 2주간에 걸쳐 성노예(sex slave)로 만들었다고 발표했다. 존·조셉·힐(21세)은 도쿄 가정재판소에 대해 그가 17세 소녀를 올해 1월부터 2월에 걸친 2주간, 한 사무실 에 감금했음을 인정했다.

명시적이지는 않지만, 이러한 영어권 미디어의 일본사회, 특히 일본의 성매매산업에서 나타난 외국인 노동자 문제에 대한 주목이, 이후 위안부 관련 보도에 일정 부분 영향을 미쳤음은 쉽게 상상해볼 수 있다.

맺음말을 대신하여

이렇게 하여 영어권 미디어들은 한일 양국 사이에서 발발한 위안부 문제에 대해 독자적인 언설을 획득해 갔다. 그 '언설'은 일본 미디어들 보다 훨씬 일본의 '과거'에 대해 비판적이었으며, 문제해결을 위해 일본정부의 책임을 묻는 한일양국의 운동단체에 근접한 형태로 정착되었다.

흥미로운 점은 이러한 영어권 미디어의 언설과 이해가 반드시 운동단체들이 국제사회에 대해 적극적인 움직임을 보인 결과는 아니라는 점이다. 예를 들면, 본 장의 '들어가며'에서 소개한 사례, 즉 도쓰카 에쓰로가 UN인권위원회에서 위안부와 관련해 문제를 제기한 것은 92년 2월로, 이미 영어권 미디어

---

41) Matthew Franklin, "Australian accused in sex slave scandal," Courier−Mail, July 17, 1991.

가 위안부 문제에 대해 일본 정부와 군의 '강제'를 자명한 사실로 보도하기 시작한 이후에 나온 사례이다. 한국의 위안부 관련 지원단체도 마찬가지이다. '정신대문제대책협의회'라는 명칭에서 보이듯, 92년초에도 이들 지원단체는 여전히 막연한 '협의회'의 영역을 벗어나지 못했으며, 그 조직력도 후에 관찰되듯이 그다지 단단하지 못하였다. 정신대문제대책협의회가 아시아 국가들을 비롯한 해외 조직활동으로 국제사회에 적극적인 주장을 펼치기 시작한 것도 역시 92년 중반에 들어서서 부터이다.

즉, 위안부 관련 운동단체의 활동 등과 영어권 미디어의 언설은 전자가 후자를 생성한 관계는 아니다. 인과관계는 오히려 반대라 할 수 있다. 즉, 운동단체가 국제사회에 진출하여 본격적인 활동을 개시한 단계에서, 이미 영어권 미디어에는 이후 운동단체의 견해에 가까운 '언설'이 존재하고 있었다. 거꾸로, 운동단체는 이러한 언설에 뒷받침을 받는 형태로 그들의 '언설'을 재정리해갔다. 그리고 그들이 이미 존재했던 언설을 적극적으로 수용하고 지원한 결과, 영어권을 비롯한 국제사회에서는 위안부 문제가 다른 여성 인권문제와 공통된 중요한 '성노예' 문제의 일부이며, 이러한 상황에 일본정부가 많은 책임이 있다는 이해가 보다 견고하게 형성되어졌다.

그리고 이렇게 형성된 영어권 미디어의 이해는 오늘날까지 계속되고 있다. 예를 들면, 영국 신문 The Telegraph는 2014년, 다음과 같은 언설을 실었다.[42]

서양사회가 '위안부' 문제를 포함한 일본의 전쟁범죄를 발견한 것은 90년대에 들어서 부터였다. 그후 많은 연구결과가 발표되었으며, 이 문제와 관련된 보도도 이루어졌다. 또한 많은 나라들이 이후 피해자에 대한 지원에 나섰다.

2007년 미 하원에 보내진 최종보고서는 '위안부'를 포함한 일본의 전쟁범죄에 대해 상세한 사실을 인정하고 있다.

미국과 캐나다, 그리고 네덜란드와 같은 서양국가들은 '성노예 범죄(sex

---

42) He Na and Zhang Lei, "Apologising for atrocities", The Daily Telegraph (London), August 19, 2014.

slavery crimes)'에 관해 일본 정부에 사죄와 배상을 요구하는 의회결의를 하는 등 문제의 해결을 요구하는 행동을 일으키고 있다.

이렇게 위안부 문제에 관한 국제사회 이해의 기초가 형성되어 갔다. 이것이 이 문제의 전개에 어떤 영향을 주었는지에 대해서는 별도로 논의하기로 하고, 일단 본 장을 마치도록 하겠다.

제5장

일본의 위안부에 관한 인식
- 1970년대 이전 상황을 중심으로

들어가며

위안부 문제를 둘러싸고 한국에서 전개된 언설의 흐름[1]은 확실히 일본측 언설에 큰 영향을 받고 있었다. 한국에서는 1970년대까지 영화와 신문기사 등에서 식민지 시대 상황을 묘사할 때, 그 배경으로 위안부의 존재가 당연하게 언급되었던 반면, 위안부가 군인·군속 및 노동자 동원 같은 여타 역사인식문제와는 다른 독립된 이슈라는 인식이 아직 존재하지 않았다. 그러므로, 이 단계에서는 위안부 문제에 관한 정리된 연구나 문헌도 거의 없었으며, 당시 한국인이 이 문제에 대해 포괄적인 지식을 얻기 위해 이용 가능했던 자국어 문헌은 거의 존재하지 않는 상황이었다. 그러던 중 70년대 들어 센다 가코 『종군위안부: 소리 없는 여인, 8만인의 고발』(후타바샤, 1973년)[2]의 발매 이후

---

1) 이 점에 대해서는 이 책의 제3장을 참조.
2) 千田夏光 『從軍慰安婦: "声なき女"八万人の告発』双葉社, 1973년.

에 전개된 일본국내의 활발한 위안부 관련 언설은 이 문제에 대해 조사·연구
를 지향하는 당시 한국인들이 가장 쉽게 접할 수 있는 정보원이었다.[3]

그러나 70년대 일본에 갑작스레 위안부 관련 언설이 출현한 것은 아니다.
한국에서 70년대 이전에도 비록 잘 정리되지는 않았으나, 어느 정도 위안부와
관련된 언설이 존재했던 것처럼, 센다 가코가 등장하기 이전에도 일본에는 다
양한 형태의 위안부 관련 언설이 존재했다.[4] 말할 필요도 없이, 그러한 다양
한 전제를 바탕으로 센다 가코의 저작이 탄생한 것이며, 각광을 받게 된 것이
다. 바꿔 말하면, 그 이전 일본에서 전개되던 위안부 관련 언설을 모르고서는,
센다 가코의 저작이 왜 일본의 많은 언설들을 뛰어넘는 큰 충격을 주었는지[5]
를 이해하기는 불가능하다고 하겠다.

본 장에서는 위와 같은 이해를 전제로, 70년대 이전 일본에서 전개되었던
위안부 관련 언설을 다시 한번 돌아보며, 정리해보도록 하겠다.[6]

---

3) 센다 가코의 저작은 간행된 바로 다음 해 벌써 한국어 번역본으로 출관되었다. 센
   다 가코 『종군위안부: 소리 없는 여인, 8만인의 고발』 정해수 역, 신현실사, 1974
   년. 당시 위안부 관련 한국의 출판 상황은 이 책의 제3장을 참조.
4) 이 문헌들에 대해서는 재단법인 여성을 위한 아시아평화국민기금 편 「'위안부' 관
   계 문헌 목록」 『『慰安婦』 関係文 献目録』,
   http://www.awf.or.jp/pdf/0040.pdf, 및 국립국회도서관 장서 검색·신청 시스
   템, http://ndlopac.ndl.go.jp/(최종확인 두 사이트 모두 2018년 5월 5일) 참조.
5) 후에 아사히 신문은 이 저작에 대해 '일본에서 처음으로 조선인 종군위안부에 관한
   기록을 출관했다.'고 썼다. 『朝日新聞』 1991년 4월 1일. 후에 이야기하겠으나 실
   제로는 위안부에 관한 문헌은 그 이전에도 다수 존재하였으나, 이 글을 쓴 아사히
   신문 기자의 이러한 이해는 센다 이전의 위안부 관련 저작이 대부분 주목을 받지
   못한 점, 그리고 그 저작들에 비해 센다의 저작이 압도적인 영향력을 가졌던 점을
   여실히 나타내고 있다. 또한 본 장에서 아사히 신문 관련은 별도로 언급이 없는
   한, 朝日新聞記事デ─タベ─ス聞蔵II,
   http://database.asahi.com/library2/main/top.php(최종확인 2018년 5월 5일)
   에 의거한다.
6) 따라서 본 장의 목적은 당시 '언설을 정리하는 작업'이며, 언설을 통하여 '위안부와
   관련된 사실을 확인하는 작업'이 아니다. 이 점에 유의하자.

1. '전쟁 기록물'의 시대

제3장에서도 짧게 언급한 바와 같이[7] 일본에서 위안부 관련 언설의 여명기에 중요한 역할을 한 것이 1950년대 후반부터 60년대에 걸쳐 활발하게 집필된 '전쟁 기록물'이라 불린 종류의 저작물들이었다. 이 '전쟁기록물'의 범위는 회고록, 소설뿐 아니라 영화, 만화까지 이르고 있어, 당시 일본의 문예 분야에서 중요한 한 장르라 할 수 있을 정도로 성장해 있었다.[8] 이 분야가 이토록 번성한 배경에는 몇 가지 이유가 있었다. 첫째, 일본은 전쟁 관련 언설에 대해 제2차 세계대전 중에는 물론 종전 후 연합군 점령하에서도 일정한 제약을 두고 있었다. 때문에, 물론 종전 직후에도 전쟁 관련 언설이 존재하지 않은 것은 아니지만, 거기서 이야기할 수 있는 내용에는 필연적으로 한계가 있었다. 그러므로, 1951년 샌프란시스코강화조약을 거쳐 일본의 주권이 회복되자, 그때까지 억압되어 있었던 제2차 세계대전과 관련한 다양한 이야기들이 터져 나왔던 것이다.[9]

두 번째로 중요한 이유는 패전 이후 일정 시간을 거침으로써 사람들이 '과거의 전쟁'을 이야기할 때 느끼는 심각성이 줄어들었다는 점이다. 그러한 의미에서 제2차 세계대전의 종결로부터 11년이 지나고, 경제기획청이 『경제백서』에 '이제 전후 시대는 지났다'라고 쓴 1956년 이후 본격적인 '전쟁 기록물'

---

7) 이 책의 제3장. 또한 재단법인여성을 위한 아시아평화국민기금 편 「'위안부' 관계 문헌 목록」 「『慰安婦』關係文献目録」. 이 점에 대해서는 우스키 게이코(臼杵敬子)씨의 언급을 참조하였다. 감사드리는 바이다.

8) 본 장에서는 이하 저작을 참고로 하였다. 高橋三郎 『「戦記もの」を読む: 戦争体験と戦後日本社会』 アカデミア, 1988년, 仲村祥一「『戦記もの』を読む―戦争体験と戦後日本社会」, 『ソシオロジ』 33(2), p162-168, 1988년, 津上忠 「戦争における『事実』と『体験』の追究: 最近の戦記物ブームより」, 『民主文学』 72, 1967년 9월, 吉田裕 「日本人の戦争観―戦後史のなか ―: 4 ダブル・スタンダードの成立と 「戦記もの」の登場―1950년代」, 『世界』 603, 1995년 1월 등을 참조. 뛰어난 선학에 감사한다.

9) 1950년대초 상황에 관해서는 앞서 게재한 高橋三郎 39쪽 이하, 長岡光郎 「戦記物の流行」, 『明窓』 3(2), 1952년 5월 등을 참조.

열풍이 찾아온 것은 우연이 아니었다.[10]

셋째, 이전 극동군사재판 등에서 전범 지정 혹은 공직 추방을 선고받았던 사람들 중 많은 수가 1950년대 말까지 요직에 복귀 했다는 점이 크게 작용했다. 도조 히데키 내각에서 상공대신을 지내고, A급전범 지정을 받았으나 그 후 석방되어 1957년 총리직에 취임한 기시 노부스케가 그 대표적인 존재이다. 기시 노부스케 이외에도, 같은 도조 내각에서 외상이라는 요직에 있었던 시게미쓰 마모루가 이미 1954년에, 역시나 공직 추방으로부터 정계로 복귀해서 총리에 취임한 하토야마 이치로 내각에서 외상이 되었고, 고노에 후미마로 내각과 도조 히데키 내각에서는 재무상(藏相)을 지냈으며, 극동군사재판에서 종신형을 선고받은 가야 오키노리조차 1958년에 국회의원에 당선, 1963년에는 이케다 하야토 내각의 법무대신에 취임하게 된다. 이러한 상황은 일본사회에 '이제 전후시대는 지났다'는 인식을 확산시켜, 사람들이 참혹한 전쟁을 '과거'로서 이야기하기 위한 사회적 환경이 만들어져 갔다.[11]

이러한 몇 가지 조건이 갖추어 지자, 당시 전시 경험에 대해 적나라하게 이야기할 수 있는 공적 공간이 출현했다. 이렇게 해서 1950년대 후반에 들어서면서 본격적인 '전쟁기록물' 열풍이 도래한 것이다. 이 시기에 쓰여진 '전쟁기록물'에는 몇 가지 특징이 있는데, 첫째, 대부분의 저작이 실제로 전쟁을 경험한 구 일본군의 기억을 기반으로 쓰여진 점이다. 그러므로 논픽션은 물론, 문예작품 등에서도 그들의 경험과 시점이 직접적으로 내용에 반영되었다. 둘째, 첫 번째 특징의 영향으로 거시적인 시점보다 미시적인 시점에 무게가 두어 졌다. 즉 왜 전쟁이 시작되었으며, 참혹한 결과를 불러왔는지와 같은 큰 역사적 시점이 아니라 개개의 병사가 전장에서 어떻게 싸웠으며, 고통을 겪었는지를 젊은이 자신의 시선으로부터 그리는 것에 주안점이 두어 졌다.

셋째, 제2차 세계대전이 끝난 후 10년에서 20년 정도 밖에 경과하지 않았

---

10) 이 점에 관해서는 졸저 『한일 역사인식 문제의 메커니즘』 김세덕 옮김, 제이앤씨 (2019) 참조.
11) 그 발로의 하나가, 이 시기 일본 각지에서 '패전 처리사'가 간행된 점일 것이다. 앞서 게재한 高橋三郎 87쪽.

던 시점의 '전쟁기록물'이기에, 전쟁 전부터 이어진 전쟁관의 잔재가 많이 발견된다. 특히 전형적으로 나타난 예가 어린이용 만화 및 영화로, 거기에는 '전함 야마토'나 '제로전'으로 상징되는 일본군의 '최신병기'에 대한 동경이나 군대의 '용맹함'이 솔직하게 쓰여 있으며, 군대적인 '남성성'의 중요성이 강조되는 경향이 있었다. 한편 전사자와 유족에 대한 배려 차원에서 전쟁의 참혹함에 관한 묘사가 생략되거나 단순하게 그려지는 일도 적지 않았다.[12]

넷째, 당시에 나온 대부분의 '전쟁기록물'은 제2차 세계대전에 관한 공통된 전쟁관을 가지고 있었다. 그것은 등장인물임과 동시에 글쓴이이기도 한 구일본의 군인들이 전쟁의 '가해자'가 아니라, '피해자'라는 전쟁관이다. 전쟁과 그것이 가져온 피해의 책임은 '무모한 전쟁을 벌인 무능하고 방만한 군의 상층부'에서 찾는 한편, 글쓴이를 중심으로 한 이야기의 등장인물들은 대부분 군 상층부에 의해 '무리하게 전쟁에 내몰린 가엾은 피해자'라는 도식이 깔려 있었다.[13]

우리는 이러한 특징을 살펴볼 때, 같은 시기에 나온 방대한 '전쟁 기록물'들이 언설의 관점에서 보면 크게, 그리고 명확하게 편향되어 있었음을 알 수 있다. 그러나 '전쟁 기록물'의 내용이 글쓴이 즉 군인들의 기술을 기초로 쓰여졌고, 주로 그 개인적인 경험을 이야기하는 것이었던 이상, 어느 정도는 피할 수 없었던 현상이라고도 할 수 있겠다.

그러나, 그렇다고 해서 이 '전쟁 기록물'에 쓰여진 전쟁에 관한 기술 내용도 볼 필요가 없다는 의미는 아니다. 왜냐하면 당시 '전쟁 기록물'은 이후 시대에서는 볼 수 없는 몇 가지 특징을 포함하기 때문이다. 첫째는 전장의 상황에 대한 상세한 기술이다. 앞서 이야기 한 대로 당시의 '전쟁 기록물'은 전쟁에

---

12) 앞서 게재한 高橋三郎.

13) '전쟁 기록물' 중에는 당시의 군 상층부에 의한 회고 등도 있어, 일반 병사들과는 다른 전쟁관이 나타나 있다. 그중 대부분은 청일전쟁과 제2차 세계대전에 대한 일본의 참전이 '경제적, 외교적으로 불가피한 숙명'이었다며 정당화하고 있는 한편 전쟁의 패배에 대해서는 압도적인 물량을 자랑하는 연합군의 힘 앞에 어쩔 수 없었다고 설명한다. 대표적인 작품으로는 辻政信 『ガダルカナル』 河出書房, 1967년.

실제로 참가한 개개인 군인의 시선에서 쓰여졌으며, 거기에는 정부 관계 사료 등에는 나오지 않는 미시적인 전장의 현실이 기록되어져 있다. 이는 제2차 세계대전에 관한 '이야기'가 70년대 이후부터 미시적인 전장의 현실 보다 거시적인 전쟁의 전개 및 그것이 가져온 영향에 초점을 맞추고 있는 것과는 확실히 대비된다.

둘째는 전쟁에 관한 언설이 오늘날과 같이 고정화되기 이전에 쓰여졌으므로, 잡다한 내용들을 보유하고 있다는 점이다. 이들 '전쟁 기록물'에서 나타난 언설은 좋게 이야기하면 순진하고, 나쁘게 이야기하면 개인적으로 무책임한 편향성을 보인다. 그리하여, 오늘날 쓰여 졌다면 자신의 경험이라고 쓰기 꺼려졌을 내용들조차 있는 그대로 쓰여 남아있다.[14)]

2. 전 일본군 군인이 이야기하는 위안부

그리고 이 '전쟁 기록물'들에는 곳곳마다 위안부가 등장한다. 당시는 일본에서도 한국과 마찬가지로, 제2차 세계대전의 전장에 '위안부가 존재했음'은 누구나 알고 있는 사실이었다. 이러한 '전쟁 기록물'에서 위안부는 어떻게 회자되고 있을까?[15)] 예를 들면 종전 당시 해군 중령이었던 시계무라 미노루는

---

14) 말할 필요도 없이 위안부 관련 '이야기'들이 그 전형적인 예이다. 1960년대 '전쟁 기록물'에서는 당연한 것으로 여겨진 위안부 관련 언급은 90년대에 들어서 위안부 문제가 한일 양국간의 중요한 외교문제가 되자, 전쟁 관련 회고에서 급속도로 모습을 감춘다.

15) 일본에서 발표된 전쟁기록물 중 위안부를 묘사한 작품은 수없이 많다. 주요 작품을 거론하자면, 다음과 같다. 藤野英夫『死の筏: ミチ—ナ激戰記』緑地社, 1956년, 村松喬『落日のマニラ』鱒書房, 1956년, 菊地政男『白い肌と黄色い隊長』文芸春秋新社, 1960년, 中村八朗『娼婦と銃弾』講談社, 1960년, 岡村俊彦『檣火: 第101師団繃帶所の記録』文献社, 1961년, 同『従軍看護婦悲録』文献社, 1968년, 守屋正『ラグナ湖の北: わたしの比島戦記』理論社, 1966년, 宮崎清隆『鎖と女と兵: 初년兵時代』宮川書房, 1967년 長尾和郎『関東軍軍隊日記: 一兵士の生と死と』経済往来社, 1968년, 伊藤桂『草の海: 戦旅断想』文化出版局, 1970년 등.

다음과 같이 쓰고 있다.

원래 기생(마담)이 진출한 것은 태평양 전쟁이 일어난 이후가 아니고 그 전부터
라, 만주는 물론이고 중국 대륙의 각지, 대개 소부대라도 주둔하는 읍내나 마을들,
그때말로 하자면 황위가 미치는 곳곳에 야마토나데시코(마담)의 모습이 보이지 않
는 땅이 없었다고 해도 과언이 아니다.16)

위와 같이 전 군인의 손으로 쓰여진 '전쟁 기록물'에서 보이는 위안부에 관
한 언설의 특징 중 하나는, 전장의 위안부에 묘사가 집중되어 있다는 점인데,
거꾸로 이야기하면 90년대 이후 한일 양국간의 논점인 위안부 동원 과정에
대한 기술은 많지 않다. 대부분의 기술내용이 군인들이 직접 목격한 전장의
위안부와 위안소 상황을 향해 있다.

단, '전쟁 기록물'에도 위안부의 동원과 출자에 대한 정보가 전혀 써 있지
않은 것은 아니다. 군인들 중에는 위안소의 설치와 위안부 이송 등에 관계한
사람도 있고, 또한 위안소에서 위안부들로부터 그들의 경우에 대해 이야기를
들은 사람도 적지 않았기 때문이다. 또한 위안부에 관한 언설에서 중요한 것
은 많은 '전쟁 기록물'이 위안부에는 한반도 출신자가 많았다고 기록하였으며,
또한 그녀들이 위안부가 되기까지 있었던 과정의 다양성을 기록하고 있다는
점이다. 앞서도 소개한 시게무라는 같은 글에서 다음과 같이 회고하고 있다.

이렇게 어딘가의 기지에 낭자군(娘子軍)의 진출이 정해지면, 내지의 군주둔지
와 군항에 있는 요정, 혹은 어용상인 등이 주선해서 필요한 인원을 모아오는 것이
보통이다. 내지 요리집을 그대로 이동시켜 놓은 경우도 있는 것 같고, 새롭게 모
집한 사람들도 있다.17)

---

16) 重村実「日本の戦場慰安婦: 特要員と言う名の部隊」, 『特集文芸春秋: 日本陸海
軍の総決算』 1955년 12월, 723쪽.
17) 앞서 게재한 重村実, 725쪽.

시게무라는 이렇게 '모집'해온 위안부들이 다양한 사연을 갖고 있었음을 알고 있었다. 그는 다음과 같이 설명한다.

> 크게 나누면 대개 두 종류로 나눌 수 있다. 닳고 닳은 형과 순정 형이다. (중략) 이러한 사람들은 어차피 닳고 닳았다는 이름에 걸맞은 사람들이지만, 원래는 남자에게 속았다거나, 남편이 돈을 다 탕진해서 오게 된 경우가 대부분이라 의외로 성격이 온화한 여자들이 많고, 게다가 예능에 능한 이들도 많다. 그러나 신체를 혹사하니 마약중독이 된 사람들도 적지 않았던 것 같다. (중략) 다른 한 종류인 순정형은 참 몇몇 종류가 있는 것 같다. 좋아하는 사람이 출정했으니 나도 왔다며 나무 그늘 아래 재회를 꿈꾸는 로맨스형, 순진한 마음으로 국책에 따른 사람, 또는 모집자의 감언이설에 속은 사람 등이다. (중략) 이러한 낭자군을 나는 앞서 야마토 나데시코(마담)라는 이름으로 불렀으나, 이런 여자들 중에는 '도라지꽃'과 '자스민 꽃'도 상당한 수가 섞여 있었다.
>
> 징용공이나 하사관 상대로는 오히려 반도 출신 여성들이 많았던 것 같다.[18]

이 문장에서도 확실히 알 수 있듯, 당시 군인들의 회고문에서 위안부들 중에는 한반도와 중국 대륙 출신이 많았으며, 일본인 위안부와 한중 출신 위안부는 대우, 와 상대하는 계급 등에 큰 차이가 있는 것이 당연한 사실로 기술되어 있다. 즉 일본인 위안부가 주로 장교－해군 중령이었던 시게무라는 이 부류에 해당한다－를 상대하는 존재로 묘사되고 있는 것에 비해, 한반도나 중국대륙 출신 위안부들은 하사관 이하 병사나 징용되어 온 노동들을 상대한 것으로 여겨지고 있다.

다음으로 주목할 것은 이들 회고에서 일본군 위안부나 위안소가 현지 성매매산업 관련 시설과는 확연히 다른 존재로 취급받았다는 점이다. 또한 위안부 파견과 위안소의 설치는 군의 일정한 의도가 있었다는 점도 반복적으로 이야기되어진다. 세 번째로 다시 시게무라의 글을 인용해보도록 하자.

---

18) 앞서 게재한 重村実, 727쪽.

하지만 누구나가 살벌한 정신 상태였기 때문에, 별것 아닌 말로도 바로 난투가 연출되거나, 또한 예비후비의 노병들은 여자 없이는 밤을 못 보낸다는 따위의 말을 하는 맹자(猛者)도 있고, 현지인과 문제를 일으키는 일도 있었다. 현지에 있는 거리의 매춘부와 잘 지내는 것도 좋겠지만, 마타하리 정도급의 여자가 없다는 건 그렇더라도, 군기상으로도 좋지 않은 점이 있고, 또 남방 현지인은 매독 등 굉장한 성병을 갖고 있는 경우도 있어서 위생관리상 좋지 않다. 따라서 알아서 하게 풀어놓는 것 보다 야마토나데시코군을 수입하는 편이 마음도 놓이고, 군기상도 풍기상도 위생상으로도 좋다는 결론이 난 것이다. 이러한 지역은 현지에서 요구가 없더라도 후방 사령부로부터 현지 사정을 고려하여 보내는 경우가 있다.

그래서 걔 중에는 기껏 생각해서 보내주었더니 현지 지휘관이 받아주지 않아서 헤맸다는 등의 예도 없지는 않았다.[19]

시게무라에 따르면 위안소에는 군에서 수배한 경우와 업자가 진출한 경우의 두 가지가 있는데, 전자가 전장 깊숙한 곳까지 배치되는 데에 비해, 후자는 후방의 대도시를 중심으로 영업을 했다고 한다.[20] 그러나 어느 쪽이든 간에 시게무라가 이야기한 '야마토나데시코군'은 '현지의 매춘부'와 명확하게 구별되어졌다. 이는 '야마토나데시코군'에 소속된 위안부들이 '군기상으로도 풍기상으로도 위생상으로도' 군에 의해 엄격히 통제되고 있었으므로 나온 이야기다.[21] 이 점에 대해 예를 들어 오카무라 도시히코는 각 부대가 '야마토나데시코대'를 방문하는 일정은 위안소 근처에 주둔하는 부대들 사이에서 주도적

---

19) 앞서 게재한 重村実, 30쪽.
20) 시게무라의 지적은 최근 발견된 사료로 뒷받침된다. 안병직 편 『일본군 위안소 관리인의 일기』(이숲, 2013년). 이 책에는 미얀마 전선에서 위안소에 대한 군의 통제가 엄격했던 것에 비해, 후방인 싱가폴에서는 업자가 자유롭게 영업을 하고 있었던 모습이 상세하게 기록되어 있다.
21) 위안부의 위생관리를 일본군 군의가 직접 맡고 있었던 점은 잘 알려져 있다. 1960년대 문헌으로는 앞서 게재한 守屋正. 그리고 이 점에 관해서는 1980년대 많은 저작이 출판되었다. 대표적으로 長沢健 『漢口慰安所』 図書出版社, 1983년, 山田清吉 『武漢兵站』 図書出版社, 1978년, 田中保善 『泣き虫軍医物語』 毎日新聞社, 1980년 등.

으로 조정되었으며, 각 부대는 위안소까지 '대열을 맞추어 용맹하게' 행진하며 이동했다고 회고하고 있다.[22]

세 번째로 주목할 것은 위와 같은 군의 관여에도 불구하고, 이들 '전쟁 기록물'에 쓰여진 위안소 상황이 반드시 다 똑같지는 않다는 점이다. 이는 앞선 시게무라의 회고에도 있었던 것처럼 위안부와 위안소의 수용, 그리고 이에 대한 군 측의 관여 형태가 대부분 현지 지휘관의 재량에 맡겨져 있었다는 점, 그리고 애초에 전장 배후의 보급지는 위안소 형태 자체가 상이했다는 점 등의 사정이 있었을 것이다.

여기서 이러한 '전쟁 기록물'에서 보이는 위안부 관련 언설은 글쓴이와 위안부의 관계 방식을 기준으로 크게 둘로 나눌 수 있다. 첫 번째 유형은, 어디까지나 이를 그들의 경험과 분리시켜 묘사한 것으로, 이 종류의 글에서 대부분 위안소는 '공동변소'와 마찬가지일 정도로 혐오스러운 시설로 그려지며, 그 비위생적인 면 등이 강조된다.[23] 또한 글쓴이는 위안부 이용을 거부하고 이를 몹시 싫어하는 존재로 그려진다.

이에 비해 두 번째 유형의 '이야기'에서는 위안소와 위안부가 글쓴이 자신과 개인적으로 밀접한 관계인 것으로 묘사된다. 이 종류의 글은 대부분 위안부를 글쓴이 자신을 포함한 병사들이 전장에서 유사연애를 하는 대상으로 묘사한다. 한 예로, 미야자키 기요타카는 『사슴과 여자와 병사』에서 젊은 조선인위안부와 중국인위안부를 자신의 '현지처'로 가둬 두려는 상관과 이에 반항하는 병사와 하사관들의 갈등을 극명하게 그려내고 있다.[24]

위안부들을 유사연애의 대상으로 보는 저작은 대개 위안부들을 위안소를 이용하는 병사들과 적대시하는 존재가 아니라, 오히려 전장의 경험과 상관의 횡포에서 오는 고난을 함께 나누고, 서로를 동정하는 존재로 그리고 있다. 앞서 언급한 바 있는, 많은 '전쟁기록물'의 저자들이 자신을 전쟁의 '가해자'가

---

22) 앞서 게재한 岡村俊彦 『樺火』 700쪽.
23) 예를 들면 앞서 게재한 長尾和郎.
24) 앞서 게재한 宮崎清隆.

아니라 '피해자'로 인식하고 있었다는 특징이 바로 여기에 여실하게 반영되어 있다. 그렇기 때문에 이들 언설의 위안부들에 관한 '이야기'도 또한, '일본군 내부의 가해자와 피해자의 대립'이라는 '큰 이야기' 속으로 회수되는 것이다.

흥미로운 것은 앞선 시게무라의 회고가 전형적으로 보여주듯, 같은 일본군 군인을 장교와 하사관 이하의 병사라는 두 계급으로 구분하고, 그중 위안부를 하사관 이하의 병사 측에 속하는 존재로 보는 이해는, 병사 측 뿐 아니라 때로는 장교 측에서도 보인다. 예를 들어, 해군장교이며 80년대에는 내각총리대신에까지 올랐던 나카소네 야스히로는 1978년에 "3천명으로 이루어진 대부대다. 원주민 여자들을 범하는 자나 노름에 빠지는 자도 있다. 그런 그들을 위해(강조점 필자) 나는 고심해서 위안소를 만들어준 면도 있다."라고 회고한 바 있다.[25]

그러나 이는 어디까지나 그들 일본인 군인들의 입장에서 본 위안부상에 지나지 않았다. 그렇다면, 이러한 70년대 전반 즈음까지 '전쟁 기록물'에서 보이는 언설은 보다 큰 일본 전체의 위안부에 관한 언설 속에서 어떠한 위치를 점하고 있을까? 다음에서는 이점에 관해 위안부 자신의 이야기, 혹은 '위안부로부터 맡겨진 이야기'를 참고로 하며 생각해보도록 하자.

3. '위안부의 증언'과 '위안부로부터 맡겨진 이야기'

전 위안부가 스스로 밝힌 위안부에 관한 '이야기'로 많이 알려져 있는 것은, 1991년 8월 14일, 김학순 할머니가 한국에 사는 전 위안부로서 처음으로 실명을 밝힌 후에 이어진 한국인위안부들의 증언이다. 주지하는 바와 같이 그녀들의 증언은 오늘날 각국에서 나온 위안부 언설을 지탱해주는 큰 기둥의 역할을

---

25) 中曽根康弘「二十三歳で三千人の総指揮官」, 松浦敬紀編 『終りなき海軍: 若い世代へ伝えたい残したい』 文化放送開発センタ―出版部, 1978년, 98쪽. 당시 나카소네는 이미 자민당 유력 파벌인 '나카소네파'의 주축으로 총리를 노리는 위치에 있었다. 그럼에도 불구하고 이러한 언설을 남겼다는 것 자체가 당시의 언설 상황을 여실히 드러내고 있다.

하고 있으며, 그와 동시에 때때로 내용 자체가 논의의 대상이 되기도 한다.[26]

사실 김학순 할머니의 등장 이전에도 전 위안부가 이야기하는 위안부 관련 언설이 존재했다. 제3장에서 자세히 논한 바와 같이 김학순 외 한국주재 전 위안부들이 등장하기 이전에 한국 밖에서 자신이 위안부였음을 밝힌, 혹은 익명으로 발언해 왔던 전 위안부들이 있었다.

위안부들이 조기부터 등장하여 증언을 시작한 지역 중에는 당연히 일본도 있었다. 전 위안부가 스스로를 밝히기 꺼려해 결과적으로 증언 시작이 90년대까지 늦춰진 한국 국내와는 달리, 일본에서는 조기부터 전 위안부 본인에 의한 증언, 혹은 마치 위안부 본인이 말하듯이 쓰여진 '위안부로부터 맡겨진 이야기'[27]라고 칭할 수 있을 언설이 존재하였다.

여기서는 이러한 언설 중 초기의 3개 사례[28]를 들어 분석해 보도록 하겠다.[29] 이는 도미타 구니히코 편 『전장 위안부 – 아지자카 미와코의 수기』(후지

---

26) 「慰安婦巡る河野談話, 強制裏付け資料なく: 元官房副長官が証言」, 『日本経済新聞』 2014년 2월 20일,
http://www.nikkei.com/article/DGXNASFS2002H_Q4A220C1PP8000(최종확인 2018년 5월 5일).

27) 본디 이른 시기 '위안부 증언' 중에는 과연 위안부 개인에 의해 실제로 이루어진 것인가가 확실치 않은 경우가 포함되어 있었다. 본론에서는 이들 언설에 대해 편의상 '위안부로부터 맡겨진 이야기'라고 표기하였다.

28) 본론에서는 다루고 있지 않으나. 1970년대 후반 이후 일본의 위안부 언설을 지탱한 증언으로는 배봉기 할머니의 증언이 중요하다. 山谷哲夫 『沖縄のハルモニ: 大日本売春史』(晩聲社, 1980년). 또한 川田文子 『皇軍慰安所の女たち』(筑摩書房, 1993년) 등. 당시 그녀는 사실상, 증언 가능한 유일한 한반도 출신 전 위안부였으며, 이후 언급하겠으나 센다가 위안부 문제를 식민지배의 문맥에서 연결시킨 이후, 일본에서 기본적인 이해의 틀을 만드는 역할을 하게 되었다. 이 점에 대해서는 吉方べき 「韓国における過去の『慰安婦』言説を探る(上): 1945年~70年代」, 『戦争責任研究』 85, 2015년 겨울도 참조.

29) 70년대까지 위안부 본인, 혹은 위안부 본인이 한 것으로 여겨지는 증언은 이 이외에도 존재한다. 예를 들어, 「特集 2: 撃沈された女子軍属たちが集団慰安婦に堕ちるまでの戦争体験」, 『週刊新潮』 1974년 8월 22일, 嶋田美子 「いまも続く"慰安婦戦友会"悲しみの秘録」, 大林清 「従軍慰安婦第一号順子の場合」, 모두 『現代』 1972년 4월. 그리고 大林가 기록한 「順子」의 사례는 위안소 자체는 상하이 사변으로 발생한 혼란의 영향으로 개설된 것이라는, 오카무라 야스지의 증언과 부

쇼보, 1953년), 근대전사연구회편 『여자의 전쟁기1 – 조선인위안부 김춘자 수기』(근대전사연구회, 1965년), 그리고 시로타 스즈코가 낸 두 권의 책 『사랑과 고기의 고백』(오토샤, 1962년)과 『마리아의 찬가』(일본기독교단출판국, 1971년)이다.

이 중 시로타 스즈코는 이름 자체는 가명이나, 미디어에서 다수 직접 취재가 이루어지는 등 그 실재가 확실한 인물이며, 증언 또한 그녀자신에 의한 것임이 확인된 경우이다.[30] 한편 아지자카와 김춘자의 '증언'은 증언자 본인의 존재가 확인된 바 없어, 그녀들의 '증언'이 어느 정도 당시 현실을 반영하고 있는지, 확인이 어려운 경우이다.

이 중 아지자카는 이 책에 그녀인 것으로 추정되는 사진이 게재되어 있고[31], 편자(編者)인 도미타 구니히코도 이 시기에 주로 논픽션 작품을 집필한 인물로 알려져 있다.[32] 따라서 최소한 모델이 된 인물의 존재를 가정하는 것은 불가능하지 않다. 그러나 동시에 그 '증언'의 상세함이 지나쳐 소설 같은 면이 있으므로, 창작적인 요소가 다분히 포함되어 있음도 확실하다.

한편, 김춘자에 대해서는 선행 연구 중에 이를 전 위안부의 실제 '증언'이라고 본 연구가 있다.[33] 그런데 이를 편집한 '근대전사연구회'에 대해서는, 필자

분적으로 부합하는 점도 흥미롭다. 稲葉正夫編 『戦場回想編』(明治百年史叢書 第99巻 岡村寧次大将資料, 原書房, 1970년, 302~303쪽. 단, 이 회상들도 많은 문학적 각색이 가해졌을 가능성이 높고, 얼만큼 위안부 개인의 회상을 충실하게 재현하였는지에 관해서는 의문의 여지도 있다.

30) 한 예로, 「従軍慰安婦(天声人語)」, 『朝日新聞』 1985년 8월 19일, 1986년 8월 16일. 또한, 1986년 아사히 신문 기사에서는 시로타가 실명으로 보도된 바 있다.

31) 앞서 게재한 富田邦彦, 5쪽. 단, 이 사진은 '어느 정도 수정'한 것이라고 명기되어 있다. 같은 책 10쪽.

32) 富田邦彦는 제2차 세계대전 후에 활약한 작가이자 번역가이며, 전쟁 관련 저작도 다수 남겼다. 『永遠に還らじ: 海鷲自爆行』 愛亜書房, 1942년, 『大轟沈: 軍事小説』 玉井清文堂, 1942년 등. 종전 후에는 아이들을 위한 저작 등과 함께 전시 여성에 관한 편저도 남겼다. 예를 들면, 『遺骨を抱いて: 未亡人の告白』 富士書房, 1953년이 있는데 이 책은 『戦場慰安婦』와 같은 해에 같은 출판사로부터 발간되었으므로, 한 시리즈로 이해할 수도 있을 것 같다.

33) 예를 들면, 広田和子 『証言記録従軍慰安婦・看護婦: 戦場に生きた女の慟哭』 新

의 좁은 식견으로 보기에는 이 책을 포함한 '여자의 전기' 시리즈 출판 이외에 활동의 실체가 확인되지 않는[34] 등 내용의 신빙성에 의문의 여지가 많다. 구체적인 내용을 보더라도, 김춘자가 함께 있었다고 '증언'한 부대가 당시의 부대기록 등에서 보이지 않는다.[35] 또한 확실히 '증언'의 범주에서 벗어난 소설적 표현이 다분히 포함되어져 있는 점도 문제로 지적해 볼 수 있겠다. 바꿔 말하면 이 2개의 저작은 가령 이 작품들이 어떤 '증언'에 의거한 작품이라 하더라도, 최소한 편자가 상당한 각색을 했음이 확실해 보이므로, '위안부 자신의 증언'으로서가 아니라, 어디까지나 그 저자와 편자에게 '위안부로부터 맡겨진 이야기'로서 보는 것이 적절할 것으로 보인다.

본 장에서 중요한 것은 이들 '증언'과 '위안부로부터 맡겨진 이야기'가 얼마만큼 위안부에 관한 역사적 사실을 정확하게 반영하고 있는지가 아니다. 여기서 논의하고자 하는 것은 이와 같은 비교적 빠른 시기의 일본군 위안부에 관한 언설에서, 위안부를 둘러싼 상황이 어떻게 기술되어져 있는 가이며, 그 기술에 있어 무엇이 중시되고 있는 지이다. 왜냐하면 이들 저작을 검토함으로써, 70년대에 센다 가코의 저작이 출판되어 위안부 관련 언설이 오늘날과 같은 형태로 고정화되어지기 이전의 일본에서 위안부를 둘러싼 상황이 어떻게 '이야기 되어 졌는지'를 알 수 있기 때문이다.

그러면 이들 저작에는 위안부와 관련해 어떤 언설들이 실려져 있을까? 여기서 먼저 눈을 끄는 것은 그녀들 전 위안부가 어떻게 동원되었는지에 대한 비교적 상세한 기술이 존재한다는 점이다. 이미 언급한 바와 같이 위안부 동원 과정은 '전쟁 기록물'에서는 결락되기 쉬운 부분이다. 이에 비해 이들 '증언'과 '위안부로부터 맡겨진 이야기'에서는 위안부 들이 전장에서 처해진 상황과 동등한 레벨의 중요성이 동원 과정에 주어진다.

人物往来者, 1975년 등.

34) 1980년대 이후 PHP연구소에서 서적을 간행한 동명의 단체가 존재하나, 활동기간의 단절이 있고, 활동 내용과 구성인원도 다르다.

35) 김춘자가 속해 있었다고 하는 '용산혼성여단'은, 좁은 식견이지만, 당시 편성에서 확인되지 않는다. 近現代史編纂会編 『陸軍師団総覧』 新人物往来社, 2000년.

한편, 이들 세개의 저작물에서 각각 그려진 위안부의 동원 과정이 꼭 유사하지 만은 않다. 아지자카의 '이야기'에서는 그녀가 고향에서 인간관계 때문에 힘들어 하다 우연히 국민복을 입고 '육군 군속'의 명함을 지닌 인물을 만나, 자신의 진정한 책무를 이해하지 못한 채로 그의 꾀임에 넘어가 전장에 도착한 뒤에야 자신이 위안부가 된 것을 알았다는 내용이 나온다. 즉 '속아서 연행되었다'는 '이야기'이다.[36]

또한, 한반도에서 태어난 것으로 추정되는 김춘자의 경우, 마을에 들어온 순사에 의해 갑자기 '여자애국봉사대'로 지명을 받아 끌려간다는 형태로 동원 가정이 그려진다.[37] 공통점은 궁핍한 생활 상황을 하던 중, '육군군속' 또는 '순사'와 같이 공권력을 내보이는 인물에 의해 직접적으로 속아서 동원된다는 점, 그리고 그 사실을 전장에 도착한 후에야 알게 된다는 줄거리이다.[38]

흥미로운 것은 실재하는 위안부라는 것이 확실한 시로타의 '증언'은 이 두 편의 '위안부로부터 맡겨진 이야기'와는 완전히 다르다는 사실이다.[39] 시로타의 '증언'에서도 그녀가 위안부가 되기 이전의 경제적 궁핍은 '이야기'를 구성하는 중요한 요소로 강조되지만, 그 궁핍한 생활로부터 위안부가 되는 과정은 '속아서'가 아니라, 스스로 어쩔 수 없이 선택한 결과로서 그려진다. 시로타는 자신이 빈곤해진 상황을 이야기한 후, 아버지에 의해 '게이샤에 팔려', 그리고 자신이 선택하여 어쩔 수 없이 '위안부'가 되었다고 회고하고 있다.

중요한 것은 시로타의 '증언'은 내지에서의 '게이샤' 시절 경험과 '위안부' 시절의 경계선이 명확하게 그려져 있지 않다는 점이다. '게이샤' 시절 빚에서 벗어나지 못했던 그녀는, 이윽고 향락가에서 '해군어용'의 간판이 걸린 토키와

---

36) 앞서 게재한 富田邦彦, 110쪽 이하. 잘 알려져 있듯, 이러한 '위안부가 될 것을 모르고 끌려가, 현지에서 비로서 그 현실에 직면한다'는 위안부 동원에 관한 '이야기'는 오늘날에도 빈번하게 보인다. 이러한 이해가 이미 일본 국내에서 1950년대에 유포되어 있었다는 점이 중요할 것이다.
37) 앞서 게재한 近代戰史研究会, 38쪽 이하.
38) 이 두 편의 '위안부로부터 맡겨진 이야기'에는 위안부와 밀접한 관계에 있었을 또 하나의 존재, 즉 위안소 경영자와 관리인은 거의 등장하지 않는다는 점이 흥미롭다.
39) 이하 내용은 城田すず子『愛と肉の告白』桜桃社, 1962년에 의거한다.

로(常盤樓)에서 '위안부'로서 '일하게' 되고, '특요대' 즉 위안부로서 남쪽 바다를 건넜다는 설명이 이어지는 이야기로 제시된다. 시로타의 '증언'에서 보는 한, 그녀가 '특요대'의 임무가 무엇인지 알고 있었다는 것은 전후의 경위를 볼 때 확실하며, 그러한 의미에서 볼 때 '속아서' 위안부가 되었다고 하는 아지자카나 김춘자의 '이야기'와는 자연히 성격이 다른 내용이라 하겠다.

다음으로, 이 세 사람의 '증언'과 '이야기' 속에서 위안부에 대한 군의 관여 방법이 어떻게 기술되어져 있는지를 살펴보자. 아지자카로부터 맡겨진 '이야기'에서는 고향 가고시마에서 위안부로 처음 파견된 'H섬', 그리고 그후 중국 대륙으로 이동하는 모든 과정에서 군은 그녀들의 이동을 직접 관리하는 존재로서 묘사된다. 위안소에서의 활동도 마찬가지인데, 이 '위안부로부터 맡겨진 이야기'는 위안소를 사실상 군시설로서 그리고 있음이 확실하다.

동원에서 이동, 나아가 현지 위안소 활동까지 모두 군 관리하에 있던 것으로 묘사된 것은 김춘자로부터 맡겨진 '이야기'의 경우에도 마찬가지이다. 김춘자의 '위안부로부터 맡겨진 이야기'에서는 한반도에서 위안부를 모집관리하는 일부터 철도를 이용한 수송, 그리고 도보로 이동하는 모든 과정에 걸쳐 '용산에서 편성된 특별혼성여단'이 위안부의 모든 것을 통제했다고 기술하고 있다.

그리고 위안부와 군의 관계에 대해서도 시로타의 '증언'은 아지자카나 김춘자와는 전혀 다른 '이야기'이다. 왜냐하면 시로타의 '증언'은 본토에서 전선으로 가는 이동과 위안부로서의 활동 전반에 대해, 군 자체에 대한 기술이 놀랄 정도로 적기 때문이다. 결과적으로 시로타가 그리고 있는 위안부의 이동과 현지 위안소 등의 상황은 극히 이해하기 힘든 구조이다. 이는 시로타가 처음 위안부로서 타이완과 남태평양―구체적으로는 사이판과 트럭섬(Chuck islands)―으로 건너간 것이 태평양전쟁 발발 이전이었기 때문에, 혹시 위안부에 대한 군의 관여가 아지자카나 김춘자의 '이야기'가 대상으로 삼고 있는 시기에 비해 조직화되어져 있지 않았었기 때문일 수 있다.

여기서는 시로타의 '증언'에서 보다 중요한 점을 지적하고자 한다. 그것은 애초에 시로타가 '증언'에서 자신의 반평생동안 가장 비참한 경험으로 기술하고 있는 것이 전장에서 위안부로서 겪은 일들이 아니라 오히려 전후 성노동자의 경험이라는 점이다.[40] 즉 시로타의 '증언'에서는 위안부 시절 경험이 꼭 '최악'이라고 여겨지는 것은 아니라는 말이다. 특히 그것이 여실히 드러나는 부분이 트럭섬에서 돌아온 그녀가 다시 남태평양으로 향하기까지의 기술이다. 그녀가 위안부로서 도항하기 위해서 당시 아카사카에 있던 남양청 출장소에 스스로 도항증명서를 받으러 간 점, 거기서 직원이 '막무가내로 그러지 마세요'[41]라고 말리는 등 증명서를 받기 힘들었던 점, 또한 결국 그 직원들의 제지를 뿌리치고 허가증을 얻은 그녀가 스스로 팔라우로 건너가는 경위가 나오는 부분이다.[42] 거기에 그려진 남태평양으로 다시 가려고 하는 그녀의 모습은 그 전후에 존재하는 본토에서의 비참한 생활상을 크게 부각시키는 효과를 가진다.

한편 이 세개의 저작물에는 공통되는 부분도 존재한다. 그중 하나는 셋 모두 연애적 요소가 강조되고 있다는 점이다. 아지자카의 경우는 배다른 형제와 나눈 비운의 사랑이 그녀가 위안부에 몸을 던진 원인 중 하나로 그려지고 있으며,[43] 위안부가 되고 나서도 일본군 병사와 함께 중국군 포로가 된 후 인민해방군 병사로부터 구혼을 받는 등 비참한 전장의 현실과 함께 다양한 연애 형태가 묘사된다. 살벌한 내용이 많은 김춘자의 '이야기' 중에서도 비교적 큰 부분을 차지하는 것이 위안부 친구와 일본인 병사—두 사람은 전장에서 도망가다 총살당한다—의 슬픈 사랑[44]이며, 또한 '이야기'의 마지막 부분에는 김춘자 자신이 위안소에서 군의 창구 역할을 하던 일본인 병사와 연애하는 내용도 있다.[45]

위안부 시절의 기술이 '연애'와 얽혀 묘사되는 것은 시로타의 '증언'도 마찬

---

40) 앞서 게재한 城田すず子 『愛と肉の告白』 86쪽 이하. 시로타는 자살 시도, 마약 경험 등에 대해 솔직히 기록하였다.
41) 앞서 게재한 城田すず子 『愛と肉の告白』 80쪽.
42) 앞서 게재한 城田すず子 『愛と肉の告白』 56~59쪽.
43) 앞서 게재한 富田邦彦, 79~110쪽.
44) 앞서 게재한 近代戰史硏究会, 222~232쪽.
45) 앞서 게재한 近代戰史硏究会, 241~243쪽.

가지이다. 시로타의 첫 작품 제목이 '사랑과 고기의 고백'이었던 것에 단적으로 나타나 있듯, 고난에 가득 찬 그녀의 인생은 '여자의 마음과 몸의 행복'[46]을 추구하고, 좌절해가는 과정이었던 것으로 생각된다. 그리고 아이러니 하게도, 위안부로서 남태평양 제도에서 보낸 시간은 불행했던 그녀의 반평생 중 그 '행복'이 조금이나마 채워졌던 시기로 묘사된다. '여자의 마음과 몸의 행복'이라는 표현에서 상징되듯이, 위안부들의 연애에 관한 기술이 적지 않은 성적인 묘사와 함께 그려진 점도 세 저작물에서 공통되는 특징이다. 후에 기술하겠으나, 이러한 성적인 묘사의 삽입은 이 시기의 위안부 '이야기'를 이후의 시대 작품과 명확하게 구분 짓는 특징이며, 또한 앞서 언급한 '전쟁 기록물'의 위안부 관련 묘사와 공통되는 점이기도 하다.[47]

또한 이 세 명의 주인공 중 아지자카와 시로타, 즉 일본인 위안부의 '증언', 혹은 '일본인 위안부로부터 맡겨진 이야기'에서 또 하나 특징적인 것은 조선인 위안부에 관한 기술이 거의 등장하지 않는 점이다.[48] 이 사실은 주로 남성의 시선으로 쓰여진 '전쟁 기록물' 속의 위안부에 관한 '이야기'에서 조선인

---

46) 앞서 게재한 城田すず子『愛と肉の告白』71쪽.
47) 그렇기 때문에 당시 위안부에 관한 언설에는 성적인 부분이 과도하게 강조된 글도 적지 않았다. 예를 들면, 「性戦で聖戦のイケニエ: 従軍慰安婦の記録」, 『週刊実話』 1971년 8월 23일, 小沢昭一・須川昭対談「兵隊一円将校三円だった心優しき『戦場の天使たち』」, 『週刊ポスト』 1975년 7월 4일, 藤出穂・上坪隆構成「テレビルポルタ＿ジュ 突撃一番: 回想の従軍慰安婦たち」, 『新日本文学』 358, 1977년 6월. 이 점에 관해서는, 丸山友岐子「男性ライタ＿の書いた『従軍慰安婦』を斬る」, 『女・エロス』 9, 1977년 7월도 참조하였다. 또한 위안부를 성적인 대상으로 보도하는 형태는 千田夏光『従軍慰安婦』가 베스트셀러가 된 후에도 얼마간 계속되었는데, 이는 센다 가코의 저작이 다음 해 영화화되었을 때, 일부 미디어가 이 영화에 대해 노출도가 높은 페이지 섹션을 구성하여 보도한 일에서 전형적으로 보인다. 예를 들면, 『週刊小説』 1974년 5월 24일. 그리고 『女体画報』 1961년 9월호.
48) 본디 시로타의 회고에도 팔라우 위안소의 카운터에서 일하던 당시 위안부는 '조선과 오키나와 사람들뿐'이었다는 기술은 존재하므로, 그녀도 위안부 중에 한반도 출신이 많았다는 점은 인식하고 있었던 것 같다. 단, 시로타의 회고에서는 이 점에 특별한 의미를 두고 있지 않다. 앞서 게재한 城田すず子『愛と肉の告白』 82쪽.

위안부의 존재가 상대적으로 클로즈업되는 것과는 현격한 차이이다. 또한 '조선인 위안부로부터 맡겨진 이야기'인 김춘자의 기술 중에, 그녀가 일본군의 승리를 바라는 것처럼 보이는 내용이 포함되어진 부분도 주목해 볼 수 있을 것이다. 이는 김춘자의 '위안부로부터 맡겨진 이야기'를 편집한 인물이, 그 후였다면 당연히 염두 하였을 일본인과 조선인의 대립이라는 도식에 비교적 무관심했음을 의미한다.

4. '성과 사랑의 드라마'

위안부들의 '증언', 그리고 '위안부들로부터 맡겨진 이야기'를 통해서 우리들은 무엇을 알 수 있을까? 이를 알아보는 방법은 먼저 위안부의 '증언'임이 확실한 시로타의 이야기를, 다분히 픽션성이 포함된 다른 두 개의 '이야기'와 비교해 보는 것이다. 많은 각색이 가해진 아지자카와 김춘자라는 두 사람의 '위안부로부터 맡겨진 이야기'는 확실히 현실적인 시로타의 '증언'보다 훨씬 단순한 구성으로 짜여 있는데, 이는—가령 모델이 된 증언이 존재한다고 해도 —이 '위안부들로부터 맡겨진 이야기'를 편집한 사람들이 그 시점에서 위안부와 관련해 있을 법한 다양한 '이야기' 중 당시의 독자들이 원하는, 그리고 쉽게 받아들일 수 있는 내용을 취사 선택하여 써넣은 결과일 것이다.

그러면 이 두 그룹의 저작물을 비교해 볼 때, 어떠한 차이점이 있을까? 먼저, 아지자카와 김춘자로부터 맡겨진 '이야기'에서 위안부 동원이—형태는 서로 다르나—그녀들의 의사에 반하여 이루어졌다는 점이 강조되고 있음에 주목해보자. 만일 이러한 동원 과정 관련 기술이 독자인 당시 일본인들이 기대한 바였다고 한다면, 이 시점에서 이미 위안부 동원은 기본적으로 당사자들의 의사에 반하여 조직적으로 '강제'된 것이라는 일정한 인식이 당시 일본인들 사이에서 공유되어져 있었고, 때문에 그들이 이를 예비지식 없이 받아들일 수 있는 상황이었음을 의미한다.

이는 시로타가 위안부가 되기까지의 과정에서 조직적인 '강제'를 찾아볼 수 없는 점－그녀의 경우에 위안부로 전락한 이유는 경제적 빈곤에 있었음이 명백하다－과는 대조적이다. 좀 더 이야기하자면, 이러한 위안부 동원의 조직적인 '강제'성에 대한 인식과 그에 대한 관심은 앞서 다루었던 '전쟁 기록물'에서도 마찬가지였으므로, '위안부로부터 맡겨진 이야기'와 '전쟁 기록물'속 대부분의 '이야기'에는 위안부 동원에 조직적인 '강제'성이 있었다는 인식이 공통 전제로 깔려 있었다고 봐야 할 것이다.

두 번째로 주목해야 할 것은 아지자카와 김춘자로부터 맡겨진 '이야기'가 전장의 위안부와 하사관 이하의 병사들이'똑같이 참혹한 상황에 놓인' 마찬가지의 상황이라는 전제로 쓰여 졌다는 점이다. 그렇기 때문에 아지자카와 김춘자의 '이야기'에서 전장의 연애 대상이 모두 현지에서 만난 하사관 이하 병사－아지자카의 경우는 더 나아가 자신을 해방시킨 인민해방군 병사도 포함된다－가 되는 것이다. 이러한 점은 시로타의 '증언'에서 전장의 연애와 성애의 대상이 병사들 뿐 아니라 위안소 경영자 등까지 널리 퍼져 있었던 것과는 좋은 대조를 이룬다.

아지자카와 김춘자의 '이야기' 구조가 위와 같이 된 것에는 아마도 이유가 있었을 것이다. 본디 그녀들의 '이야기'에 등장하는 인물은 위안부, 하사관 이하의 병사, 장교 등 세개의 그룹으로 구분되는데, 이 이외의 카테고리에 해당하는 인물은 등장하지 않는다. 그러므로 여성인 위안부와 전장에서 연애 및 성애를 하는 대상은 필연적으로 남성인 이 두 군인 그룹 중 하나로 한정된다. 그리고 군인이 '참혹한 상황에 놓인 하사관 이하의 병사들'과 '전장을 지배하는 오만하고 난폭한 장교들'로 나누어서 이해되는 이상, 위안부 자신들과 마찬가지로 '참혹한 상황에 놓인 하사관 이하의 병사들'은 가깝게 공감할 수 있는 존재이자 권력을 가진 후자의 지배에 괴로워하는 존재로 그려질 수밖에 없었다. 한편, 현실적으로는 위안부들이 전장에서 일상적으로 접했을 그룹의 사람들, 예를 들면 위안소 경영자 등－시로타의 기술에서는 그들도 때로는 연애와 성애의 대상이다－의 모습은 거의 완전하게 결락되어 있다.

이 두 편의 '위안부로부터 맡겨진 이야기'에서 보이는 가장 큰 특징은 이 저작들이 전 군인들에 의해 쓰여진 '전쟁 기록물'과 동등한 시점을 가지고 있으며, 그 시야 또한 군인들이 볼 수 있었던 범위에 한정되어져 있다는 점이다. 이는 이른 시기 일본의 위안부 관련 언설이 '전 군인의 시점'이라는 강한 편향점을 가지고 있다는 사실을 시사한다.

5. 문학작품으로 보는 위안부-다무라 다이지로의 저작을 중심으로[49]

제2차 세계대전의 종언으로부터 비교적 이른 시기에 일본에 나타난 위안부 관련 언설은 전 군인들의 시점에 매우 한정되어 있었으며, 때문에 위안부들에 대한 이해도 일정한 편향을 보이고 있다. 즉 위안부란 본인의 의지에 반하여 고향으로부터 전장으로 동원된 참혹한 상황 속에서, 자신들과 마찬가지로 장교들의 불합리적인 지배하에 놓인 하사관 이하의 병사들과 연민의 정을 나누는 존재라는 이해이다. 이는 즉 이 '전쟁 기록물'들을 집필한 하사관 이하의 인물들이 자신의 경우를 위안부와 겹쳐서 본 결과 생겨난 현상일 것이다.

사실 이러한 '이야기'는 전 군인들에 의한 '전쟁 기록물'이나 '위안부로부터 맡겨진 이야기'가 나오기 이전부터 존재했다. 전쟁 직후부터 일정시기까지 출판된 일련의 문학 작품에서 찾아볼 수 있는 위안부에 관한 '이야기'가 바로 그것이다.

이러한 문학작품 중에서도 가장 전형적이고도 종합적인 형태로 이 '이야기'를 보여준 것이 다무라 다이지로의 「춘부전」이다.[50] 종전 후 겨우 1년 9개월밖에 지나지 않은 1947년 5월에 발표된 이 작품의 주인공은 하루미라는 위안

---

49) 본 장에서는 이하의 저작을 참조로 하였다. 尾西康充『田村泰次郎の戦争文学: 中国山西省での従軍体験から』笠間書院, 2008년. 또한, 竹内栄美子「植民地支配とジェンダ一支配: 田村泰次郎『春婦伝』から見えてくるもの」, 『人権と教育』48, 2008년 5월, 天野知幸「戦場の性と記憶をめぐるポリティクス: 田村泰次郎『春婦伝』が伝えるもの」, 『昭和文学研究』55, 2007년 9월, 川崎賢子「GHQ占領期の出版と文学: 田村泰次郎『春婦伝』の周辺」, 『昭和文学研究』52, 2006년 3월, 등.

50) 田村泰次郎「春婦伝」, 同『春婦伝』東方社, 1966년.

부이다. '이 대륙과 토지가 이어진 어느 땅에서 태어나'[51]라고 설명하고 있으므로, 그녀는 분명 조선 출신인 것으로 설정되어 있다.

이 이야기는 처음부터 끝까지 하루미의 시점에서 진행되며, 그녀는 부대에 도착한 나리타라는 이름의 부관에게 애인이 될 것을 강요받는다. 하루미는 위안부들에 대해 '겨우 창부 주제에'[52]라고 노골적으로 하대하는 나리타에 대한 반항으로, 그의 휘하에서 전령 역할을 하는 미카미 상등병을 유혹하는데, 결국 미카미의 성실함에 감동해 사랑에 빠진다. 두 사람은 부관의 눈을 피해 밀회를 거듭하지만, 결국 그 모습을 순찰 장교에게 들켜, 미카미는 영창에 가게 된다. 또 그는 추가적인 징벌로 최전선에 보내지는데, 전장에서 부상을 입게 되고, 그를 구하러 온 하루미와 함께 팔로군(八路軍)의 수중에 떨어져 포로가 된다. 두 사람은 일본측으로 송환되지만 '살아서 포로가 되는 치욕을 당하지 말라'는 일본군의 전진훈 아래, 미카미는 군법회의에 회부된다. 궁지에 몰린 미카미는 자신의 결백을 증명하기 위해 하루미에게 거짓말을 하여 수류탄을 훔쳐오도록 한 뒤 자결을 하려한다. 하루미는 이를 저지하고자 하지만 실패하고, 두사람은 사실상 동반 자살을 하게 된다. 소설은 그 후 미카미의 죽음을 힐문하는 견습 사관의 연설과, 이 부대가 벌인 전투의 상대방이었던 팔로군을 구성하는 사람들이 사실은 그들과 같은 땅의 주민이었음을 시사하는 문장으로 맺음 한다. 여기에 강하게 암시된 것이 가까운 미래에 찾아올 이 부대의 운명이며, 또한 일본의 패전이기도 하다.

이「춘부전」의 묘사에서 특징적인 것은 이야기의 무대가 주인공인 위안부와 이를 둘러싼 하사관 이하의 병사, 그리고 이 둘을 억압하는 장교들이라는 세 종류의 세계로 구성된다는 점이다. 말할 필요도 없겠으나 이러한 묘사의 방법은 앞서 이야기한 '전쟁 기록물'과 '위안부로부터 맡겨진 이야기'와 마찬가지이다. 강조하고 싶은 것은 이 작품을 쓴 다무라가 중국전서에서 제2차 세계대전을 실제로 경험한 인물이므로, 전쟁 직후 그가 쓴 일련의 작품에는 전

---

51) 앞서 게재한 田村泰次郎「春婦伝」8쪽.
52) 앞서 게재한 田村泰次郎「春婦伝」24쪽.

장의 경험이 짙게 반영되어 있다는 사실이다.53) 다무라는 자신의 전장 경험을 바탕으로 한 픽션으로 위안부에 관한 글을 쓴 것이며, 여기는 다무라라는 '일개 병사의 시선'이 강하게 반영되어 있다.

다무라의 작품으로 대표되듯, 종전 직후 위안부를 둘러싼 '이야기'에는 돌아온 자들의 전장 경험이 크게 반영되어져 있다. 이는 어떤 의미에서는 당연한 일이다. 왜냐하면 그들은 자신들이 현지에서 보고 느낀 그대로 기술한 것뿐이기 때문이다.

다무라의 위안부에 관한 기술에서 또 하나 주목해야 할 것은 견고한 사회주의적인 세계관이 보이는 점이다. 「춘부전」속에서 이러한 세계관이 명확하게 나타난 곳은 전장에 오기 전 하루미가 톈진에서 성노동자로 일하던 시절, 그녀를 버린 한 무역회사 직원54)의 일본인 남자의 기질을 대표하는 난폭하고 자기중심적인' 모습이 후에 등장하는 부관 나리타와 겹쳐지는 형태로 기술되고 있다는 점이다. 즉 비즈니스계의 엘리트인 청년과 군대의 엘리트인 장교가 '같은 종류의 인간'으로 그려진 것인데, 이 점은 하루미와 미카미가 일본군을 적대시하는 팔로군 – 국민당군이 아닌 공산당군이라는 점이 중요하다 – 에게 잘 대접받는 장면과도 맞물려, 잔인한 전쟁을 수행하는데 매진하는 일본의 엘리트와는 대조적으로 적군에 속하는 하사관 이하의 병사와 위안부를 보호해 주고 해방시켜주려고 하는 '인민의 군대'의 도덕적 우월성이 부각되는 효과를 낳고 있다.

말할 것도 없이, 이 구조는 앞서 소개한 아지자카의 '위안부로부터 맡겨진 이야기'에서 최종적으로 아지자카가 인민해방군에 의해 구출되는 이야기와 같은 맥락이어서, 두 작품이 근사한 세계관을 갖고 있음을 시사하고 있다.

결국 다무라의 「춘부전」에서 등장하는 '이야기'의 세계는 크게 억압자와 피억압자의 두 집단으로 구성되어 있으며, 이 모순의 '해결자'로서 인민군이 등장하는 구조이다. 여기서 위안부는 여성이며, 성노동자이고, 또한 식민지 출

---

53) 이 점은 앞서 게재한 尾西康充에 자세히 나와 있다.
54) 앞서 게재한 田村泰次郎 「春婦伝」 9쪽.

신자이며, 경제적으로 빈곤하다는 의미에서 자본주의 사회의 모순을 중층적으로 나타내는 상징으로서 기능하고 있다.

위안부와 관련된 다무라의 '이야기' 구조는 같은 시기 그의 대표작인 「육체의 문」[55]을 읽으면 더욱 명확하게 보인다. 「육체의 문」에서 성노동자들의 조직을 이끄는 것은 대공습에서 엄마와 동생을 잃은 아사다 센이라는 성노동자이다. 그러나 「육체의 문」에 등장하는 센의 모습은 「춘부전」의 하루미와는 크게 다르다. 하루미가 그녀가 사랑한 미카미와 마찬가지로 전장에서 고립되고 이에 항거할 방도가 없는 '약한' 존재임에 비해, 센은 '법률도 세상 사람들이 이야기하는 도덕도 없는'[56] 패전 후의 폐허 속에서 동료들을 모아 조직하고, 살아남으려고 하는 '강한' 존재로서 설정되어져 있기 때문이다.

위와 같이 다무라가 이야기하는 위안부와 다른 여성의 대비는 중국인 여성 포로를 주인공으로 한 『육체의 악마 장위지에게 보낸다』[57]에서도 찾아볼 수 있다. 이 작품의 특징은 일본군에 대비되는 인민국의 모습이 보다 직접적인 표현으로 그려져 있다는 점이다. 주인공은 인민군 아래에서 근무한 경험을 가진 중국인 여성, 장쩌민으로, 그녀는 성애와 민족 사이에서 흔들리면서도 공산주의 사상을 유지하는 '강한' 존재로 그려진다.[58]

---

55) 田村泰次郎 「肉体の門」, 同 『肉体の悪魔・失われた男』 講談社文芸文庫, 2006년. 이 작품은 1947년 3월 발표이므로, 다무라는 「춘부전」과 거의 같은 시기에 이 작품을 쓴 것이 된다. 이 작품에 대해서는 天野知幸 「＜肉体＞の増殖, 欲望の門: 田村泰次郎 『肉体の門』の受容と消費」, 『日本近代文学』 75, 2006년 11월, 永栄啓伸 「田村泰次郎 『肉体の門』: 焼跡に立つ少女たち」, 『皇学館論叢』 40(1), 2007년 2월, 등도 참조.

56) 앞서 게재한 田村泰次郎 「肉体の門」 148쪽.

57) 田村泰次郎 「肉体の悪魔」, 同 『春婦伝』 東方社, 1966년. 이 작품은 1946년 9월 발표이다.

58) 다무라는 마찬가지로 '장쩌민'을 주인공으로 한 「檻」라는 작품도 있다. 흥미로운 점은 1947년 8월, 즉 「춘부전」으로부터 3개월 후에 발표된 이 작품에서는 같은 '장쩌민'이 성애를 위해 이데올로기를 버리는 인물로 그려진다. 다무라는 이를 그녀는 '사상이라고 하는 하나의 우리'로부터 '육체라고 하는 다른 우리'로 옮겨간 것에 지나지 않는다고 맺음하고 있다. 田村泰次郎 「檻」, 同 『春婦伝』 東方社, 1966년.

이러한 다무라의 '이야기'들이 나타내는 세계관은 명확하다. 즉 일본군 장교로 대표되는 엘리트가 그 외의 '약한'사람들을 억압하고, 이를 착취하는 기존의 사회구조가 존재하고, 그 한편에 이러한 사회구조를 타파하고자 하는 '강한'사람들이 존재한다. 전장의 '강한' 사람들의 대표는 중국의 인민해방군이지만, 이는 군국주의가 지배하는 전쟁 전 일본에서는 자국 사회 외부에 있는 존재였다. 그러나 군국주의가 '폭탄과 함께-그리고 그녀들의 집과 가족과 함께 날아가버리고 난'59)전후의 일본에서는 같은 역할을 '야수로 변해버린' 여성 자신들이 담당한다. 그렇기 때문에야 말로 「육체의 문」 속 센은 '정당한 대가를 받지 못하고 자신의 육체를 주는'60) 동료 성노동자에게 폭력 행사도 불사하는 용서 없는 존재로 그려지게 된다. 그리고 이러한 갈등 속에서 성애를 통해 낡은 사회질서-다무라의 다른 작품 제목을 빌리자면『우리』61)-에 갇혀버린 사람들과 거기에서 탈출하려 하지만 다시 새로이 등장한 지배원리인 자본주의라는 우리에 갇혀버린 사람들의 모습이, 출구가 없는 절망과 함께 찰나적으로 그려진다.

이렇게 살펴보면 「육체의 악마」의 장쩌민과 「육체의 문」의 센의 차이가 부각된다. 장쩌민이 '돌아온' 세계에는 인민해방군에 의한 해방이 있었던 데에 비해, 센이 사는 세계에는 아직 해방으로 가는 길이 보이지 않는다.

우리는 이로부터 다무라의 위안부에 관한 '이야기'에는 제2차 세계대전을 전후로하는 시기에 일본사회가 놓여있던 언설적인 상황이 선명하게 반영되어 있음을 알 수 있다. 「춘부전」의 하루미가 낡은 체제가 내포하고 있는 불합리함을 몸소 겪게 되는 존재라고 한다면, 「육체의 문」의 센은 낡은 체제가 붕괴되는 대신 주어진 무질서에 가까운 '자유'의 가혹함을 체험하는 존재이다. 다무라가 여기에서 '해결자'로서의 사회주의혁명의 그림자를 보았다고 한다면, 배경에는 종전 직후 일본이 품었던 소박한 사회주의에 대한 기대가 있었을 수도 있겠다.

---

59) 앞서 게재한 田村泰次郎 「肉体の門」 148쪽.
60) 앞서 게재한 田村泰次郎 「肉体の門」 149쪽.
61) 앞서 게재한 田村泰次郎 「檻」.

6. 조선인 위안부라는 존재

그럼 여기까지 밝힌 내용을 정리해보자. 먼저 '전쟁 기록물'과 '위안부로부터 맡겨진 이야기'에는 공통된 세계관이 존재했다. 여기서는 위안부를 둘러싼 세계는 장교를 중심으로한 '억압자'와 하사관 이하의 병사와 위안부로 구성된 '피억압자'로 구성되며, 후자를 구성하는 병사와 위안부 사이는 성애를 통해 '같은 종류의 인간'으로서 공감을 하는 구조이다. 이러한 위안부 관련 언설은 전장에서 실제로 위안부와 접한 전 군인들의 경험이 크게 영향을 미쳤으며, 그러므로 이러한 언설들은 제2차 세계대전 종전 직후부터 만들어졌다. 당연히도 거기에는 전 군인들의 시점이기 때문에 생긴 편향성이 존재했으며 위안소 관리인 등 병사들이 관심을 가지지 않은 사람들의 존재는 언설에서 지워졌다.

여기서 우리는 이러한 전 병사와 여성들에 관한 '이야기'에는 본래 그 다음 이야기가 존재하리라는 것을 알 수 있다. 다무라의 일련의 작품에도 전형적으로 나타나 있는 것이, 종전 직후의 사람들은 전장의 위안부에 관한 이야기와 전쟁으로 불탄 자리에 등장한 성노동자들로 이어지는 이야기를 하나로 이해하고 있는 관점이다. 예를 들면 다무라는 전장의 중국인 여성공작원의 갈등을 그린 「육체의 악마」의 말미를 패전 후 일본의 정경에 대한 묘사로 마무리하고 있다. 그가 마지막에 기록한 것은 '패전의 거리'에 출현한 '버러지 같은 여자들이 희롱하는 모습'과 전장에서 익힌 중국공산당 지구의 노래를 흥얼대는 전 병사의 모습이었다.

이렇게 위안부들로부터 전후 성노동자에 이르기까지를 하나의 '큰 이야기'로 이해하는 언설은 그 후 일정 기간 동안 일본 국내에서도 계속적으로 등장한다. 전형적인 예로는, 미군 상대 성노동자를 소재로 삼은 니이즈마 게이코의 '여체 모델'(도쿄라이프사, 1957년)을 들 수 있다. 이 작품에서는 패전 후에 '구 육군용 위안소'가 '연합군 진주군 장병을 위한 위안시설'로 바뀌는 연속성을 설명하는 동시에 이 위안시설 관리인의 무력함과 대조적으로, 비참한 상황

속에서도 씩씩하게 살아가는 여성들의 모습이 묘사된다. 여기에는 다무라가 그린 성노동자들과 마찬가지로 낡은 가치관이 부정되는 새로운 상황 속에서 우왕자왕하는 남성과는 대조적으로 새로운 시대를 씩씩하게 헤쳐 나가고자 하는 여성들의 모습이 그려져 있다.

앞서 언급한 바와 같이 제2차 세계대전이 끝난 후 일정 기간동안 위안부와 성노동자에 관한 언설은 돌아온 전 병사들의 시점으로 쓰여졌음으로 인해 발생하는 한계가 존재했다.[62] 첫째로, 그 '이야기'들에서는 하사관 이하의 병사와 위안부는 '함께 불합리한 지배 하에 놓인 피억압자'라는 시점으로, 위안부에 대한 강한 동정심이 보이는 한편, 결론적으로 병사 자신도 일본인이므로 그녀들을 위안부로 몰아간 '가해자'일지 모른다는 성찰 의식은 결락되어 있다.

둘째, 당시 언설에는 위안부를 둘러싼 문제를 일본의 식민지배 관계에서 돌아보는 거시적 시점이 결여되어 있었다. 많은 위안부들이 한반도에서 동원된 점, 그 동원이 어떤 의미에서는 그녀들의 '뜻에 반하는' 행위였다는 것 자체도 당연시되었는데, 그럼에도 불구하고 이 문제를 식민지배 문제와 연관 지어서 이해하고자 하는 움직임이 극히 드물었다. 당연한 일이었는지도 모르겠다. 당시 '이야기'에서 위안부는 전 병사들과 마찬가지로, 본인의 의지에 반하여 전장에 보내진 사람들의 위치에 있었으며, 그러므로 위안부와 병사들의 '공통점'이 강조되는 한편, '상이점'은 간과되기 쉬웠기 때문이다.

이러한 상황을 더욱 도와준 것이 패전 직후 일본사회에서 한반도 사람들이 차지한 독특한 위치였다. 다시 다무라의 작품을 예로 들자면, 「육체의 악마」에서 중국인 여성병사 장쩌민은 여성포로라는 곤란한 입장에 놓여있으면서도 일본에 굴복하려 하지 않는 '강한' 존재로서 그려진다. 그 배후에는 일본군과 싸워 이겨 전승국이 된 중국의 모습이 그려진다. 즉 장쩌민에게는 불합리한 침략과 지배를 행하는 일본의 나쁜 엘리트들을 타파하는 '강한' 중국을 상징하는 역할이 주어진 것이다.

그러나 「춘부전」의 하루미는 그렇지 않다. 두 작품의 명확한 차이는 장쩌

---

62) 앞서 게재한 丸山友岐子 참조.

민에게는 결국 승자가 되어 돌아갈 조국이 존재하는 한편, 하루미에게는 그러한 존재가 없다. 사실 「춘부전」이 쓰여진 1947년의 한반도에는 여전히 38선을 경계로 미소양국의 군사점령 하에서 남북한이 아직 국가로서 독립을 이루지 못한 상태였다. 그 후에 겨우 성립된 대한민국(한국)과 조선민주주의인민공화국(북한)이라는 두 개의 국가로 인해 한반도는 남북으로 분단되고 참혹한 한국전쟁으로 이어진다. 1965년 한일기본조약 성립 이전, 일본에는 북한은 물론 한국과의 국교도 존재하지 않았으며 대부분의 사람들에게 한반도는 여전히 혼란된 상황에 놓인 '가엾은 사람들'이 사는 땅으로 인식되어 있었다.

그렇기 때문에야 말로 「춘부전」의 하루미도 마지막에는 자신의 목숨을 잃는 것으로 끝나야 했다. 돌아갈 조국이 없는 이상, 하루미에게 구원받을 방도는 없었으며, 그녀를 둘러싼 이야기는 비극인 채로 끝날 수밖에 없었던 것이다. 같은 논리로, 전후 성노동자들에 관한 '이야기'에서는 전쟁 전 위안소 제도와의 연속성이 설명되는 한편, 왜 민족적 차이에 관한 내용이 깨끗하게 잘려 나가져 있는지도 설명이 된다. 패전과 그에 수반한 낡은 가치관의 상실로 혼란스러운 일본의 모습과, 그 안에서 현명하게 살아나가는 여성들의 현실에 관심이 향해져 있고, 반면, 식민지배로부터 해방되면서 일본사회에서의 위치가 불분명해진 한반도 사람들은 등장시키기가 곤란했던 것이다.

맺음말을 대신하여

이렇게 살펴보면, 센다 가코의 『종군위안부: 소리 없는 여인, 8만인의 고발』이 위안부 관련 언설 역사 속에서 얼마나 중요한 전환점이었는지를 이해하게 된다. 가장 중요한 점은 이 저작이 최초로 그때까지 하나로 묶여 생각되었던 전시 위안부와 전후 성노동자를 둘러싼 '이야기'에서 위안부 만을 분리하여 본격적으로 보여주었다는 점이다. 그 배경에는 국가부흥과 고도성장을 지나 '경제대국'을 이룬 70년대 일본의 모습이 있었다. 제2차 세계대전 종전 후 4반세기 이상이 지난 이 시기에, 불타버린 폐허의 빈곤과 혼란은 과거의 것이

되고, 성노동자를 둘러싼 문제는－여전히 그 자체는 존재한다 하나－사람들의 '일상'에 속하는 화제가 아니게 되었다. 다무라의 일련의 저작에서 보인 전시 위안부를 전후 성노동자와 겹쳐서 이해하는 '이야기'는 언제부턴가 설득력을 잃었고, 위안부에 관한 새로운 언설이 필요해지고 있었다.

그렇기 때문에 센다가 위안부를 둘러싼 문제를 식민지배의 문맥에서 다시 재인식하고자 한 것이 획기적인 시도였던 것이다. 계속해서 논해온 바와 같이 위안부가 전장에 있었다는 사실, 그녀들이 어떠한 형태로든 '본인의 의도에 반하여' 동원되어져 온 점, 대부분이 한반도 출신이라는 점은 실제로 전장을 경험한 전 군인들에 의해 전후에 몇 번이고 이야기되어져 왔다. 그러나 전쟁 직후에는 이들 요소에 특별한 의미가 주어지지 않았다. 김춘자로부터 '맡겨진 이야기'에서 보았듯이 그녀들 중 대부분이 한반도 출신이었다는 사실은 단순히 '한반도에서도 내지와 마찬가지로 불합리한 빈곤과 지배가 있었다'는 문맥으로 회수되었고, 내지와 식민지 사이의 상이점에는 큰 의미가 부여되지 않았다.

그러나 센다가 이 문제를 식민지배의 문맥 속에서 재조명함으로써 '장교로 대표되는 억압자와 병사·위안부로 대표되는 피억압자의 대립'이라는 도식의 이해가 성립되었다. 억압자와 피억압자의 경계선이 사회계층간에서 민족간으로 위치를 옮겨, 결과적으로 '일본인이기 때문에 지배자 측에 선 장교와 병사', '조선인이기 때문에 피지배자측에 선 조선인 위안부'라는 대립 도식으로 바뀌었기 때문이다.

새로운 대립도식에서는, 같은 위안부를 둘러싼 문제에서 위안부들의 민족성과 식민지배의 지나친 가혹성이 '재발견'되는 한편, 이 도식에 맞지 않는 사람들의 모습은 사라져버리게 된다. 그리고 그중 최고라 할 수 있을 것이 '일본인 위안부'라 할 수 있겠다.[63] '일본인이기 때문에 억압자측'에 서있는 동시에 '위안부로서 피억압자 측'에 서있는 그녀들의 존재는 새로운 대립도식 속에서 설 자리를 찾을 수가 없었으므로, 결과적으로 그 후 위안부 관련 언설이 극적으로 증가하였음에도 불구하고 그녀들의 존재는 오히려 논의의 저편으로

---

63) 이 점에 관해서는 앞서 게재한 木下直子의 연구에 상세히 나와 있다.

사라지게 된다.

좀 더 이야기하자면 이 옛 버전과 새 버전, 두 종류의 위안부 언설에 대한 도식에서 모두 자리를 잘 잡지 못하고 간과된 사람들도 있다. 바로 위안소의 경영자와 관리인들이다. 전 병사들의 경험에 의해 틀이 만들어진 70년대 이전의 언설에서, 그들은 지배층인 엘리트와는 너무나 먼 존재이면서 피억압자인 위안부를 지배한다는 모순적인 존재로 이해된다. 그들이 모순된 존재로서 다루어진 것은 70년대 이후에도 마찬가지였다. '한국인임에도 불구하고 일본군을 추종하고, 한국인 위안부를 억압한' 그들은 민족간 대립을 축으로 하는 새로운 위안부 관련 언설 속에서도 모순된 존재였으므로, 논의의 축 바깥으로 튕겨져 나가고 말았다.

중요한 점은 우리들이 위안부 문제를 이해하는 과정에서 여기까지 소개한 다양한 시기의 언설 구조에 강하게 영향을 받았으며, 그로 인해 그 안에서 실종된 사람들이 다수 존재한다는 사실이다. 기존의 언설을 넘어, 이 문제를 어떻게 논의해 갈 것인가? 70년대 이전 언설의 문제를 참고로, 오늘날의 언설을 고찰해 보는 것도 중요할 것이다.

제6장

위안부 언설의 전환점
– 센다 가코 『종군위안부』를 중심으로

들어가며

여기까지 1990년대 위안부 문제가 외교상 쟁점이 되기 이전의 일본, 한국, 그리고 영어권 미디어에서 이 문제에 관한 언설이 어떻게 전개되어 왔는지에 대해 이야기해 왔다. 그리고 다음과 같은 점들이 밝혀졌다.

첫째, 위안부 문제를 둘러싼 언설 그 자체는 문제가 한일 양국간 분쟁으로 발전하기 훨씬 이전부터 존재해왔다. 그 언설은 한국보다도 일본에서 활발하여, 이 시기 일본인은 일상적으로 위안부에 대한 이야기를 접한다고 할 수 있을 정도였다. 위안부에 대한 언설은 한국에서도 제2차 세계대전 후 이른 단계부터 존재했으나 그 양은 일본에 비해 압도적으로 적었다.

둘째, 한일 양국의 언설에 공통된 점을 들자면, 대부분 위안부 문제 그 자체는 중심적인 테마가 아니라, 제2차 세계대전과 청일전쟁 그리고 식민지배라는 시대의 '큰 그림'을 그릴 때 '배경'이 된다는 점이다. 위안부 문제가 외교적 쟁점이 되어, 여타로부터 독립된 독자적인 중요성을 가진 문제로서 취급되게 된 이후와 비교해 보면, 당시의 상황은 현저하게 다르다.

셋째, 한일 양국의 상황에는 큰 차이가 있었다. 일본의 특징은 당초에는 위안부가 전후 혼란기에 출현한 성노동자와의 연속성 상에서 논의되었다는 점이다. 위안부를 단순한 과거의 일로서가 아니라 '현재(당시)' 상황과 연결시키는 언설은 한국에서는 한정적이었다. 그 무렵 한국에서 위안부 문제는 제2차 세계대전과 재판소와의 연결고리속에서만 논의되었으며 해방 후 한국사회의 상황과 관련 지어 논의되는 일은 거의 없었다. 한국에서 위안부 문제를 어떤 시점의 '현재'의 문제로서 성노동자나 여성이 놓인 상황과 관련 지어 논의하게 된 것은 1980년대 말 여성운동가들이 이 문제를 적극적으로 거론하게 된 후 부터이다.[1]

사실 이 점은 중요한 문제를 제기하고 있다. 이 상황 자체가 위안부 문제를 둘러싼 언설이 제2차 세계대전 종결부터 90년대 초까지 중 어딘가의 단계에서 크게 수정되었다는 증좌이다.

넷째, 영어권 미디어를 무대로 한 위안부 언설의 형태는 한일 양국 중 어느 쪽과도 같지 않았다. 본디 이 문제가 외교 쟁점이 되기 이전, 영어권 미디어의 위안부 관련 언설은 거의 존재하지 않았다고 해도 될 정도였다. 예외적으로 존재한 언설도 대부분은 일본인이 해외 사람들을 향해 호소하는 글이었으며, 영어권 미디어 혹은 그 미디어가 본거지를 둔 다른 외국에서 자발적으로 만들어진 언설은 거의 존재하지 않았다. 즉, 영어권 미디어나 그 미디어가 발행되는 다른 외국에서는 90년대초까지(즉 문제가 외교 쟁점이 되기까지) 위안부 문제에 대해 고유의 언설이 거의 존재하지 않았으므로, 한일 양국에서 있었던 현상 즉, 기존의 언설이 새로운 언설로 치환되는 현상은 애초에 일어날 수 없었다. 영어권 미디어 상에서는 외교상의 쟁점으로 큰 주목을 받는 단계가 되어서야 비로서 위안부 문제를 둘러싼 언설이 형성되었다. 이때 주로 참조된

---

1) 이 점에 관해서는 『한일 역사인식 문제의 메커니즘』 김세덕 옮김, 제이앤씨(2019) 참조.

것이 당시 일본 정부를 상대로 소송 중이었던 한국 원고단의 주장이었으며, 때문에 오늘날에 이르기까지 영어권 미디어의 위안부 문제 관련 언설은 당시의 상황을 짙게 반영하고 있다고 하겠다.

그렇다면 여기서 위안부와 관련된 한일 양국의 언설은 왜 90년대 초가 되면, 제2차 세계대전이 끝난 직후의 시기와 다른 형태로 바뀐 것일까 하는 의문이 중요해진다. 여기서 주의해야 할 점이 하나 있다. 어느 한 언설이 지배적인 위치를 차지하게 되는 일이 곧 그 언설이 그 단계에 생겨났음을 의미하지는 않는다는 것이다. 한일 양국에서도 위안부 문제에 대한 관심이 본격적으로 고조된 것은 1990년대 초였으나, 이 시점에 통용된 언설이 이 때 생겨났다는 의미는 아니다. 왜냐하면 일정한 언설이 생겨 나서부터 그것이 지배적인 위치를 차지하게 되기까지는 통상 시간차가 존재하기 때문이다.

보다 정확히 말하자면, 다음과 같다. 90년대 초, 위안부 문제가 외교문제로 확대되었을 때, 한일 양국의 위안부 관련 언설 상황은 앞서 소개한 제2차 세계대전의 종결 후 일정 기간 동안과는 전혀 다른 국면을 맞이하고 있었다. 이 때 이미 위안부 문제는 제2차 세계대전과 청일전쟁, 그리고 식민지배를 묘사할 때 쓰이는 단순한 '배경'이 아니라, 전쟁과 식민지배라는 '과거'와 성노동자와 여성의 지위를 둘러싼 '현재'의 문제를 이어주는 극히 중요한 '독립된 문제'로서의 지위가 주어졌던 것이다.

앞서 거듭하여 언급한 바와 같이, 이러한 언설의 전환에 결정적인 역할을 한 것이 센다 가코의 『종군위안: 소리 없는 여인, 8만인의 고발』(이하, 『종군위안부』로 표기) (후타바샤, 1973년)였다. 이 책은 위안부 문제가 외교상 이슈로 부상하기 이전에도 이를 '독립적 문제'로서 바라보고, 적극적으로 다루었을 뿐 아니라, 일본에 의한 전쟁 및 식민지배와 관련된 '과거'의 문제임과 동시에, 성노동자와 여성을 둘러싼 '현재'를 관통하는 문제로서 적극적인 위치부여를 한 획기적인 저작이었다.

이 책의 중요성은 단순히 그 내용이 획기적이었던 점에만 있는 것이 아니라, 사람들에게 많이 읽혔다는 점에도 있다. 이 책은 1970년대 전반에 일본에서 베스트셀러가 되었으며, 얼마 지나지 않아 한국어로도 번역되었다.

즉 위안부 문제의 언설과 위치부여에 관한 중요한 '내용'을 담고 있을 뿐 아니라, 실제로 한일 양국 사람들에게 '읽혀짐'으로써 양국의 언설 변화에도 큰 영향을 주었던 것이다.

본 장에서는 주로 센다 가코의 입장에서 『종군위안부』의 집필 과정을 훑어 가며, 위안부 문제를 둘러싼 언설의 전개에 대해 생각해보고자 한다. 논의의 순서는 아래와 같다.

먼저 센다 가코의 경력을 개관해 보자. 이는 개인적 경력과 역사적 배경이 그의 저작과 역사관에 어떻게 반영되었는지를 밝히기 위해서이다. 다음으로 『종군위안부』보다 앞서 발표한 센다의 저작을 분석하여, 이 문제를 다루기 이전의 사상적 경향을 알아본다. 이 과정을 통해 센다가 왜 위안부 문제에 주목하게 되었는지 그 배경을 엿볼 수 있을 것이다. 계속해서, 센다의 초기 위안부 관련 저작, 특히 『종군위안부』와 그 전후에 쓰여진 저작의 성립과정을 분석하고 그의 위안부 문제에 대한 직접적인 관심이 어떻게 형성되었는지를 밝힌다. 그리고 마지막으로 센다의 이해가 이후 위안부 문제를 둘러싼 언설에 어떠한 영향을 미쳤는지에 대해 간단히 돌아본 후, 위안부 언설의 전개과정부터 역사인식문제의 발전과정에 관한 이론적 시사에 대해 다시금 고찰해 볼 것이다.

그러면 이제 본론으로 들어가보자.

1. 식민지 아이

센다 가코는 1924년 당시 일본의 조차지였던 랴오닝성 다롄에서 태어났다. '가코'는 필명이며, 본명은 '사다하루(貞晴)'이다. 사다하루의 사다에 해당하는 한자 정(貞)은 센다 가에 대대로 전해 내려오는 돌림자이다. (이하, 오해가 없도록 그의 이름은 '가코'로 표기한다) 가코의 증조부는 사쓰마 번의 번사를 지내고, 제국의회의 양원제 의회에서 귀족원 의원, 그 후 히로시마현 지사 등을 역임한 센다 사다아키[2]이므로, 센다는 메이지 유신으로 이름을 날린 메이지 시대

명가 출신이라 할 수 있겠다. 센다 사다아키는 히로시마에 우지나항을 개착한 업적을 기리기 위해 종묘3)가 세워져 지금도 존재한다. 그의 업적은 관련 기록에서 비교적 쉽게 찾아볼 수 있다.

센다의 가계에서 중요하게 볼 점은 사다아키의 존재 이외에도 몇 가지 있다. 하나는 이 센다 사다아키의 자식 중 대부분이 고급 장교가 되었다는 점이다. 그중 사다아키의 후계자라 할 센다 가헤이는 육군사관학교를 거쳐 육군에 입대한 후 소령까지 승진, 퇴역 후에는 아버지와 마찬가지로 귀족원 의원 등을 지냈으며 1943년에 별세했다.4) 그러나 군인으로서 보다 화려한 경력을 밟은 것은 가헤이의 형제들이었다. 그중 센다 사다토시는 해군병학교를 거쳐 해군에 입대, 여명기의 해군항공대를 지탱한 인물로 알려져 있다. 또 한 사람의 형제인 센다 사다스에도 육군사관학교를 거쳐 육군장교가 되었으며, '보병 전문가'로 알려진 인물이다.5)

다음으로 중요하게 생각되는 것은 군인으로서 영달을 이룬 조부세대의 경력이 제2차 세계대전이 일어나면서 좋지 않은 방향으로 흘러갔다는 점이다. 즉, 태평양전쟁 개전 이후 제14연합항공전대와 제28근거지대의 사령관을 역임한 사다토시는 1944년 파푸아뉴기니의 비악(Biak)섬 전투에서 전사한다.6) 센다이육군유년학교장 등을 역임한 사다스에도 오가사와라병단 제109사단 혼성 제2여단장으로 파견된 이오지마에서 전사한다.7)

---

2) 센다 사다아키(千田貞暁)에 대해서는 「維新の仲間たちへの思いが生んだ求心力 千田貞暁」, http://www.umeshunkyo.or.jp/108/kaitakusya/248/data.html(최종확인 2018년 5월 5일)에 자세히 나와 있다. 또한 「千田貞暁」https://kotobank.jp/(최종확인 2018년 5월 5일)도 참조.

3) 종묘에 대해서는 「宇品歴史探訪: 千田廟公園と千田貞暁」, https://blogs.yahoo.co.jp/hirolin_m7/60442007.html 등을 참조했다(최종확인 2018년 5월 5일).

4) 霞会館華族家系大成編輯委員会編 『平成新修旧華族家系大成』 上(霞会館, 1996년), 791쪽.

5) 相馬裁 『太平洋戦争の現場がわかる本』(チェリ―ハウス, 2005년), 143쪽 등.

6) 그의 죽음은 아시아역사자료센터 소장 「復員庁第二復員局辞令公報 甲 第26号」(昭和 21年 7月 16日)에서 확인할 수 있다.

센다가 자신의 가계에 대해 이야기하는 경우가 극히 드물었고[8], 특히 군인이었던 조부세대에 대해서는, 필자의 좁은 식견으로는, 한 줄의 기록도 남기지 않았다. 여하튼 중요한 것은 이러한 가계에서 자랐다는 점이 센다의 세계관에 준 영향일 것이다.

특이한 가계와 함께 그의 세계관에 큰 영향을 준 것으로 생각되는 점은 그가 식민지였던 다롄에서 태어나 자랐다는 점이다. 이 점에 대해 센다는 후에 아사히신문과 그의 생애를 돌아본 인터뷰에서 자신을 '차별을 눈치채지 못한 '식민지' 아이'였다고 표현하고 있다.[9] 그리고 인터뷰 속에서 그는 그러한 자신을 상징하는 유소년기의 두 가지 추억에 대해 언급했다. 하나는 다롄제일중학교 시절의 추억으로, 다음과 같은 이야기이다.

중학생이었던 센다는 일본인에게 제공되는 쌀이 중국인인 동급생에게는 배급되지 않음을 알게 되었다. 이를 딱하게 생각한 센다는 그 동급생의 집에 쌀을 들고 갔는데, 감사하다는 말을 되풀이하는 친구 어머니의 뒤에서 그의 동급생이 그를 '번쩍이는 눈'으로 노려보고 있었다. 그리고 그는 이 후 학교에 오지 않았다. 센다는 거기서 이야기를 맺음하고 있다.

그리고 이 이야기는 같은 인터뷰에서 그보다 좀 더 어린 시기에 겪은 센다의 또 하나의 추억과 오버랩된다. 이야기는 만주 사변 즈음까지 거슬러 올라간다. 다롄에 있던 센다의 집 주위에는 가난한 중국인 아이들이 많이 살고 있어서 센다의 어머니는 가정부를 통해 때때로 아이들에게 끼니를 제공해 주었다. 그리고 어느 날 센다는 가정부 대신 아이들에게 식사를 날라주는 역할을 한다고 나섰다. 아이 나름대로 뭔가 '좋은 일'을 하려고 했던 것이다. 센다는

---

7) 센다가 가계에 관련된 정보는 일부 위키피디아를 참고하였다.
   https://ja.wikipedia.org/(최종확인 2018년 5월 5일)
8) 琴秉洞「故千田夏光氏を悼む: 得がたい朝鮮の真の友」,『朝鮮新報』2001년 1월 22일, http://korea-np.co.jp/sinboj2001/1/0122/51.html(최종확인 2018년 5월 5일).
9)「千田夏光・作家 差別に気付かぬ"植民地の子"(自分と出会う)」,『朝日新聞』(1999년 6월 22일).

식사를 받은 아이들에게 감사의 말을 듣고 만족스럽게 집으로 돌아왔지만, 그를 기다리고 있던 것은 '좋은 일을 했다고 생각하니'라는 가족의 냉담한 반응이었다. 그리고 이야기는 그렇게 끝이 난다. 유복한 그들의 가정과 이를 적의에 찬 눈길로 바라보는 식민지의 아이들. 그 강렬한 대조 속에서 그가 자라왔음을 나타내는 일화이다.[10]

이렇듯 센다는 다롄에서의 기억을 씁쓸하게 회상하였으나, 그렇다고해서 유소년 시절 그가 자신의 상황이 모순되었다고 생각했냐 하면 그런 것은 아니다. 센다 자신도 이 '식민지인'[11]으로서의 생활에 완전히 흡수되어 자라왔기 때문이다. 센다의 아버지는 남만주철도주식회사(만철)의 토목기사로서 다롄에 건너간 인물이며, 일가는 그 수입으로 풍족한 생활을 할 수 있었다. 집에는 중국인 가정부와 요리사가 있었고 센다의 세 누이는 러시아인 선생에게 피아노를 배웠으니, 그 생활상은 상상이 간다. 아버지는 만주사변 이후 만철을 그만두고 부동산업을 시작하였는데, 가계는 더욱 풍요로워졌다. 후에 센다는 당시 변화에 대해 이야기하면서, 어머니는 비싼 모피를 목에 두르게 되고, 누이들이 사용하던 피아노는 독일제로 바뀌었다고 쓰고 있다. 즉 센다는 만주사변으로 확대되어간 전쟁이 자신의 이익과 직결되는 환경에서 자랐으며, 그 혜택을 충분히 누리며 성장했다고 할 수 있다. 집에는 일본군 군인과 관동군 관계자가 들락날락했으며, 센다는 유소년기에 그들에게 만주사변부터 청일전쟁에 대한 다양한 이야기를 들었다고 회고하고 있다.[12]

여기서 주의해야 할 것은 '만주에서 태어나 자랐다'고 해서, 그가 '전쟁과 그에 부수된 고난을 직접 경험한' 것은 아니라는 점이다. 예를 들면, 다른 만주

---

10) 센다는 같은 이야기를 자산의 저서에도 쓴 바 있으므로, 그에게는 인상 깊은 일화였음에 틀림없다. 千田夏光 『植民地少年ノート』(日中出版, 1980년) 15~19쪽. 단, 이야기 내용과 년도에는 다소 차이가 있었다.

11) 센다는 식민지 일본인들을 특유의 멘탈리티를 가진 자라는 뜻으로 '식민지인', 거기서 태어나 자란 소년들을 '식민지 소년'이라 불렀다. 千田夏光 『植民地少年ノート』, 210쪽.

12) 千田夏光 『植民地少年ノート』. 明珍美紀「[悼] ノンフィクション作家・千田夏光さん」, 『毎日新聞』 2001년 1월 20일.

이민자나 당시 관동주에서 자란 사람들과는 달리, 센다는 대륙으로부터의 '귀환'을 경험하지 않았다. 다롄제일중학교를 졸업한 그는 고향을 떠나 내지 일본대학으로 진학하였으며, 대학 재학 중 1944년에 학도동원 되어 배속지인 가고시마현에서 종전을 맞았다. 따라서 그는 소련군에 점령당해, 짓밟힌 '식민지' 다롄의 모습을 보지 못했다. 그가 알고 있는 다롄은 지배자로서 풍족한 삶을 누리는 일본인이 피지배자인 가난한 중국인 위에 군림하고, 그 추악함을 덮어 감추기 위해 아름다운 '아카시아 가로수'로 꾸민, 전시에도 평온함을 유지하는 '식민지 도시'였다.[13]

센다는 패전 직전의 상황에 대해 '천황을 위해 죽을 각오로 본토결전에 대비'하고 있었다고 회상하며, 갑작스레 찾아온 패전을 '온 땅이 흔들리는' 느낌으로 맞았다고 이야기하고 있으므로,[14] 이 무렵 그는 여전히 충실한 '식민지 아이'였다고 보아도 될 것이다. 그러나 패전은 그 후 그에게 '온 땅이 흔들리는' 것 이상으로 환경의 격변을 가져오게 된다. 다롄에 남은 센다의 가족들이 쳐들어온 소련군에 의해 말그대로 '모든 것'을 잃었기 때문이다. 센다는, 아버지는 '패전 직후 '다롄'에서 돌아가셨으며, 어머니와 누이들이 귀국한 것은 3년 후'[15]였다고 회고하였는데, 긴 시간 동안 가족들과 연락조차 닿지 않았다고 한다. 그러나 센다와 가족의 곤경은 모두가 일본에 돌아온 뒤에도 끝나지 않았다. 이는 귀국한 가족들이 '소련병의 침공을 받아 남들에게 가벼이 이야기할 수 없는 고통을 당해 거지꼴 그 자체'였기 때문이다.

패전에 의해 센다는 풍족한 가족의 지원을 잃고, 혼란스러운 패전 후의 일본사회에 갑작스레 내던져졌다. 그 가혹한 전후를 센다는 어떻게 살았으며, 어떻게 '위안부 문제'에 당도하게 되었을까? 다음에서 이 점에 대해 살펴보자.

---

13) 그렇다고 해서 센다가 다롄에 사는 중국인들의 생활에 대해 전혀 몰랐던 것은 아니다. 예를 들면, 그는 유소년기에 다롄에서 일하는 중국인 노동자 수용시설을 본 경험을 쓴 적이 있다.
14) 明珍美紀「[悼] ノンフィクション作家・千田夏光さん」.
15) 千田夏光『植民地少年ノート』72쪽.

2. 소실되어 가는 아름다움

돌아온 센다는 일단 학업으로 복귀하나, 결국 1947년 일본대학을 중퇴한다. 이 시기는 마침 센다의 가족이 다롄으로부터 돌아온 무렵이었는데, 대들보였던 아버지를 잃고 여자들만 '거지꼴'로 귀국한 가족을 자신이 부양해야한다는 부담이 그를 무겁게 짓눌렀던 것 같다. 전재산과 아버지를 잃고 어머니와 세명의 누이를 부양하게 된 그는 아르바이트를 하면서 어떻게든 끼니를 연명하다가, 1950년부터는 마이니치신문사에서 일하게 된다. 마이니치 신문과의 관계에 대해 센다는 후에 그의 책에서 '사회부에서 활약'했다고 기록하고 있으나, 이는 그가 사회부 정식 일원으로서 근무했다는 의미는 아니었던 것 같다. 함께 일했던 마이니치신문 관계자에 따르면, 당시 센다는 정식 사원자격은 아니었고, '문구류를 구매하는 사회부 경비 담당'으로 고용된 임시직이었다고 한다.[16] 즉 마이니치신문사와 센다 사이에 회사와 사원의 고용관계는 없었으며, 그는 그저 그날 그날의 근무에 따라 급여를 지불 받는 존재였다.

'문구류를 구매하는 사회부 경비 담당'으로 고용된 센다는 이른바 그림자와같은 존재였고, 그러므로 마이니치 신문에 그에 관한 기록은 하나도 남아있지 않다. 당연히 서명기사도 존재하지 않으며, 당시의 그가 구체적으로 어떠한 기사를 썼고, 어떤 활동을 했는지 기록에서 찾는 것은 거의 불가능에 가깝다.[17]

센다와 함께 일한 경험이 있는 인물(앞서 나온)에 의하면, 센다는 사회부에서 도내판을 담당하는 '우수한 기자로 활약했다'고 한다. 그러나 임시직 기자의 월급은 매우 적어서, 안정된 생활을 할 수는 없었다. 마이니치신문사를 퇴사한 경위에 대해, 센다는 '전쟁으로 짓밟힌 사람들에 대해 쓰기 위해서'였다고 술회하고 있으나[18] 현실은 당시 그의 불안정한 입장을 반영하는 복잡한 상황이

---

16) 明珍美紀「[マルチういんど＿] 千田夏光さんを悼む 気骨あるジャ＿ナリスト」, 『毎日新聞』 2001년 1월 20일.
17) 당시의 마이니치신문 관계자를 인터뷰. 2017년 9월 29일, 도쿄. 이 인터뷰에는, 明珍美紀, 澤田克己, 下川正晴의 도움이 있었다. 감사를 표한다.

었던 것 같다. 같은 인물의 증언에 따르면, 마이니치신문사에서는 이 무렵 노동조합을 활동으로 센다와 같은 저임금 임시직 기자의 대우가 문제시되었으며, 이에 그들에게도 임시로 마련된 간단한 입사시험을 통과하면 정사원으로 승격할 기회가 주어졌다. 그러나 센다는 이 입사시험 당시 결핵에 감염되어 시설에 격리되어 있어, 그 귀중한 기회를 놓치게 되었다. 결국 그는 정사원으로 승격하기는커녕 오히려 마이니치신문사에서 하던 일을 잃게 된다.[19]

그렇다면 퇴사를 '전쟁으로 짓밟힌 사람들에 대해 쓰기 위해서'였다고 하는 센다의 술회는[20] 그 자신에 의해 후에 첨가된, 자신의 불행을 납득시키기 위한 장치라고 보는 것이 적절할 것이다. 그러나 이로써 그와 마이니치신문사의 관계가 끝난 것은 아니었다. 오히려 마이니치신문사와의 관계 속에서 그는 위안부 문제의 존재에 착안하게 된다.[21]

마이니치신문을 떠난 센다는 석간식문 사회부장과 여성지 기사 리라이터, 그리고 라디오와 텔레비전 하청일[22]을 하는 등 다양한 일을 하며 생계를 꾸렸다. 이 시기 그의 일 중 대부분은 마이니치신문사 시절과 마찬가지로 이름을 내걸지 않고 뒤에서 하는 집필과 편집이었으므로, 당시의 그가 무엇을 생각했고, 어떤 기사를 쓰고 있었는지를 구체적으로 확인하기는 힘들다.

이러한 불운의 시대를 지나 센다는 이윽고 자기 스스로도 작가라 칭하는 진짜 '작가'[23]로서 '데뷔'하게 된다. 단, 센다의 '작가' 데뷔가 구체적으로 언제

---

18) 明珍美紀 「[悼] ノンフィクション作家・千田夏光さん」.
19) 당시의 마이니치신문 관계자를 인터뷰. 관계자는 당시 센다가 매우 우수하고 글을 빨리 쓰는 기자로, 임시고용직 기자 중에서 눈에 띄는 존재였다고 회고하였다.
20) 明珍美紀 「[悼] ノンフィクション作家・千田夏光さん」.
21) 후술한 바와 같이 그는 그 후에도 마이니치신문사 일을 돕는 경우가 많았다. 특히 『毎日グラフ』에는 때때마다 연재 기사를 썼으며 그중 몇 개는 후에 서적의 형태로 출간되었다. 실제로 센다의 초기 저서들 중 많은 수가 『毎日グラフ』의 연재기사를 모아 놓은 것이다. 예를 들면, 본문에서도 다루었던, 千田夏光著, 毎日新聞社編 『後継ぎはいないのか: かくれた名匠たち』(毎日新聞社, 1965년), 千田夏光 『占いの科学』(毎日新聞社, 1969년) 등이 있다.
22) 당시의 마이니치신문 관계자를 인터뷰.
23) 이 무렵 작가는 통상적으로 자신의 직업을 '작가'라고 썼다. 예를 들면, 毎日新聞

이며, 그의 첫 저작이 무엇이었는지를 확정하기는 매우 힘들다. 예를 들면, 국회도서관의 NDL-OPAC, 국립정보학연구소의 CiNii 등과 같은 데이터베이스에서 센다가 저자로 이름을 올린 가장 이른 시기의 저작으로 확인 가능한 것은 호리코시 지로와 함께 감수작업을 한 『경이로운 전투기 제로전』(세이고샤, 1967년)24)이다. 이때 센다는 이미 43세였으므로, '작가'로서는 굉장히 늦은 데뷔임에 틀림없었다.

그러나 이 책이 그의 진정한 '작가' 데뷔 작품이냐고 하면, 그렇지도 않다. 왜냐하면 이 책을 비롯하여 당시 센다의 저자 프로필에는 그 이전의 저작활동으로 「백골」, 「귤화」, 「해적 가이타로」 등 오늘날에는 그 존재를 확인할 수 없는 '저작'들이 열거되어져 있기 때문이다. 이러한 '작가' 센다 가코가 놓여있던 특이한 상황은 마이니치신문사 시절 이후 자신의 이름을 올리지 않고 기사나 글을 집필해온 '그림자 역할'에서 유래했을 것이라 생각된다. 마침 이 시기에 센다가 편집일을 했던 마이니치신문사편 『후계자는 없는가 숨은 명장들』(마이니치신문사, 1965년)을 보면, 그 편린이 엿보인다. 이 책은 책의 후기에 센다의 이름이 명기되어져 있음에도 불구하고, 판권장 등 서지 정보에는 그의 이름이 남아있지 않다. 아마도 당시 센다가 집필, 편집에 관여한 저작은 대부분이 그가 모두 작업한 것이고 그 자신도 '저작'이라고 생각했으나, 공적으로는 그의 이름이 나오지 않은 경우가 많았을 것이라 생각된다.

여하튼 일생에 60권을 넘는 '저서'를 남겼으나 '작가'로서 무대 앞에선 활동은 이 『경이로운 전투기 제로전』 이후가 되었다.

이후 위안부 문제를 중심으로 한 반전 작가로 널리 알려지게 되는 그의 사실 상 데뷔작이 전쟁찬미로 이어지기 쉬운 '제로전'관련 이야기라는 점이 기

社編 『人間国宝·重要無形文化財を保持する人々』(毎日新聞社, 1967년).
24) 센다 본인에 의하면, 그 이전에 그가 편집한 책으로는 『後継ぎはいないのか』가 존재하나, 이 책의 판권장에 센다의 이름은 기재되어있지 않다. 또한 千田夏光 『占いの科学』, 『驚異の戦闘機ゼロ戦』 등의 초기 저작에 기재된 '저자 약력'에는 이 이외에도 「白骨」, 「橘花」, 「海賊海太郎」 등의 저작이 있다고 쓰여 있으나, 그 존재는 확인할 수 없었다.

묘하게까지 보인다. 그의 저작을 센다와 함께 감수한 호리코시는 애니메이션 '바람이 분다' 속 주인공의 모델이 된[25] 제로전 즉 제로식함상전투기의 설계자로 알려진 인물이며, 이 시기에 계속해서 회고록을 출판하고 있던 중이었다.[26] 앞선 장에서 이야기한 바와 같이 당시는 '전쟁 기록물'의 전반기에 해당하는 시기였으므로 센다는 그 열풍을 타고 '작가' 데뷔의 기회를 얻었다고 할 수 있겠다.

이 시점까지 '작가'로서의 업적이 없었던 센다가 호리코시와 함께 감수작업을 하게 된 경위는 불명확하다. 단, 센다의 조부세대에 해군항공대 창설자의 한 사람이었던 사다토시가 있으므로, 호리코시가 사다토시와 어떤 교류가 있었을 가능성은 있다. 군인의 가계에서 태어나, 유소년기를 만주에서 보낸 센다의 백그라운드가 저명인과의 언결고리라는 형태로 그에게 '작가' 데뷔의 기회를 제공하게 된 것일지도 모른다.

사실 이 시기 센다에게 항공기라는 테마는 집필활동에서 하나의 축이었다. 그는 2년 후인 1969년에 첫 단행본 『일본의 항공기』를 저술하고, 옛 근무처였던 마이니치신문사에서 이를 출판한다. 같은 해에 『점술의 과학』이라는 저작을 역시 마이니치신문사에서 출판하므로, 회사와의 인연이 '작가'가 된 후에도 그에게 여전히 중요했음은 분명하다.

이 초기 저작들의 내용이 '전쟁으로 짓밟아진 사람들에 대해 쓰기 위해서' 기자를 그만두었다는 센다의 설명과 동떨어져 있는 것은 주목할 만하다. 왜냐하면 이 시기 센다의 저작에서는 과거의 전쟁에 대한 반성보다는 오히려 과거의 사회에 대한 강한 향수가 느껴졌기 때문이다. 『경이로운 전투기 제로전』에서 전쟁 전 일본의 높은 기술 수준을 격찬한 그는, 계속된 그의 저작 『일본

---

25) 「映画 『風立ちぬ』 公式サイト: スタジオジブリ」,
   http://www.ghibli.jp/kazetachinu/(최종확인 2018년 5월 5일)
26) 예를 들면 堀越二郎 「私が 『ゼロ』 戦の設計者だ」, 『読売評論』 2(11) 1950.11,
   同 「星霜二十五年零戦生みの親の周辺」, 『丸』 16(2), 1963년 2월, 등. 특히 이
   중 『丸』 16는 호리코시에 관한 기사를 반복적으로 게재하며, 그를 '제로전의 아버
   지'라고 칭송한다.

의 항공기』의 저자소개에서, 자신은 '비행기의 폭음이 들리면, 바깥으로 뛰어나가는 비행기 매니아'라고 쓰고 있다. 여기에서 만주 최대의 군항 다롄에 주둔해 있던 일본해군비행대의 모습을 동경에 가득차서 바라보던 군국 소년의 모습을 겹쳐보는 것은 부자연스러운 일이 아닐 것이다.27)

이러한 과거에 대한 향수는 같은 시기에 출간된 센다의 다른 저작을 보면 더욱 명확해진다. 당시 센다는 '전쟁 기록물'(보다 정확히는 '군용기물')과는 별도로 다양한 기행문과 여행기, 그리고 철도 관계 기사도 집필하고 있었다.28) 그리고 이들 저작에는 명확한 공통점이 있었다. 그것은 '소실되어가는 아름다움'이라고 할 수 있을 존재에 대한 강한 집념이다. 예를 들면 1973년에 출판된『완행열차 여행』29)은 실로 '소실되어가는 아름다움'을 찾아 떠나는 센다의 기행문이다. 거기에서는 이후 저작에서 보이는 과거에 대한 반성이나 강한 규탄은 찾아볼 수 없다.

또한 흥미로운 것은 일련의 센다의 저작이 가지는 강한 내셔널리즘과의 관련이다. 1971년 1월, 센다는 잡지『일본 및 일본인』에 '풍토에 누그러지는 마음이야말로'라는 짧은 글을 기고하였다.30) 이 글은 잡지 권두의 바로 뒤에 게재되어, 적어도 이 잡지의 해당 호에서 큰 위치를 차지하고 있었음을 알 수 있다.

『일본 및 일본인』은 제목에서 알 수 있듯 선명한 내셔널리즘 경향을 띤 잡지였다. 당시 이 잡지에는 센다의 글에 이어, 앞선 해 11월에 할복자살을 한

---

27) 실제 센다의 유소년기 회고에는 항공기에 관한 부분이 존재한다. 千田夏光『植民地少年ノート』 24~25쪽.
28) 예를 들면, 千田夏光「変わりポッポ」,『鉄道ジャ―ナル』1(2), 1967년 7월, 同「"D51·C12"<がまだ健在<中央西線>」,『鉄道ジャ―ナル』2(9), 1968년 9월, 同「火の国のバカンス」, 毎日新聞社『日本の火山』(毎日新聞社, 1970년), 関沢新一, 千田夏光, 青木栄一, 竹島紀元「座談会: ヨ―ロッパ汽車の旅」,『鉄道ジャ―ナル』5(11), 1971년 11월. 또, 千田夏光『どん行列車の旅』(サンケイ新聞出版局年, 1973년), 同『民芸旅行』(日本交通公社, 1974년).
29) 千田夏光『どん行列車の旅』(サンケイ新聞出版局, 1973년).
30) 千田夏光「風土になごむ心こそ」,『日本及日本人』1493, 1971년 1월.

미시마 유키오에게 바치는 무라카미 이치로의 「자인초(自刃抄) 미시마유키오의 영에게」라는 글이 실렸고, 1969년에 쓰인 미시마 유키오의 「영예의 유대로 이어라 국화와 칼」이라는 글도 다시 게재되어 있었다. 센다는 다음해인 1972년 1월에도 『일본 및 일본인』지에 「문화정황과 수제로의 회귀」라는 짧은 글을 실었다.31) 해당 호에는 머리말에 이어 고다마 요시오의 「아시아의 민족적 사명에 대하여」라는 아시아 주의적 글이 있은 후,「일본 내셔널리즘의 기저를 고찰하다」라는 제목의 특집이 편성되어져 있다. 센다의 글은 이 특집의 권두 부분에 해당하므로, 역시나 중요한 위치를 차지하고 있다. 센다는 1978년32)까지 『일본 및 일본인』에 기고를 했으므로, 이 시기 센다가 가장 깊게 관여한 잡지라고 할 수 있다.

　이렇게 보면 『종군위안부』 이전에 있었던 센다의 집필활동의 성격은 후의 일련의 저작과 '전쟁으로 짓밟힌 사람들에 대해 쓰기 위해서' 마이니치신문을 떠났다는 센다 본인의 회고와는 크게 다르다.

　그러면 센다는 왜 이후의 시대와는 언뜻 전혀 다른 글을 썼던 것일까? 그리고 왜 그러한 집필의 경향이 크게 변화한 것일까를 물어야 할 것이다. 이 점에 대해 센다는 설명을 남기지 않았으므로, 아무래도 추측에 의존하게 된다. 그러나 이 작품군의 내용으로 생각건대, 다음과 같은 설명이 가능할 것이다.

　첫 번째 설명은 당시 센다가 본인의 '작가'로서 가야 할 길을 정하는 데에 어려움을 느꼈으며, 가족을 부양해야 하는 등 경제적 이유도 있어, 명확한 방향성을 정하지 못한 채 일단 쓸 수 있는 글을 쓰고 있었던 것은 아닐까 하는 것이다. 센다가 본인의 방향성을 정하지 못한 상태였다는 방증으로, 당시까지

---

31) 千田夏光 「文化情況と手作りへの回帰」, 『日本及日本人』 1505, 1972년 1월.
32) 千田夏光 「職人の原像と職能人との交点」, 『日本及日本人』 1517, 1973년 5월, 同 「このしたたかなる地下水の湧出」, 『日本及日本人』 1522, 1974년 3월, 同 「さまよえる真善美の本質」, 『日本及日本人』 1528, 1975년 3월, 同 「いまも意気尽く職人道」, 『日本及日本人』 1533, 1976년 1월,「形顛化する "手づくり" への嘆き」, 『日本及日本人』 1539, 1977년, 同 「伝統心意への弁証的視角」, 『日本及日本人』 1550, 1978년 11월.

그가 다큐멘터리뿐 아니라 소설도 집필하고 있었던 점을 들 수 있을 것이다. 예를 들면, 별책 선데이 마이니치 「읽을 거리 전과」33)에 3회에 걸쳐 연재된 「수사1과 시리즈」는 단편소설류이다.34) 「수사1과 시리즈」라는 제목을 박았지만, 특정 경찰서를 무대로 하는 것도 아니고, 공통된 주인공이 있는 것도 아니다. 이 소설35)의 특징은 성적인 묘사가 다분히 포함되어 있다는 점이다. 오늘날 보더라도 그다지 완성도가 높지 않은 이 소설은 연재 3회째에는 갑작스레 무대가 '수사1과'를 벗어나, 저자 자신이 모델인 것으로 추정되는 M신문사 기자가 사실상 이야기의 주인공이 되는 등 센다가 집필하는 데 꽤나 고심했음을 짐작하게 한다.

이후에는 센다가 '사회부문 르포라이터'36)로서 알려지지만, 이 시기에는 아직 다양한 방향성을 모색하고 있던 것이 확실해 보인다. 그러면 센다의 활동이 어떠한 방향성도 없이 지리멸렬한 상태에 있다가 어느 날 갑자기 모든 것이 정리가 된 것이냐 하면, 그것도 너무 극단적인 생각이다. 『종군위안부』가 베스트 셀러가 되고, '사회 부문 르포라이터'로 이름을 날린 후에도 센다는 1978년까지 『일본 및 일본인』에 계속 글을 싣는다. 다양한 문제에 대한 관심과 방향성이 그의 머리속에서 어떻게 공존하고 있었는지가 중요할 것이다.

두 번째 설명은, 역시 이 저작들은 그 근저에 통하는 흐름이 있으며, 당시 센다의 마음은 그 점을 따라 움직였던 것이 아닐까 하는 것이다. 확실히 이 시기 센다의 저작 내용을 찬찬히 살펴보면, 그 근저에 공통적으로 흐르는 무

---

33) 이 잡지는 1968년 1회, 1969년 2회 등 통산 3회가 발행된 후 폐간된다. 그러므로, 센다의 「捜査一課シリ_ズ」의 연재는 겨우 총 3회로 끝난 것으로 보인다. 「国立 国会図書館サ_チ」, http://iss.ndl.go.jp/(최종확인 2018년 5월 5일).
34) 千田夏光 「捜査一課シリ_ズ: 黒い表紙」, 『別冊サンデ_毎日 読物専科』 1968년 秋号, 同 「捜査一課シリ_ズ: 大磯バラバラ事件」, 『別冊サンデ_毎日 読物専科』 1969년 新春特大号, 同 「捜査一課シリ_ズ: 本当のことをおっしゃい!」, 『別冊サンデ_毎日 読物専科』 1969년 夏特大号.
35) 연재 3회째인 「本当のことをおっしゃい!」가 되면, 센다 본인을 모티브로한 주인공이 나온다.
36) 明珍美紀 「[悼] ノンフィクション作家・千田夏光さん」.

언가가 마치 떠오르는 것만 같다. 앞서도 언급한 '소실되어가는 아름다움'에 대한 강한 관심이 바로 그것일 것이다. 항공기에 관한 저작이든, 여행기이든, 소설이든, 이 시기에 센다의 저작은 '소실된' 또는 '소실되어가는' 존재를 주요 주제로 삼고 있다. 구체적으로는 제로전이나 증기기관차와 같이 공업화 속에서 잊혀져 가는 수공예의 미를 예로 들 수 있겠다. 센다는 다음과 같이 쓰고 있다.

> 지금 일본 문화는 굉음을 내며 눈사태를 일으키고 있다. 이 현상이 전후에 일어
> 난 일임은 틀림없겠으나, 그것 만으로 패전이라는 현상 앞에서 일으킨 정신풍해작
> 용의 결과라고 보는 것은 문제가 있다.[37]

흥미로운 것은 센다가 일본 문화의 붕괴를 슬피 한탄하면서도 그 원인을 꼭 패전에서 찾고 있지는 않는다는 점이다. 그는 이렇게 이야기한다.

> 일본의 상태가 크게 변한 것은 농본주의적 향방에서 탈피하여 공업국가로 가는
> 길을 지향하기 시작하고부터였다. 거기에는 미국식 생활양식에 대한 동경도 있었
> 음을 부정할 수 없다. 그러나 그 이상으로 자원이 없는 섬나라 국가이기 때문에,
> 해외로부터 원자재를 수입하여 가공해서 그 가공품을 수출하지 않으면 근대국가
> 로서의 국가유지, 혹은 경제번영을 추구하기 힘들 것이라는 자각을 하는 방향이
> 맞을 것이다. 딱 잘라 말하면 농본주의의 기각이다.[38]

센다는 일본문화가 붕괴하고 있는 근본적 원인이 패전과, 미국을 비롯한 연합국의 정치·경제·사회 등 개혁의 압력에 의한 것이라고는 생각지 않는다. 이 점에서 센다가 단순이 전쟁 전으로의 회귀를 지향하는 것이 아님을 이해할 수 있다. 그에 따르면 일본이 예전의 '아름다움'을 잃게 된 것은 일본이 국가유지와 경제발전을 추구한 결과이며, 일본인이 스스로 선택한 결과라는 것

---

37) 千田夏光「文化情況と手作りへの回帰」, 14쪽.
38) 千田夏光「文化情況と手作りへの回帰」, 15쪽.

이다. 그렇기 때문에 그 원인은 일본인이라는 존재 자체에서 찾아야 한다는 것이다.

우리들은 여기서 센다가 다롄의 일본인 사회라는, 말그대로 '소실된 사회'에서 태어나 자랐다는 사실과의 관련성을 엿볼 수 있다. 아카시아 가로수로 상징되는 아름다운 거리와 어수선한 중국인 지구. 양자의 강한 대비로 채색된 다롄에서, 센다는 풍요롭고 혜택 받은 어린 시절을 보냈다. 그 아름다운 모습은 패전과 함께 갑자기 그리고 영원히 소실되었다. 그러므로 예전 다롄의 모습을 아는 사람들에게는 이 '소실된' 사회에 대한 망향의 념이 강하게 남았을 것이다. 다롄제일중학교에서 센다의 3년 후배였던 하라구치 도조는 유고가 된 『스무 살의 에튀드』에서 다롄 출생 '식민지 소년'으로서의 마음을 다음과 같이 쓰고 있다.

> 고향은 없다. 그런데도 나는 내 고향 이외의 땅에서는 살지 못하는 인간인 것이다.[39]

형용할 수 없는 실향의 마음은 하라구치 뿐 아니라 많은 만주 출신 사람들에게 공통으로 나타나는 것이다.[40] 센다에게 다롄이 특별한 곳이었다는 것은, 자신의 전후 행보에 대해 거의 언급이 없는 그가 다롄 시절 기억에 대해서는 비교적 많은 글을 남겼다는 점에서도 알 수 있다. 그러나 센다가 다롄을 생각하는 마음은 다른 많은 다롄 출생 사람들과 다른 면이 있다. 자신의 인생을 돌아본 『식민지 소년의 노트』에서 센다는 이렇게 쓰고 있다.

---

39) 喜多由浩 「芥川賞作家·清岡卓行と, 自死した後輩: 戦争で失われた『故郷』への"強い想い"とは」,『産経ニュース』,
http://www.sankei.com/premium/news/151011/prm1510110014-n1.html
(최종확인 2018년 5월 5일)

40) 다롄 출신 사람들의 '실향감'에 대해서는 다음의 저작에 잘 나타나 있다. 大連一中創立五十周年記念事業実行委員会編集部会編 『われらが心のふるさと大連一中』(大連一中校友会, 1970년).

(그들이) 떠올리는 것은 아카시아향이 풍기는 거리이고, 잔반 소년의 위에 편히 올라앉아 있던 것을 알려고도 하지 않으면서 떠들어 대는 파오즈의 맛이며, 산사나무 열매일 뿐이다. 술자리에서 「보리와 병사」를 합창하면서 중일우호를 외치는 사람들과 다르지 않다. 내 경우에는 몇 년 전에 중학교 동창회에서,

    - 발해만의 제국이 식민척토의 책원지 다롄을 내려다보며….

그런 왕년의 중학교 행진가를 부르라하더니, 심지어 눈물을 머금고 부르는 사람까지 있는 걸 보고, 다시는 동창회에 안가기로 했다. (다롄 출신 사람들과 달리 1945년 중국인노동자살해사건이 일어났던) 하나오카 거리에는 당시의 일을 잊을 수 없다는 사람들이 많다.[41]

그가 유소년 시절부터 동창생에 대해 위화감을 품고 있었는지, 아니면 이후 '사회부문 르포라이터'로서 많은 조사와 경험을 거친 후에 이런 마음이 생긴 것인지는 알 수 없다.

그러나 고향 다롄을 잃은 센다가 여전히 그 '소실된' 존재에 대한 집념 속에서 살았다는 점이야 말로 중요하다. 그렇기 때문에 이 단계에서 그는 '작가'로서 자신의 활동의 방향성을 명확히 잡을 수 없었던 것이다.

『종군위안부』가 출판된 1973년, 그는 자신에 대해 이렇게 쓰고 있다.

1924년 다롄(현재 중국 뤼다시)에서 태어났다. 다롄제일중학교, 니혼대학, 마이니치신문사 기자를 거쳐 문필활동에 들어간다. 중요한 것, 의미있는 것에 대해 쓰지 못한다고 스스로 생각한다. '나의 인생은 타오르는 장작불과 같다. 그것도 이미 반 이상은 재가 되어버렸다'가 나의 입버릇.[42]

센다는 시행착오의 소용돌이 속에서 자신의 아이덴티티를 찾지 못하고 있었다. 그러나 이러한 그의 행보는 '위안부 문제'와의 만남으로 극적으로 자리를 잡는다. 다음에서 이 점에 대해 살펴보도록 하겠다.

---

41) 千田夏光『植民地少年ノ＿ト』209~210쪽.
42) 「著者・千田夏光」, 千田夏光『どん行列車の旅』.

3. '위안부'와의 만남

'작가'로서 집필활동을 시작한 센다는 그 폭을 점차 넓혀 갔다. 그러나 방향
성이 꼭 명확하지는 않았기에 그 활동도 시행착오로 넘쳐났다. 그의 '작가'로
서의 자세는 『종군위안부』의 출판과 함께 크게 바뀌었으며, 단번에 '사회부문
르포라이터'로서 알려지게 된다. 그러면 센다는 어떻게 위안부 문제와 만났고,
또 그 만남은 그 후 그의 활동을 어떻게 바꾸었을까?

센다가 위안부 문제와 조우한 경위에 대해서는 『종군위안부』의 '끝맺으며'
에 실린 본인이 직접 쓴 글이 널리 알려져 있다. 조금 길지만, 유명한 글이므
로 다시금 인용해보도록 하겠다.

> 내가 위안부에 관심을 두기 시작한 것은 1964년 마이니치신문사가 사진집 『일
> 본의 전쟁이력』[43]을 발행했을 때 부터였다. 이 사진집은 『마이니치 그래프』의 별
> 책으로 편집된 것인데, 15년간의 전쟁에서 마이니치신문의 특파원이 촬영한 2만
> 몇 천장의 사진 중 선별하고 편집하는 과정까지 내가 맡게 된 것이다.
>
> 이 작업을 하던 중에 수십 장이나 되는 이상한 여성들의 사진을 발견하였다. 병
> 사들과 함께 행군을 하는 조선인으로 보이는 여성들. 머리 위에는 트렁크를 지고
> 있는 것이 조선인 여성들에서 자주 보이는 모습이다. 점령 직후로 보이는 풍경을
> 뒤로, 일본식 옷차림을 한 여성. 중국인한테 멸시의 눈초리를 받고 있는 일본식
> 머리를 한 여성. 인화된 필름에 붙은 설명에 "위안부"라는 글자는 없었다. 그렇지
> 만 이 여성의 정체를 좇다 보니 처음으로 "위안부"라는 존재를 알게 되었다.[44]

언뜻 알기 쉬운 설명 같으나, 이상한 점이 있다. 그것은 센다가 정말 그 작
업에서 '처음으로 "위안부"라는 존재를 알았다'는 것이 맞을까 하는 점이다.
유소년기를 다롄에서 보내고, 집에는 일본군 군인과 관동군 관계자가 빈번하
게 드나드는 환경에 있었던 그이다. 그가 어릴 때부터 만주 사변과 중일전쟁,

---

43) 每日新聞社編 『每日グラフ別冊: 日本の戰歷』(每日新聞社, 1967년).
44) 千田夏光 『從軍慰安婦・正篇』(三一書房 '1978년), 219쪽.

그리고 태평양전쟁에 관한 이야기를 접할 기회는 꽤나 많았을 것이다. 중일전쟁 시절에는 이미 사춘기에 접어들었을 그가 성적인 문제에 전혀 관심을 두지 않았을 거라고는 생각되지 않는다. 또한 종전 직전인 1944년에는 그 자신이 학도 동원되어 가고시마에서 군인 생활을 경험했다는 것도 중요한 점이다. 그러니까, 센다는 위안부의 존재를 비롯한 전장의 상황에 대해 충분히 알 수 있는 상황에서 생활해 왔다.

이 책에서 거듭 이야기한 바와 같이 전시 하 그리고 종전 직후의 일본에서 위안부의 존재는 결코 금기도 아니었으며, 위안부를 소재로 한 많은 자서전과 소설이 출판되었다. 시대가 지나면서 때때로 이와 관련된 기사가 주간지의 지면을 흔들었다. '작가'로서 많은 잡지에 기고를 하고, 고스트 라이터의 입장에서 집필뿐 아니라 편집 작업까지 했던 그가 그때까지 이러한 언설들을 전혀 접하지 못했다는 것은 믿기 힘들다.

사실 센다가 꽤나 이른 단계부터 위안부에 대해 충분히 알고 있었을 것이라는 점은 『종군위안부』 출판 이전에 그가 쓴 글을 보면 어느 정도 확실하다. 오해받기 십상이나 『종군위안부』는 센다가 위안부 문제에 대해 처음으로 쓴 글은 아니다. 센다가 위안부 관련하여 쓴 최초의 글은, 필자가 확인해본 바에 의하면, 1970년 6월 주간 신쵸에 게재한 '특별 리포트 일본육군 위안부'라는 제목의 기사이다.[45] 13쪽에 이르는 이 기사는 어느 정도 여론의 주목을 받은 것으로 보이는데, 때문에 그는 다음 해인 1971년 잡지 게쓰단[46]에 「나라를 위해' 일한 12만 위안부」라는 기사를 썼다. 주목해야 할 것은 그가 여기서 위안부 문제와의 만남에 대해 이후 글과는 전혀 다른 설명을 하고 있는 점이다. 그 내용을 인용해 보도록 하겠다.

---

45) 千田夏光 「特別レポ—ト: 日本陸軍慰安婦」, 『週刊新潮』 746号, 1970년 6월.
46) 주간 게쓰단(『週刊決断』)은 니혼테레비가 제작한 같은 동 명의 애니메이션 광고를 위해 발행된 잡지이며, 다채로운 전시 에피소드와 사진을 소개하였다. アニメ—ジュ編集部編 『TVアニメ25年史』(德間書店, 1988년), 37쪽.

사진집이 가지는 의미의 '몇 분의 일'인가는 전후 20년간 무슨 이유에서 인지 구 육군간부는 물론 종군경험자도 공적으로 입 밖에 내기를 금기시해온 '위안부'의 사진을 실었다는 데에 있다. 그것도 확연하게 조선인임을 알 수 있는 위안부가 중국 북부에 있는 강을 옷자락을 허리까지 걷어 올리고 건너는 모습을 비롯해 약 10장의 사진을 게재하였다.

솔직히 나도 말로는 들었지만(강조점 필자), 그런 위안부의 있는 그대로의 모습을 담은 사진이 있을 거라고는 생각하지 못했다.47)

실제 사진집에는 위안부라고 생각되는 여성들의 사진은 겨우 몇 장 밖에 게재되어 있지 않으므로, '약 10장'이라고 한 센다의 회고도 그다지 정확하다고 할 수 없을 것이다. 그러나 후에 『종군위안부』에서 기술한 바와는 달리, 이 사진집의 편집에 해당하는 단계에서 이미 센다는 위안부의 존재 자체를 '말로는 들었다'라고 명확하게 표현했다.48) 그리고 이는 당연한 일이다. 예를 들면 센다가 말하는 '머리 위에 트렁크를 짊어진', '중국 북부에 있는 강을 옷자락을 허리까지 걷어 올리고 건너는' 위안부의 모습은 이 책의 21쪽에 게재된 사진이다. 그러나 이 사진에 실제로 나와 있는 것은 짐을 머리 위에 얹은 두 명의 여성이 옷자락을 허벅지까지 걷어 올리고 웃으며 강을 건너는 모습에 지나지 않는다. 바꿔 말하면, 거기에는 그녀들이 위안부임을 나타내는 증거는 어느 하나 찍혀 있지 않다. 강을 건널 때, 옷이 젖지 않도록 짐을 머리 위에 올리는 습관은 확실히 한반도 사람들에게서 잘 보이나, 같은 상황이라면 많은 사람들이 똑같은 행동을 취했을 가능성도 있으므로, 이를 보고 그녀들이 '조선인'이라고 단정하기는 좀 이르다.

그런데도 편집을 한 센다로 추정되는 인물은 이 사진에 '일본군은 또한 낭

---

47) 千田夏光 「『お国のために』働いた12万人慰安婦」, 『決断』 6, 1971년 11월, 128쪽.
48) 당시 마이니치신문 관계자는 이 점에 대해 센다는 마이니치 신문사를 그만둔 후, 당시 전장을 찍은 낡은 사진앨범을 보며 종군 위안부의 존재를 알게 되었음을 이야기했다고 회고한다. 그렇다면 센다의 위안부 문제와의 만남은 센다가 회고한 '일본의 전쟁 이력' 편집작업보다 이른 시기인 1960년대 초두가 된다.

자군을 데리고 갔다. 위안부라 불리는 무리이다. 조선 부인이 많았다. 그녀들은 항상 진격하는 부대를 뒤쫓아 제1선으로 향했는데, 카메라를 들이대자 하얀 이를 들어내며 웃었다. 망향의 마음을 날려 버리기 위해서였는지도 모른다'라는 상세한 설명을 달아 놓았다.[49)

이는 사진집의 편집 작업이 이루어진 1960년대 후반 시점에서 편집담당자가 위안부에 관한 상당한 지식을 가지고 있었음을 나타낸다.

이상으로 센다가 『종군위안부』의 출판에 이른 과정에서, 자신과 위안부 문제와의 '만남'에 대해 사실과는 크게 다른 형태로 단순화하여, '알기 쉽게'정리하고 있음을 알 수 있다. 실제로 한 관계자는 센다가 위안부 문제에 관심을 가진 것은 그보다 훨씬 전인 1960년대 초반, 전쟁에 관한 낡은 사진 앨범을 봤을 때였다고 회고한다. 이 회고가 맞는다면, 『종군위안부』에 나온 센다의 설명은 더 크게 수정될 필요가 발생한다.

그러면 왜 센다는 본인의 위안부 문제와의 만남을 실제와는 크게 다른 형태로 단순화시킨 것일까? 필자의 상상을 용기 있게 이야기하면, '작가'로서의 '독자'에 배려한 것이었을지도 모르겠다. 센다의 『종군위안부』가 발매된 1973년에는 이미 '전후 세대'가 인구의 과반수를 점하는 시대가 도래하고 있었다. 그들 중 대부분은 실제 전쟁에 대한 기억이 없고 당연히 전쟁의 '뒷면'에 속하는 위안부의 존재에 대해서도 충분한 지식을 갖고 있지 않았다. 전쟁 전 세대인 센다가 '전후 세대'를 중심으로한 독자의 시선과 감각에 맞추어 자신과 위안부 문제와의 '만남'을 알기 쉽게 '연출'하려 했다고 해도 이상하지는 않다.

단, 존재를 알고 있었다는 것과 그 실태를 충분히 이해하고 있는 것의 사이에는 큰 괴리가 있다. 예를 들면 『종군위안부』를 집필한 시점에서조차 센다가 이 문제에 대해 오늘날 시점에서 보더라도 '충분한' 지식을 갖고 있었는지에 대해서는 의문의 여지가 남는다. 만약 위안부의 존재는 알고 있었다 하더라도, 종전 직전 내지에 배치된 경험 밖에 없는 센다는 그녀들이 어떠한 사람들이고 또한 어떠한 시스템 하에서 동원되었으며, 전장에서 어떠한 상황에 놓여

---

49) 毎日新聞社編 『毎日グラフ別冊: 日本の戰歷』 21쪽.

있었는지, 즉 '전장의 위안부'를 실체험적으로 알 수 있는 기회는 없었을 것이기 때문이다.

앞서 말한 잡지 게쓰단의 기사를 집필할 즈음까지 위안부 문제를 육군에 한정된 것으로 생각하고 있었던 점도 초기 센다의 위안부 문제에 관한 지식의 한계를 보여주는 알기 쉬운 예라고 할 수 있다. 본디 센다가 처음으로 위안부에 대해 집필한 주간 신쵸의 기사 제목이 「특별리포트 일본육군위안부」였던 것으로부터 알 수 있듯이 1971년 즈음까지 센다는 위안부를 육군 고유의 문제로 다루고 있다. 또한 게쓰단 지의 기사에서 위안부의 숫자를 12만명이라고 기술한 점도 간과해서는 안 된다.[50] 후에 출판된 『종군위안부』에서는 '8만명이라 하기도하고 10만명이라 하기도 한다'는 기술로 바뀌었으므로,[51] 그가 알고 있는 위안부의 수 자체도 크게 변화했음을 알 수 있다.

더욱 중요한 점이 있다. 이는 앞선 사진집의 설명에서 알 수 있듯이 당시 센다가 위안부들의 대부분이 조선인 여성이었다는 점에 주목하고 있는 점이다. 이미 지적하였듯이 센다가 되풀이해서 언급하는 사진만으로는 그녀들이 위안부이고 한반도 출신이라는 것을 단정짓기는 힘들다. 센다가 '위안부 사진'이라고 하는 다른 사진들도 마찬가지이다. 센다 본인도 썼듯이 사진집의 재료가 된 인화 필름 등에도 그녀들이 위안부였는지 아닌 지에 관한 정보는 나와 있지 않기 때문이다.[52]

그렇더라도 그녀들을 위안부, 그리고 조선인이라고 단정한 것은 센다가 이 시점에 위안부의 대부분이 한반도 출신자라고 인식하고 있었거나, 사진집의 편집과정에서 위안부에 관한 정보를 입수했기 때문일 것이다. 그러나 1971년 즈음의 저작에서 보이는 그의 불충분한 지식을 고려하면, 전자와 같은 인식에 이를 정도의 풍부한 정보는 가지고 있었을 것 같지 않다.

한편, 이 사진집의 편집에 임하면서 센다와 마이니치 신문사는 전시에 종군

---

50) 千田夏光 「『お国のために』働いた12万人慰安婦」, 128쪽.
51) 千田夏光 『従軍慰安婦・正篇』, 36쪽.
52) 千田夏光 『従軍慰安婦・正篇』, 219쪽.

카메라맨으로 활약한 사람들과 직접 인터뷰를 하였으며, 이 조사를 통해 센다가 '사진에 찍힌 인물'에 대해 구체적인 정보를 얻었을 가능성이 높다. 현장감 넘치는 사진 설명 또한 그러한 인터뷰 조사의 산물이었을 수 있다.

그러나 그것 만이라면 그가 왜 위안부에 주목하고 새삼 그녀들이 조선인이었다는 점을 강조하였는지는 알 수 없다. 이에 대해 센다는 게쓰단 지에서 다음과 같이 쓰고 있다.

> 그런데, 그 한 장 한 장을 보고 있는 사이에 나는 이상한 점을 발견했다. 조선인 위안부가 모두 활짝 밝은 웃음을 짓고 있는데, 일본인 위안부들은 뭔가 그늘이 져있는 것이다. 왜였을까.
>
> 생각해 보면 나의 구 육군위안부에 대한 관심은 이 때부터 시작된 것 같다. 위안부에 조선 여성이 많다는 것은 들었으나, 그녀들이 절대 스스로 좋아서 위안부가 되었을 리는 없다. 강제 또는 반강제였을 것이다. 그 실태는 어땠을 것인가.[53]

이렇게 상황이 정리된다. 다롄에서 태어나 자라고, 군대경험도 있는 센다는 당연히 위안부의 존재와 그 대부분이 조선인으로 채워졌음을 알고 있었다. 그러므로 사진에 위안부가 찍혀 있는 것 자체는 그에게 새로운 정보가 아니었으며, 크게 놀랄 일도 아니었다. 센다에게 중요한 것은 위안부가 존재했다는 사실이나, 그 대부분이 조선인이었다는 것이 아니라, 사진을 통해 본 그녀들의 '표정'이 그가 생각한 것과 다르다는 점이었다. 다롄에서 유소년기를 보낸 센다에게 식민지란 지배자이고 풍요로운 '식민지인'이 가난한 현지인을 억압하는 땅이었다. 그러므로 위안부라는 곤란한 상황에 놓인 식민지 사람들은 자신의 처지를 한탄하며, '그늘'진 표정을 하는 것이 당연하다고 그는 생각했다. 그래서 사진에 비친 조선인 위안부들의 '밝은' 표정은 센다를 혼란에 빠트리고, 그녀들에 대한 강한 관심을 불러일으켰던 것이다.

센다의 위안부 문제에 대한 관심은 후에 그가 저서에서 설명한 '구 군관계

---

53) 千田夏光 「『お国のために』働いた12万人慰安婦」, 128쪽.

자'가 '전쟁 중에도 전후에도 비밀'로 했었던 추악한 사실을 접했기 때문이 아니라 어느 정도 정보를 가지고 있기는 했지만 간접적으로 밖에 알지 못했던 사실이 '사진'이라는 눈에 보이는 형태로, 그것도 자신이 상상했던 것과는 다른 형태로, 갑자기 등장한 것에 대한 놀람으로부터 시작한 것이다. 상상과 다른 위안부의 모습은 그에게 강한 '위화감'을 느끼게 했고, 그 원인을 추궁하기 위한 취재에 나서게 했다. 이렇게 센다는 대표작 『종군위안부』의 집필에 이르게 된다.

다음으로 이러한 복잡한 배경을 가진 센다의 저작이 당시 일본사회에서 어떻게 받아들여졌는지에 대해 살펴보기로 하자.

4. 『종군위안부: 소리없는 여인, 8만인의 고발』과 그 영향

센다의 위안부에 대한 관심은 1973년 한 권의 책으로 형태를 이루었다. 출판원은 후타바샤다. 주간 다이슈와 월간 쇼세츠스이리와 같은 대중 잡지를 중심으로 하는 회사였다.[54]

사회부문 르포라이터 센다의 주요 저서로 알려지고, 위안부 문제를 이야기하는데 있어 큰 전환점을 마련한 이 저작이, 이와나미쇼텐과 같은 '사회파'의 '진면목'을 보여주는 출판사가 아니라 대중 잡지로 장사를 하는 후타바샤에서 발매된 것은 조금 의아해 보일 수 있다. 그러나 출판 당시 이 저작이 어떠한 위치에 있었는지를 알면, 그 이유가 확실히 보인다. 이를 보여주는 예로, 1973년 9월 25일, 후타바샤는 요미우리신문에 이 책의 광고를 실었다. 게다가 이례적으로 같은 날 신문에 광고를 두개나 실었다. 일단 여기서, 이 책에 거는 후타바샤의 기대를 엿볼 수 있다.[55]

후타바샤가 같은 날 신문에 두개의 광고를 낸 데에는 이유가 있었다. 광고 중 하나는 1면에 게재되었는데, 거기에는 타사의 서적과 함께 이 책의 '진면

---

54) 「双葉社」, http://www.futabasha.co.jp(최종확인 2018년 5월 5일).
55) 『読売新聞』 1973년 9월 25일.

목'을 보여주는 광고가 딱딱한 글로서 실렸다. 이에 비해 같은 신문의 6면에 게재된 또 하나의 광고는 후타바샤의 주력 잡지였던 주간 다이슈의 광고에 끼워주기 식으로 실려 있다. 이 주의 주간 다이슈의 탑 기사는 「신좌익 '국가장악'의 초첨」이며, 그 뒤에는 릿쿄대학 조교수의 일가동반자살 사건을 다룬 「오오바 히로요시라는 남자의 여자관계」라는 제목의 기사가 계속된다. 또한 이 책 광고 옆에는 「옛 연인이 폭로한 다카미네 미에코의 정사 기록」이라는 연예부 기사가 있었다. 그리고, 후타바샤 광고의 옆에도 역시나 연예부잡지로서 알려진 헤이본샤의 주간 헤이본이 자리잡고 있었으므로, 후타바샤가 센다의 저작을 사회부문의 르포르타주로서 뿐만 아니라 전시의 '남과 여'에 관한 '가십' 거리로서도 팔려는 의도를 갖고 있었음은 분명했다.[56]

후타바샤는 이후에도 주간 다이슈와 『종군위안부』의 끼워주기식 광고를 계속 냈는데, 요미우리 신문만 해도 1973년 11월 20일까지 한 주도 빠지지 않고 꼭 이와 같은 광고를 게재했다.[57] 한편, 9월25일 요미우리신문 1면에 게재된 것과 같은 이 책의 '진면목'을 보여주는 광고는 다시는 실리지 않은 점으로 볼 때 후타바샤는 이 책의 사회 르포르타주로서의 측면 보다 오히려 '남과 여' 문제로서의 섹슈얼한 측면을 중시한 것으로 보인다.

후타바샤가 광고에 힘을 쏟은 데에는 이유가 있었다. 실제로 이 책이 많이 팔려 나갔던 것이다. 후타바샤의 광고에 따르면 이 책은 발매 후 겨우 8주만에 15쇄까지 들어갔으며,[58] 간행 직후부터 출판사의 예상을 뛰어넘는 대 히트를 기록했다. 이 영향으로 센다는 다음 해인 1974년 『속종군위안부 보상받지 못한 여인: 8만인의 통곡』을 같은 후타샤에서 출판한다.[59] 이로써 센다는 단번에 '위안부 문제'로 유명한 '사회부문 르포라이터'로서의 지위를 굳히게 된다.

---

56) 센다 본인도 이 점을 잘 이해하고 있었다. 당시의 마이니치신문 관계자를 인터뷰.
57) 『読売新聞』1973년 10월 2일, 10월 9일, 10월 16일, 10월 23일, 10월 30일, 11월 6일, 11월 13일, 11월 20일.
58) 『読売新聞』1973년 11월 13일. 결국 이 책은 20쇄가 넘게 판을 거듭해 팔려나갔다. 千田夏光 『從軍慰安婦·正篇』, 9쪽.
59) 千田夏光 『続·從軍慰安婦: 償われざる女八万人の慟哭』(双葉社, 1974년).

그러나, 이 작품의 히트로 위안부 문제가 이후와 같은 문맥에서 받아들여진 것은 아니다. 이 점을 상징적으로 나타내는 것이 센다의 『종군위안부』를 원작으로 제작된 일본 도에이샤의 영화 「종군위안부」의 내용이다.[60] 이 영화는 다큐멘터리였던 센다의 '원작'과는 동떨어진 픽션이었으며, 이를 시청한 한 인물은 '전쟁 전부터 몇 십편이나 나온 『창부 영화』의 정형을 좇아' 만들어진 '전쟁비화'를 보여주는 오락영화라고 해야 할 것이라고 평하고 있다.[61] 등장인물도 조선인으로 보이는 여성이 조연으로 한 명 등장하는 것 외에는 전부 일본인으로, 조선인 위안부에 대한 관심으로 시작된 센다 본연의 문제의식을 보여주는 요소는 없다. 오히려 제5장에서 소개한 다무라 다이지로의 「춘부전」을 잇는 강한 연속성이 발견된다.

즉 출판 직후, 센다의 『종군위안부』는 여전히 일본 국내에서 존재하고 있었던 낡은 위안부 관련 언설 속에서 소개되어 졌고, 소화되어져 갔다. 이 책이 본래의 의도와는 다른, 흥미 위주의 '남자들이 히죽거리며 볼 법한 책'[62]으로 받아들여진 것은 센다의 머릿속을 복잡하게 만들었을 것이다.[63]

그래도 이 책이 위안부 문제를 둘러싼 언설에서 가진 의미는 작지 않았다. 가장 중요한 점은 일련의 센다의 저작이 발표된 이후, 위안부 문제에 관한 언설이 급속도로 늘어났다는 점이다.[64] 그 결과 위안부 문제는 단순한 재판소와 전쟁을 둘러싼 문제의 일부가 아니라, 독립된 중요 문제 중 하나로 다루어지는 방향으로 이행한다.

본디 이것이 센다가 의도한 상황이었냐고 묻는다면, 아마도 그렇지 않을 것

---

60) 영화 「從軍慰安婦」에 대해서는 다음의 문헌에 의거한다. 佐伯俊道 「映画 『從軍慰安婦』とその周辺」, 『シナリオ』71(9) 2015년 9월.
61) 尾形修一 「東映映画 『從軍慰安婦』(1974)を見る」, http://blog.goo.ne.jp/kurukuru2180/e/63dc2185eef1594ab48ed7a0231f6e34 (최종확인 2018년 5월 5일).
62) 당시의 마이니치신문 관계자를 인터뷰.
63) 여성단체로부터 비난하는 목소리도 있었다고 한다. 당시의 마이니치신문 관계자를 인터뷰.
64) 전형적인 예로, 金一勉 『天皇の軍隊と朝鮮人慰安婦』(三一書房, 1976년).

이다. 왜냐하면 센다 본인은 여전히 위안부 문제를 어디까지나 재판소와 전쟁 관련의 일부로서 생각하고 있었기 때문이다. 위안부에 관한 센다의 기술의 초점이 때때로 크게 흔들린 것도 이를 방증하는 것일지 모른다. 예를 들어, 그가 가 위안부 관련 문제로 처음 집필한「특별리포트 일본군위안부」는 한국의 전 위안부와의 만남부터 시작한다.[65]

한편「'나라를 위해서'라며 자신의 몸을 던진 일본 여성, 정신대의 미명 하에 인신공양을 당한 미경험의 조선여성. 황군을 따라 장렬한 죽음을 맞았으나 훈장도 없고, 묘표도 없는 여성들의 실체를 풍부한 자료와 꼼꼼한 취재로 정리한 귀중한 다큐멘터리!」라는 후타바샤의 광고문구[66]에 단적으로 나타나 있듯이 히트작이 된『종군위안부』에서 중심에 놓인 것은 조선인 위안부 보다 일본인 위안부였으며, 그 논의의 초점은 위안부 동원계획이 군에 의해 어떻게 진행되었는지에 맞추어 졌다.

또 하나 지적한다면, 센다가 본인의 활동의 전환점으로 삼은『일본의 전쟁 이력』편집부터『종군위안부』출판까지 일련의 저작을 보면, 그 활동이 위안부 문제의 탐구를 중심에 놓고 있었다고 볼 수 없다는 점이다.『일본의 전쟁 이력』의 편집 이후 바뀐 점을 이야기하자면, 그때까지 '제로전'을 비롯한 항공기에 대한 관심을 차치하면, 센다의 저작 내용에서 전쟁 관련 기술은 거의 볼 수 없었던 것이 돌연 대량으로 출현한 점이다.

예를 들면 센다는 앞서 소개한 잡지 월간 게쓰단의 다른 호에「24만 군마의 잊혀진 전쟁 이력」이라는 글을 게재해, 전시에 동원된 군마를 둘러싼 비극에 대해 쓴 바 있다.[67] 마찬가지로 1971년에 나온 잡지「겐다이」에는,「일본인이 처음으로 인육을 먹은 전장」,「'만인갱'의 비극은 일본에도 있었다!」라는 두 글을 집필하여, 각각 파푸아뉴기니에서 일본군의 굶주렸던 상황, 일본 본토에 동원된 중국인 노동자의 결기사건인 '하나오카 사건'에 대해 썼다.[68]

---

65) 千田夏光「特別レポート: 日本陸軍慰安婦」.
66)『読売新聞』1973년 9월 25일.
67) 千田夏光「24万軍馬の忘れられた戦歴」,『決断』5, 1971년 10월.
68) 千田夏光「日本人が初めて人肉を食った戦場: 30年めにつきとめた生き残り兵

이 시기 센다에게 위안부 문제란, 일본 군에 의한 '약탈 전쟁'[69]이 가져온 전시 비극의 한 예에 지나지 않았으며, 다른 문제에 비해 돌출된 특수한 중요성을 가지지는 못했다.

그래도 『종군위안부』의 히트는 무명의 '작가'에 지나지 않은 센다의 지명도를 단번에 끌어올리는 계기가 되었고, 그 후 그는 앞서 이야기한 『속종군위안부 보상받지 못한 여인: 8만인의 통곡』에 이어, 『종군위안부 비사―전쟁의 공백을 파헤친다』[70], 『종군위안부 게이코―중국, 가지마, 미얀마…사선을 떠도는 여인의 증언』[71]과 같은 저작을 세상에 내보냄으로써 '위안부 문제는 센다'라는 평가를 확정지었다. 이렇게 그의 '작가'로서의 방향성이 정해지고, 센다는 이 이후에도 위안부 문제를 비롯한 전쟁과 여성 문제에 관한 글을 다수 발표한다. 이렇게 보면 『종군위안부』는 센다의 집필활동에서 결정적인 전기를 마련한 작품이었음을 알 수 있다.

우리는 『종군위안부』에 이르기까지 센다가 글을 써온 과정을 지켜보았다. 그렇다면, 그는 위안부 문제를 둘러싼 언설에 어떠한 영향을 주었을까? 다음으로 이에 대해 생각해보자.

5. 위안부에 관한 언설과 그 구조

다롄에서 '식민지 아이'로 태어난 센다는 식민지배의 빛과 그림자를 경험하면서 유소년기를 보냈다. 그곳에는 '식민지 아이'로서의 풍요로운 삶과 그 그림자에 속에서 사는 현지 중국인의 비참한 삶, 이렇게 두 가지의 삶이 있었으

が明かす戦慄の体験」, 『現代号 5(7), 1971년 7月, 同 「万人坑の悲劇は日本にもあった！」, 『現代』 6(2), 1972년 2月.
69) 千田夏光 『従軍慰安婦・続篇』(三一書房, 1978년) 157쪽.
70) 千田夏光 『従軍慰安婦悲史 : 戦史の空白部分を抉る』(エルム社, 1976년). 센다는 이 책을 쓴 이유로 이미 이 시점에 후타바샤에서 낸 두 권의 책을 구하기 힘들어졌기 때문이라 하고 있다. 千田夏光 『従軍慰安婦・正篇』, 9쪽.
71) 千田夏光 『従軍慰安婦・慶子 : 中国, ガ島, ビルマ…死線をさまよった女の証言』(光文社, 1981년).

며, 그는 그 '모순' 속에 몸을 두고 성장했다.

그러나 그들이 살았던 세계는 패전과 동시에 사라졌고, 센다는 전후의 혼란 속에 내던져 졌다. 신문 기자를 거쳐 문필업을 지향하였으나, 그 과정은 혼란과 시행착오로 가득 차 있었다. 잃어버린 고향을 떠오르게 하는 '소실되어가는 아름다움'에 홀린 그는 어느 시점까지 자신의 인생에서 의미를 찾지 못하고, 고뇌와 방황에 가득 찬 인생을 보내고 있었던 것 같다.

그러나 그의 인생은 어떤 한 문제와의 만남에 의해 전환점에 도달한다. 전쟁 사진의 선별 및 편집 작업을 맡은 센다는 그 자신에게 결코 좋은 기억이 아니었을 전쟁과, 이를 둘러싼 상황에 직면할 수밖에 없었다. 그리고 여기서부터 센다는 전시의 '숨겨진 역사'를 발굴하는 작업에 착수하게 된다. 단 위안부 문제는 이러한 작업 속에서 다루어진 문제의 하나에 지나지 않았으며, 센다에게 아직 특별한 위치를 부여받지는 못했다.

이러한 과정에서 열쇠가 된 것이 센다가 마침 '전쟁을 아는 세대'와 '전쟁을 모르는 세대'의 경계선에 위치해 있었다는 점이다. 다롄에서 태어나 자란 센다는 전쟁과 관련된 이야기를 들을 기회는 많았지만, 가족이 본국으로 귀환하는 과정에서 고생을 한 것과는 대조적으로, 앞서 본토에 건너갔기 때문에 중국 대륙의 '전장'을 경험하지 않았다. 또한 1944년에 동원된 후에도 내지에서 본토 결전에 대비하기 위해, 가고시마에서 종전을 맞은 그는, 공습 정도 말고는 '전장'에서의 전투 경험도 없다. 한마디로 센다는 항상 '전장'에 가까이 있으면서도 실제 '전장'을 체험하지는 못했다.

그 고뇌를 직접 경험하지 못한 센다에게 전쟁은 항상 '가까운 듯 먼 존재'였다. 혹시 그 점이 '작가'로 전향한 직후, 그가 전쟁의 실태에 대해 이야기하는 것을 주저한 이유였을지도 모른다. '전장'을 직접 경험한 사람들이 많이 살고 있던 시대에, 전장을 모르는 센다가 전쟁에 대해 글을 쓰는 것은 모험이었으며, 그리 큰 의미도 없었음에 틀림없다.

그러나, 사진집 편집 등에 의해 전시의 현실과 마주하게 된 것이 그를 둘러싼 상황을 완전히 변화시킨다. 센다는 그 때 처음으로 자신이 안다고 생각했던 전쟁에 대해 사실은 잘 몰랐다는 점, 그리고 다른 많은 일본인도 마찬가지라는 점을 알게 되었기 때문이다. 이 점에 대해 센다와 깊게 교류하던 당시의 마이니치신문 관계자는 이렇게 추측한다.

> 센다 씨는 불운한 사람으로 가족도 본국으로 돌아오는 과정에서 큰 고생을 했습니다. 그러므로, 가족에 대한 이야기는 거의 하지 않았습니다. 전쟁에서 자신들만큼 비참한 꼴을 당한 사람은 없을 것이라 생각했었는지도 모릅니다.
> 그러나 위안부 문제와 만남으로써, 센다 씨는 자신들 보다 더 비참한 상황에 처했던 사람들이 있었다는 걸 알았습니다. 그것이 그를 위안부 문제의 취재로 몰아간 이유였을 것이라 생각합니다.[72]

사진집의 편집과정에서 목격한 사진 속 풍경, 전장의 카메라맨들이 들려준 이야기의 대부분은 센다에게 '말로는 들었지만' 자세히는 몰랐던 내용이었을 것이다. 이제 시대는 1960년대 중반에 접어들어, 전쟁이 끝나고 이미 20년이 경과하려 하고 있었다. 전쟁에 관한 기억은 서서히 일본사회에서 애매해져 갔다.

그러한 의미에서 위안부에 관한 센다의 일련의 저작은 전후 일정한 시기를 지나 등장한 '역사의 재발견'의 전형적인 산물이다. 중요한 것은 이러한 '역사의 재발견'이란 사람들이 자신이 과거에 대해 잘 모른다는 점을 자각하기 전까지 시작되지 않는 작업이라는 점이다. 전쟁을 모르는 것은 자신뿐만이 아니다, 알고 있다고 생각하는 사람도 실은 개인적으로 직접 경험한 극히 일부의 사실 밖에 알지 못한다. 과거에는 보다 큰 배경이 있으며, 우리들이 모르는 경험을 한 사람들도 수없이 존재한다……. 그 '깨달음'이 센다를 움직였으리라 생각한다.

그리고 아마도 이 '깨달음'이야말로 센다로 하여금 본인의 글을 조금씩 '알기 쉬운'것으로 바꾸게 하는 동기가 되기도 했다. 본래는 이전부터 알고 있던 위안부의 존재에 대해, 흡사 전혀 몰랐던 것처럼 쓰게 된 것은, 그 쪽이 많은

---

72) 당시의 마이니치신문 관계자를 인터뷰.

독자들의 공감을 얻을 것이라는 센다의 기대가 있었던 것은 아닐까?

센다는 『종군위안부』의 독자로서 자신과 같은 세대보다도 훨씬 젊은 세대를 염두에 두고 있었다. 예를 들면, 센다는 이 책의 맺음말에서 당시 신좌익 운동의 내부에 존재했던 여성문제에 대해 전시 위안부 문제에 비추어 이야기하고 있다. 센다가 전시 문제를 단순한 '과거'의 문제로서가 아니라 '지금'에 이어지는 문제로 삼았다는 증거일 수 있을 것이다. 센다는 이렇게 쓰고 있다.

> 실례되는 말이나 '전쟁 체험을 후대에 전하자' 운운하는 말을 들을 때 마다 '글쎄-' 라는 생각이 든다. 전쟁체험을 후대에 전할 필요성에는 이견이 없으나, 이를 이야기하는 사람의 자세에는 '이건 아니다'라고 느낀다.
>
> 어디가 '아니다'라는 거냐고 하면, 이를 이야기하는 대부분의 사람이 '그 전쟁'을 쇼와20년(1945년) 8월 15일에 끝난, 즉 과거의 것으로 인식하고 과거에 있었던 이런저런 일들을 '잊지말라'는 형태로 이야기하는데, 그래서는 안 된다는 것이다.
>
> 젊은 세대, 전쟁을 모르는 세대에 특히 그런 경우가 많다고 한다.[73]

이렇게 보면 다시금 센다의 애매한 위치가 두드러진다. 그는 자신이 '전쟁을 모른다'는 것을 의식하면서도 동시에 보다 젊은 세대에게는 전쟁에 대해 가르치려는 자세로 다가간다. 여기서는 이 두 세대에 끼인 센다의 갈등이 엿보인다. 센다는 전쟁을 과거의 것으로 치부하고 진지하게 되돌아보지 않는 젊은 세대와 전쟁 전 사회를 향수에 가득 차 회고하는 사람들에게 동시에 강한 비판의 목소리를 보내고 있다. 그리고 그 양자에는 큰 공통점이 존재했다. 즉, 과거를 현재와 분리하여 이해하는 자세, 그러므로 자신을 면책하는 자세이다. 때문에 센다는 이렇게 이야기한다. "전쟁에서의 체험을 후대에 전해주는 일은, 화자가 이를 오늘날과 연관 지어 이야기하는 것이 아니라면, 단순한 흥미거리밖에 되지 않는다고 생각한다."[74]

중요한 것은 센다가 위안부 문제라는 새로운 문제를 발견한 것이 아니라,

---

73) 千田夏光 『植民地少年ノート』, 211쪽.
74) 千田夏光 『植民地少年ノート』, 213~214쪽.

이를 자신이 살아온 '오늘'과 연결했다고 말하고 있는 점이다. 때문에 여기서 그의 언설에는 그때까지의 언설과는 명확하게 다른 두 개의 특징이 있다. 하나는 앞서 말한 바와 같이, 일본인 위안부와 조선인 위안부의 위치를 명확하게 구별하지 않았던 것을 바꾸어, 조선인 위안부의 존재는 그가 이야기하는 '전쟁으로 짓밟힌 사람들'이 가장 극단적인 형태로 나타난 것이라 재해석하였으며, 그 연원을 식민지배의 비합리성에서 찾고 있다. 때문에 그의 위안부 언설은 그때까지 전형적으로 보였던, 지배 엘리트인 장교들과 그에 억압받는 병사와 위안부들이라는 도식에서 벗어나, 조선인 위안부를 따로 분리하고, 위안부 문제를 식민지배와 연결시켜 정리하는 다음 단계의 언설로 이행하고 있는 것이다.

또 하나 주목해야 할 것은 센다가 '식민지 문제로서의 위안부 문제'를 '오늘날'의 한일 관계 및 일본사회와 관련 지어 재해석했다는 점이다. 센다는 다음과 같이 쓰고 있다.

> 그녀의 이혼이 정신대에서 도망쳐 결혼했기 때문인지 아닌지는 마지막까지 알 수 없었으나, 단지 정신대를 조사하러 왔다는 일본인에게 머리를 숙여 감사를 표할 때, 그녀는 무언가 마음속에서 크게 아로새겨지는 것이 있음을 느끼는 것이었다. 그리고 '민족적 체질인 것 같다'고 지금도 태연하게 이야기하는 일본인이 있다는 사실. 상흔은 언제가 되어야 사라질 수 있을까. 지금 한국에서 발행되고 있는 주간지에 회자되는 소설들은 꼭 나쁜 일본 군인이 주인공이 되고, 그들과 그녀들에게 잔혹한 행위를 한다. 왜인지 이에 대해서는 서울 주재 일본인 기자들이 기사를 써서 일본에 보내지 않는다.[75]

이러한 글을 통해서도 센다가 '민족문제로서의 위안부'라는 시점 너머 갖고 있던, 다롄에서 '식민지인'이 현지인을 차별적으로 대하던 '과거'의 기억 그리고 동시에 '현재'의 일본사회의 모습을 의문시하는 자세를 느낄 수 있다.

---

75) 千田夏光 『從軍慰安婦 · 正篇』, 131쪽.

이 점은 센다가 이야기하는 위안부 언설의 또 하나의 특징, 즉 위안부 문제를 여성문제의 관점에서 재조명하는 자세도 마찬가지이다. 센다가 위안부 문제를 여성 문제의 하나로 보고 있다는 것은 그가 위안부 문제를 종군 간호부 문제와 겹쳐서 논의하고 있는 점에도 잘 나타나 있다.[76] 센다의 이해로는 종군 간호부들도, 그 정도의 차이는 있을지 언정, 위안부와 마찬가지로 참혹한 '전쟁에 짓밟힌 사람들'의 한 유형이므로, 함께 다루어야 할 존재였던 것이다.[77]

또한 센다는 위안부 문제를 '현재'로 이어지는 여성 문제의 관점에서도 해석하고 있다. 이는 그가 '오늘날'의 성노동자에 대해서도 많은 저작을 냈다는 점에서 알 수 있다.[78] 1994년에 출판된 저서 『방긋방긋 매춘』[79]에서 센다는 일본의 성노동자 역사를 공창제 성립부터 기록하고, 그중 가장 슬픈 사례로 위안부 문제에 대해 언급하며, 종전 직후 성노동자의 상황을 정리한 뒤 그 연장선 상에서 당시의 성노동자를 둘러싼 문제를 논하고 있다. 여기서 센다가 '여성 문제로서의 위안부 문제'를 '현재'와의 관계에서 재조명하는 시점이 명확하게 보인다.

여기까지 센다의 언설과 역할을 돌아보았다. 그렇다면, 우리들은 위안부 문제를 둘러싼 언설의 성립과정을 어떻게 이해하면 좋을까? 다음에서는 이 점에 관해 언급하고 본 장을 마치도록 하겠다.

---

76) 千田夏光 『オンナたちの慟哭: 戦争と女性哀話』(汐文社, 1981년), 同 『涙痕 オンナたちの戦争』(汐文社, 1985년), 同 『戦争で涙した女たちのどうしても語りたかった話』(汐文社, 1995년). 또한 센다의 이른 시기에 쓰여진 종군간호부에 관한 저작으로는 『従軍看護婦: 痛哭のドキュメント白衣の天使』(双葉社, 1975년).
77) 센다는 회고록에서 종군위안부 동원에 관해 언급하였다. 千田夏光 『植民地少年ノート』, 159−165쪽.
78) 예를 들면, 千田夏光 『未婚の母: 加賀まりこから子連れホステスまで新しい性モラルの虚像と現実』(双葉社, 1975년), 同 『性的非行: 女子中・高生の非行を追って』(汐文社, 1978년, 同 『ハンカチ売りの非行少女』(汐文社, 1982년), 同 『女子大生花子』(汐文社, 1983년), 同 『女子高生は菫色』(全国学校図書館協議会, 1986년) 등.
79) 千田夏光 『ニコニコ売春』(汐文社, 1994년).

맺음말을 대신하여

일본에서는 위안부 문제에 대해 전쟁 직후부터 많은 언설들이 활발하게 등장했다. 이들은 주로 전쟁에서 돌아온 군인들에 의해 집필된 소설과 회고록에서 전개된 것들이어서, 위안부 자체에 눈을 돌리기 보다는 전시에 장교를 중심으로 한 엘리트 들과, 이에 억압받는 병사와 위안부 즉 엘리트가 아닌 사람들의 대립 구조에 관한 '이야기' 였으므로, 당시 일본의 주요한 전쟁 이해 속으로 회수될 수 있었다. 위안부 문제는 종전 직후 성노동자와의 연속성에서도 이해되고 있었으나, 여기서는 일본인과 조선인이라는 민족 간의 대립구조가 그다지 강하게 나타나지 않았다. 이에 대해서는 종전 직후 일본 사회의 상황이 여실이 반영되어, 사람들은 자신의 인식에 큰 의문을 갖지 않았다. 1960년대까지 일본사회에는 아직 전쟁의 실제 체험자들이 많았으며, 때문에 '과거'를 둘러싼 이야기는 '회고'이기는 해도 '재발견'으로 보지는 않았다.[80)]

그러나 시간의 경과와 함께 이윽고 '전쟁을 직접적으로 알고 있는 사람들의 언설'은 뒤로 물러나고, '전쟁을 알지 못하는 사람들'에 의한 새로운 언설이 전개되어진다. 그렇다고는 해도 그러한 언설이 단순한 '과거의 회고' 이상의 의미를 갖고 사람들을 끌어들이기 위해서는 '현재'와의 연결고리가 반드시 필요했다.

1924년에 태어나 1944년에 소집되어 내지에서 전쟁을 끝낸 센다는 이러한 '전쟁을 직접 알고 있는 사람들'과 '전쟁을 모르는 사람들'의 경계에 선 세대에 속해 있다. 그러므로 그는 시의적절하게 자신의 입장을 −의도적인지 우연인지는 차치하고−'전쟁을 직접 알고 있는 사람들'과 '전쟁을 모르는 사람들'의 사이에서 어느 쪽으로든 활용할 수 있었다. 그리고 센다는 '전쟁을 모르는

---

80) 이 점에 대해 당시 마이니치신문 관계자는 1950년대 후반 기자들은 전시 상황에 관한 회고와 조사기사를 쓰는 것에 의미가 있다고 생각지는 않았다고 이야기한다. 당시의 마이니치신문 관계자를 인터뷰.

사람들'이 '자신의 문제'로서 전쟁을 이해하기 위한 두 가지 실마리를 준비했다. 하나는 '식민지배'였으며, 다른 하나는 '여성문제'였다.

결과부터 이야기하자면 센다가 준비한 실마리는 그가 쓴 다른 어떤 문제보다도 위안부 문제에서 효과적으로 기능했다. '식민지 문제'에 대한 관심이 그의 '다롄'에서의 경험에 유래하고 있음은 분명하나, 다른 한 쪽인 '여성문제'에 대한 그의 관심이 어디에서 유래했는지는 확실치 않다. 혹시 이는 그가 한 평생 쓰지 않은 센다의 가족이 겪은 '남들에게는 가벼이 이야기할 수 없는 고통'과 관련되어 있는지도 모른다.[81]

그러나 이 두 번째 실마리는 그의 다른 관심사와 마찬가지로 다른 책들을 보더라도 위안부 문제와의 관계처럼 명확하게 나타나 있지 않다. 덧붙이자면, 센다 자신 속에서도 '망설임'이 있었다. 그는 다음과 같이 쓰고 있다.

> 어떤 전중파(戰中派)는 이렇게 이야기했다.
> "우리들 일본의 서민도 전쟁의 피해자였다. 군인으로 징집되어 유골도 돌아오지 못한 예는 셀 수 없을 정도이고, 다 잃고 몸뚱아리만 남은 재난민과 귀환자도 세려면 한이 없다. 위안부가 된 조선인들만이 피해자는 아니다. 그것만 클로즈업하는 것은 문제가 있지 않나?"
> 이에 나는 할말이 없다.[82]

이 센다의 망설임은 전쟁 중에 고난을 겪은 본인과 가족의 경험을 어떻게 보아야 할 것인가에 관한 생각이었을 것이다. 그러나 센다의 뒤에 등장한 사람들은 그러한 '망설임'을 가볍게 뛰어넘었다. 그들은 '현재'의 입장에서 '과거'의 일본을 규탄하고, 그 속죄를 '현재'에 실현하기 위해 활동하고자 한다. 전쟁을 모르는 세대가 압도적인 다수를 차지하는 시대가 도래함과 함께 일본의 '과거'를 둘러싼 언설 공간은 빠르게 변화하려 하고 있었다.

---

81) 당시의 마이니치신문 관계자를 인터뷰.
82) 千田夏光 『從軍慰安婦・正篇』, 131 – 132쪽.

이렇게 '운동'의 시대가 시작되었다. 위안부 문제도 운동 속에서 재해석되었고, 그 내용도 센다가 선택한 두 개의 실마리 '식민지 문제'와 '여성 문제'가 교차하는 지점, 즉 조선인 위안부로 좁혀졌다.

이윽고 언설의 무대는 당사자가 살고 있는 한국으로 옮겨 갔다. 한국의 언설은 일본의 언설을 참고로 전개되었고, 여성문제를 다루는 운동가들이 본격적으로 참여하여 내용은 점점 첨예해져 갔다. 언설이 '식민지 문제'와 '여성문제'로 좁혀짐으로써 '운동'의 비판대상도 두 문제가 교차하는 '남성 우위의 일본사회'로 집중되었고, 주요 비판대상을 내부에 갖고 있지 않은 한국의 위안부 언설은 더욱 격렬해졌다. 한편 '운동'의 공격 대상이 된 일본에서는 언설의 전개가 늦어졌고, 결과적으로 1990년대에 들어서면 날카로운 한국측 언설과 정리되지 않은 채 방치된 일본측 언설이 충돌하게 된다.

언설의 대립은 점차 양국의 외교적 대립으로 발전해 갔고, 그 내용이 국제사회에 전달되었다. 이렇게 현재에 이른 한국과 일본, 그리고 그 외부의 국제사회에서 위안부 문제를 둘러싼 언설의 구조가 성립된다. 그리고 90년대 이후 위안부 문제는 이 대립 구조를 토대로 전개된다.

제3부

1990년대 이후의
역사인식 문제
- 글로벌화와 그 결말

여기까지 역사교과서 문제와 위안부 문제를 중심으로 1990년대 이전의 역사인식 변화에 대해 고찰해 보았다. 그리고 90년대 이후 사태가 악화되기 까지는 '역사의 재발견'과 그에 수반된 언설의 변화라는 전단계가 있었다는 것이 밝혀졌다.

제3부에서는 이러한 변화를 전제로 오늘날 한일 관계를 어떻게 이해해야 할 것인가를 살펴보고, 현재의 새로운 상황에 대한 고찰을 시도해보도록 하겠다.

제7장

한일관계의 현주소

들어가며

"일본 사회는 안정적이어서 부러워요."

국제회의 등에서 아시아의 연구자들을 만나면 때때로 듣는 말이다. 확실히 일본의 고도성장기로부터 반세기가 지난 오늘날, 일본 사회는 변화가 지극히 적어졌다. 도쿄든 오사카든, 또는 필자가 살고 있는 고베 주변이든 간에, 학생 시절이나 젊었을 때 살았던 동네를 출장 때문에 다시 가게 되었을 때, 그리 달라지지 않은 거리 풍경을 접하게 되는 것은 일본에서는 결코 드문 일이 아니다. 우리들의 향수를 만족시키는 풍경은 사회의 안정을 나타냄과 동시에 정체의 발로이기도 하다.

이러한 사회상황은 장점과 단점을 둘 다 갖고 있다. 안정되고 변화가 적은 사회에서는 과거의 경험을 기초로 타인의 행동을 예측하고, 그것을 전제로 행동할 수 있다. 그러므로 미래에 대한 큰 불안감 없이 장기적인 계획을 세우고 생활하는 것이 가능하다.

그러나 동시에 변화하는 상황에서 홀로 남겨져, 언젠가 다른 나라들에게 뒤쳐져 도태될 위험성도 존재한다. 변화가 적은 사회에 사는 사람은, 그 사회의 밖에서도 같은(낡은) 방식이 통용된다고 생각하기 마련이다. 그러나 일본과는 달리 다른 많은 나라들에서는 정치적, 경제적, 혹은 사회적인 변화의 속도가 굉장히 빠르다. 결과적으로 과거와 똑같은 방식은 통용되지 않으며, 일본은 기대한 효과를 얻을 수 없는 상황에 종종 직면하게 된다.

이러한 일본과 다른 나라들 사이에 존재하는 괴리는 특히 아시아 국가들과의 관계에서 중요하다. 아시아 국가들은 여전히 빠르게 경제가 성장하는 중이며, 사람들의 생활도 – 일본의 고도성장기가 그러했던 것처럼 – 정신없이 바뀌어 간다. 상하이도 방콕도 그리고 자카르타도, 몇 년만 지나면 거리 풍경이 확 바뀐다. 우리들은 때론 그 변화에 놀라 '낯선 거리 풍경' 속에서 발걸음을 떼지 못하게 된다.

그렇게 멈춰 설 수밖에 없는 이유는 단순히 풍요로워진 그들의 사회가 외견적으로 변했기 때문만이 아니다. 아시아 국가들에 미치는 일본의 중요성 또한 크게 변화하고 있으므로, 때로는 예전과는 다른 그들의 태도에 당황하기도한다. 그리고 그 변화 – 직접적으로 이야기하자면 일본이 가지는 중요성의 저하 – 는 일본의 안정, 그리고 그 대가로 돌아온 일본의 정체와 밀접하게 관련되어 있다. 1990년대 이전, 일본은 아시아의 유일한 경제대국이었고, 국가의 경제 규모를 나타내는 GDP는 중국을 포함한 어떤 아시아 국가들을 크게 상회하였다. 생활 수준도 크게 달랐으므로, 아시아 사람들이 동경하는 '선진국 일본'의 모습이 있었다.

그러나 그로부터 30년이 지난 지금, 아시아에서 이전과 같은 일본의 압도적인 우위는 존재하지 않는다. 경제 규모로는 중국에게 압도되었고, 1인당소득은 싱가폴과 홍콩에 한참 뒤쳐져, 일본은 이미 아시아 국가들이 모델로 삼는 존재가 아니게 되었다. 그러므로 당연하게도 그들이 일본을 대하는 자세도 변화해왔다. 이제 아시아 국가들이 1990년대 이전 같이 일본의 생각대로 움직여주는 일은 없다.

1. 한일관계의 장기적인 변화

같은 이야기가 한일 사이에서도 성립한다. 예를 들면 그림 7－1은 1965년부터 2018년까지 한국의 주요3개 무역 상대국, 즉 미국, 중국, 일본이 한국의 국가무역에서 차지하는 점유율을 나타낸 것이다. 70년대에는 40% 가까이 되던 일본의 점유율이 현재는 약 7%까지 떨어졌음을 알 수 있다. 이는 한국에게 무역면에서 차지하는 일본의 중요성이 이전과 비교해 6분의1까지 감소했다는 것이 된다. 한국에 대한 직접투자 점유율, 그리고 한국을 방문하는 외국인 방문객수도 마찬가지이다.

그림 7-1 한국의 무역에서 미국·일본·중국이 차지하는 비율

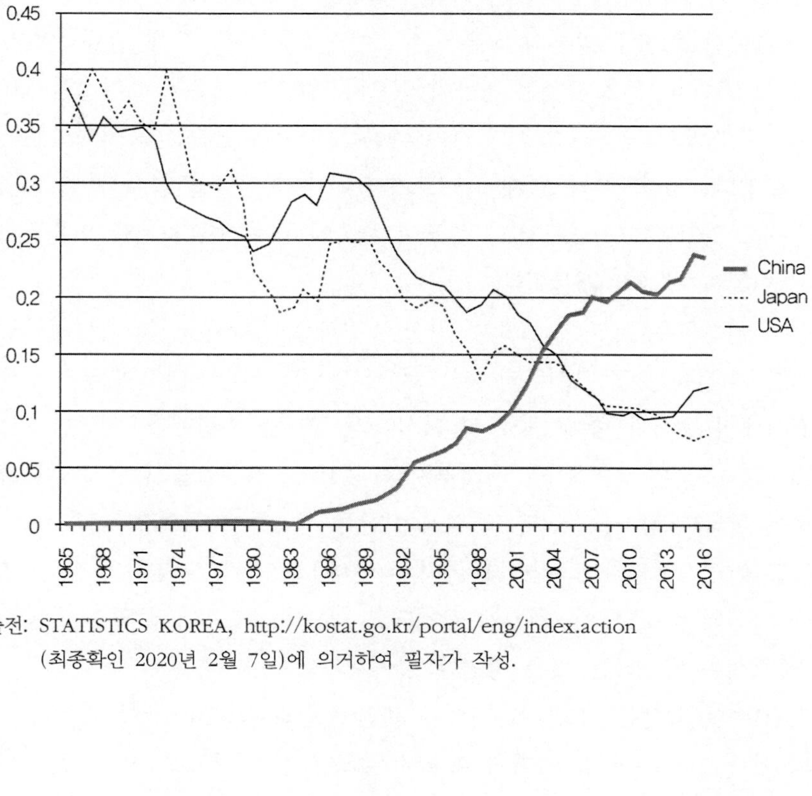

출전: STATISTICS KOREA, http://kostat.go.kr/portal/eng/index.action
   (최종확인 2020년 2월 7일)에 의거하여 필자가 작성.

일본의 중요성을 판단할 때 경제적인 존재감은 매우 중요한 요소이다. 이 표에서는 미국도 일본과 마찬가지로 점유율이 떨어지고 있으나, 미국은 북한과 중국의 위협에 대비하기 위해 반드시 필요한 동맹국이다. 경제적 중요성이 줄어든다고 해서 미국의 중요성이 결정적으로 훼손되지는 않을 것이다.

한편, 평화헌법에 따라 국제사회에서의 군사력 활용을 현격히 제한하고 있는 일본에게 국제적 영향력의 가장 큰 원천은 경제력이다. 때문에 한국에서 경제적 중요성이 실추되면, 이는 그대로 일본의 중요성이 떨어지는 결과로 이어진다.

단, 여기서 주의해야 할 것은 한국에서 일본의 경제적 중요성이 감소한 원인이, 자주 오해되는 것처럼 일본의 경제 침체가 몰고온 결과는 아니라는 것이다. 앞서 이야기한 바와 같이 미국도 점유율이 줄어들고 있으며, 거품 경기로 들끓었던 80년대 일본의 점유율은 오히려 70년대를 크게 밑돌았다. 그리고 이 또한 자주 오해받는 경향이 있으나, 일본의 점유율이 감소한 원인을 중국의 부상으로 점유율을 빼앗긴 결과라는 따위의 단순한 도식으로는 설명할 수 없다. 70년대부터 현재에 이르기까지 미일 양국을 합쳐서 60%이상의 점유율을 잃었음에도 불구하고, 중국이 한국에서 새롭게 차지한 비율은 25%에도 미치지 못하기 때문이다.

이러한 상황은 세 가지 요소가 가져온 결과로 생각된다. 첫째는 냉전의 종언이다. 이전에는 구 사회주의권과 교류가 없었던 한반도의 분단국가 한국은, 냉전시대의 종식과 함께 중국 및 러시아와 국교를 수립했다. 이러한 새로운 거래처의 등장은 당연히 옛 거래처(미국, 일본)의 점유율을 감소시켰다. 둘째 요소는 한국의 경제발전이다. 예전에는 한국 기업들이 규모가 작고 비즈니스 범위도 한정적이었다. 그러나 한국이 국제적으로 큰 영향력을 갖게 된 지금, 한국 기업의 비즈니스는 폭넓게 전개되고 있으며, 그 속에서 일본 시장이 갖는 중요성이 감소하는 것은 당연한 일이다.

그러나 무엇보다 중요한 것은 셋째 요인인 글로벌화이다. 글로벌화란, 사람들의 활동이 좁은 특정 지역에 머물지 않고 세계적 규모로 전개되는 현상을

의미한다. '작아진 세계'에서는 지금까지 생각하지 못했던 먼 지역과의 교류가
근린국가 들과의 교류 보다 빠른 속도로 증대된다. 한국의 경우에는 브라질이
나 남아프리카 등이 이에 해당되며, 그러한 면에서도 이웃나라 일본의 중요성
은 크게 감소하였다.

　한국뿐 아니라 중국에서도 같은 일들이 일어나고 있다. 일본에서는 중국과의
경제적 관계가 계속 중요해지고 있는 데에 비해, 중국 측에서 바라본 일본 과의
관계는 사실 대폭 감소하고 있다. 중국에서도 글로벌화가 크게 진척된 결과 이
웃국가인 일본의 중요성은 꾸준히 하락하고 있는 것이다(그림 7 – 2참조).

그림 7-2　중국의 주요 무역 상대국과 점유율

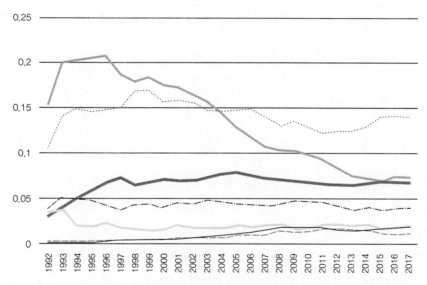

출전: China Statistical Yearbooks Database,
　　http://tongji.cnki.net/overseas/EngNavi/NaviDefault.aspx(최종확인 2020년 2월 7일)
　　에 의거하여 필자가 작성.

이렇게 글로벌 화에 수반하여 근린국가 혹은 시장의 중요성이 저하되는 현상은 그다지 주목받은 바 없으나, 현재 세계 각지에서 관찰되는 현상이다. 그 전형적인 예로 최근 화제인 영국과 EU의 관계를 들 수 있을 것이다(그림 7-3 참조).

그림 7-3   영국의 무역에서 EU15가 차지하는 비율(수출)

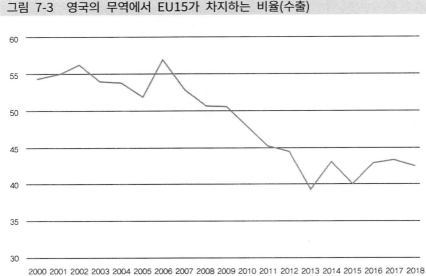

출전: OCED Data, https://data.oecd.org/(최종확인 2020년 2월 7일)에 의거해 필자가 작성.

90년대에 거대 시장에 진입하고자 EU에 가입한 영국이 2010년대 후반에 들어서서 EU시장의 가치를 인정하지 않게 된 배경에는 영국 경제에서 EU가 갖는 시장으로서의 중요성이 하락했다는 현실이 있다. 한국에서 일본의 경제적 중요성이 하락한 것도 위와 같이 글로벌화에 의해 근린국 시장의 중요성이 저하되는 현상과 함께, 한국이 냉전기에 형성된 분단국가였다는 점과 60년대 이후 급속한 경제성장을 이룩했다는 점이 맞물려, 조금은 극단적인 형태로 나타난 결과라 할 수 있겠다.

바꿔 말하면, 한국에게 일본이 갖는 경제적 중요성의 저하는 대규모 국제적 변화의 일부이며, 일본측의 요인이 주효했던 것은 아니다. 따라서 가령 일본

경제가 극적인 회복세를 보인다 하더라도, 이러한 상황이 크게 개선될 것을 기대하기는 어렵다.

그림 7-4 중국을 제외한 아시아 국가들의 군사비(달러 기준)

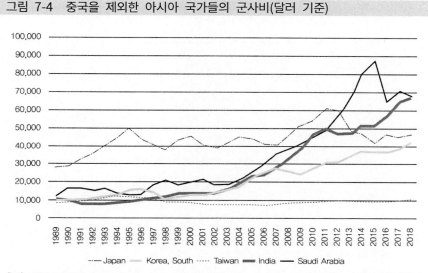

출전: SIPRI Military Expenditure Database, http://www.sipri.org/database/milex(최종확인 2020년 2월 7일)에 의거해 필자가 작성.

물론 일본의 경제 침체와 한국을 비롯한 아시아 국가들의 경제 발전이 중요한 문제가 아니라고 하는 것은 아니다. 그 전형적인 발로는 군사비에서 보인다. 그림 7-4는 아시아 국가들의 군사비를 비교한 것이다. (달러 기준이므로 환율에 따른 영향은 있을 수 있다. 또한 표에서 중국을 제외한 이유는 일본과 중국 간의 군사비 격차가 5배 가까이 벌어져 있으므로 이를 넣으면 그래프의 의미를 파악하기가 힘들어 지기 때문이다.) 이 표를 보면, 현재 아시아의 군사력에서 일본은 중국 다음도 아니게 되었다. 사우디아라비아와 인도가 꽤 예전부터 일본의 군사비를 능가하고 있으며, 그 격차는 매해 벌어지고 있다.

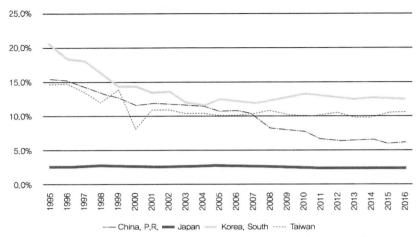

그림 7-5　세출에서 차지하는 군사비의 비율(중국 포함)

─·─ China, P.R.　━━ Japan　─── Korea, South　······ Taiwan

출전: SIPRI Military Expenditure Database, http://www.sipri.org/database/milex
　　(최종확인 2020년 2월 7일)에 의거해 필자가 작성.

　또한 한국의 군사비가 일본에 육박하고 있다는 점, 그리고 이 변화가 중국
을 비롯한 각국이 GDP 및 재정에서 차지하는 군사비 비율을 늘린 결과는 아
니라는 점에 주목할 필요가 있을 것이다(그림 7-5 참조). 아시아 국가들의 재
정에서 차지하는 군사비 비율은 오히려 감소하는 경향을 보이고 있음에도, 군
사비 총액은 일본을 역전하고 있는 현재 상황은, 바로 일본과 이들 아시아 국
가들 사이에 큰 경제성장의 속도 차이가 자리잡고 있기 때문임이 틀림없다.
1980년대 이후 한국의 경제성장률은 1981년과 1998년이라는 두번의 예외를
제외하면 일본의 경제성장률을 일관되게 상회하고 있다. 따라서 지금의 상황
이 계속된다면, 한국 정부가 의도적으로 군사비 확대를 하지 않더라도, 아니
GDP 대비 군사비 지출을 고정한다 하더라도, 한일간 군사비는 계산 상 몇
년 안에 역전된다.

236　제3부 1990년대 이후의 역사인식 문제 - 글로벌화와 그 결말

2. 일본에 대한 관심의 상실

오늘날 일본은 한국에게 경제면에서도 안전보장면에서도 이전과 같이 압도적인 중요성을 가지지 못한다. 이 점이 한국으로 하여금 예전과 같이 일본을 의식하고, 경계할 필요가 없는 상황을 만들어 냈다. 그리고 이러한 상황은 한일 관계에 두 개의 효과를 가져왔다.

첫째로, 역사인식과 영토를 둘러싼 분쟁이 치열해졌다. 제2장에서 살펴본 바와 같이 1980년대까지 한국에게 일본은 경제면에서 사활적 중요성을 가진 나라였으며, 때문에 일본과의 관계에 악영향을 줄 역사인식과 영토문제를 제기하기가 쉽지 않았다. 한일 관계의 개선으로 얻어질 이익과 악화로 잃게 될 손실이 명확한 형태로 존재했기 때문에, 문제가 발생하는 경우, 활동에 지장이 생길 정치계와 경제계가 관계 수복을 위해 분주히 움직였고, 문제는 비교적 조기에 해결되었다.

그러나 현재 한국에서 이와 같은 메커니즘은 작동하지 않는다. 현재 한국의 정치 혹은 비즈니스에서 대일본 관계는 사활적인 중요성을 갖지 못하며, 오히려 일본의 입장을 옹호함으로써 국내여론으로부터 뭇매를 맞을 가능성까지 있다. 그렇다면, 그들에게 합리적인 선택은 누군가가 움직이기를 기대하면서 사태의 추이를 관망하는 것이다. 그래서 오늘날 한국에 역사인식과 영토를 둘러싸고 한일간에 알력이 발생해도, 이를 수복하기 위해 적극적으로 움직이는 정치가나 재계인은 없다. 결국, 사태는 악화된 채로 방치되고, 계속해서 같은 문제를 둘러싼 분쟁이 되풀이된다. 90년대 이후 역사인식과 영토문제 특히 위안부 문제에 의한 관계악화는 이러한 메커니즘을 통해 초래되었다.

그러나 일본은 이러한 한국의 상황을 여전히 이해하지 못하고 있다. 예를 들면 2018년 1월 9일, 문재인 정부가 앞서 2015년 12월에 체결된 위안부 합의에 관한 '새로운 방침'을 발표했을 때, 일본의 미디어들 사이에는 이러한 상황을 맞은 원인에 대해 문 대통령이 지지율을 올리기 위해 역사 인식문제를 제기하여, 한국내 반일감정을 이용하고 있다는 해설이 그럴싸하게 유포되었다.

그러나 이 해설은 두 가지 점에서 완전히 잘못 짚고 있다. 첫째, 이 시점에 문재인 대통령의 지지율은 여전히 60%를 넘고 있었으며, 때문에 그가 '이 단계에서' 지지율을 올릴 필요는 없었다. 덧붙여 이야기하자면, 대통령 취임 후 같은 시기를 비교한 지지율을 볼 때, 그는 2020년 4월말 시점에도 1987년 한국의 민주화 후 역대대통령 중 1위이다. 이는 민주화 운동의 영웅이었던 김대중 대통령마저 상회하는 수치이다.

그리고 더욱 중요한 것은 이 해설에는 전제가 되는 현상인식 ─ 즉, 역사인식문제와 영토문제를 제기하면 대통령의 지지율이 올라간다는 인식 ─ 에 중대한 오류가 포함되어 있다는 점이다. 이는 문재인 대통령의 지지율 추이를 보면 알 수 있다. 사실 위안부 합의에 관련된 '새로운 방침'이 발표된 전후에 지지율은 거의 움직이지 않았다. 즉 '반일감정을 이용하여 지지율을 높인다'는 효과는 존재하지 않았다.

그림 7-6 위안부 합의 전후에 나타난 박근혜 정부 지지율 추이

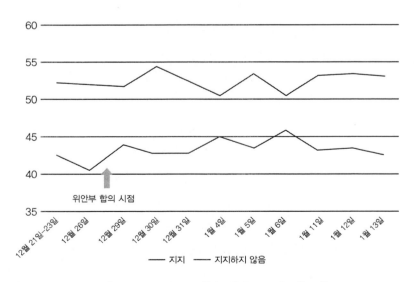

출전: Realmeter, http://www.realmeter.net/(최종확인 2020년 2월 7일)

현재 한국에서 한일간 역사인식과 영토문제를 제기하는 일이 대통령의 지지율에는 거의 영향을 주지 않는다는 것은 전임인 박근혜 정부 이후, 사실 잘 알려져 있는 현상이다.[1) 이를 전형적으로 보여준 예가 2015년 12월 위안부 합의 이후 박근혜 대통령의 지지율 추이이다(그림 7-6 참조). 주지하는 바와 같이 일본에 대한 위안부 문제의 법적 배상권을 포기한 위안부 합의는 한국 내 평가가 지극히 좋지 않으며, 정신대문제대책협의회를 비롯한 운동단체는 이에 격렬히 반대했다. 그럼에도 불구하고, 이 합의 전후의 박근혜 대통령에 대한 지지율은 12월 5째주부터 1월 첫째주 사이에 하락하기는커녕 상승했다. 같은 시기 북한의 핵실험을 향한 움직임이 감지되는 등 위안부합의에 따른 마이너스 효과는 완전히 상쇄될 만큼 사건들이 있었기 때문이다.

박근혜 정부에서 일어난 대일관계의 큰 변화는 그 뿐만이 아니었다. 이 위안부 합의의 결과로 일본에서 건너간 자금으로부터 많은 수의 전 위안부들이 실제로 지원금을 수령한 것이 그중 하나이다. 이 상황이 가지는 의미는 1996년 아시아여성기금을 둘러싼 상황과 비교해보면 쉽게 알 수 있다. 90년대 한국에서는 일본이 설립한 이 기금에 대한 반발의 목소리가 매우 높았으며, 이는 전 위안부 당사자들에게도 당연히 전해졌다. 기금으로부터 나온 자금은 일본 정부의 법적 배상이 아니며, 그러므로 이를 수령하는 것은 법적 책임으로부터 도망가려는 일본정부에 가담하는 행위라는 것이었다. 그 결과 일찍이 기금으로부터 자금을 받겠다고 밝힌 전 위안부는 여론으로부터 격렬히 규탄을 받았고, 결국 많은 위안부들이 자금의 수령을 단념했다. 그러나 박근혜 정부에서는 이러한 일이 일어나지 않았다. 즉 합의에 대해서는 세간의 부정적인 시선과 운동단체로부터 격렬한 비판이 있었음에도 불구하고, 전 위안부들은 합의에 기초한 '지원금'을 여론의 반발없이 수령할 수 있었다.

박근혜 정부 들어 크게 변화된 것은, 앞서 언급한 대통령 지지율에 미치는

---

1) 자세한 내용은 "Will the "Comfort Women" Agreement Reduce Japan—ROK Mutual Distrust?" Joint U.S. Korea Academic Studies, 2016, Korea Economic Institute in America, 2016을 참조.

영향도 마찬가지다. 일례를 들자면, 2012년 8월 이명박 전대통령이 독도를 방문하기 전후의 대통령 지지율은, 여론조사에 따르면 최대 9% 정도 상승하였다. 2006년에 노무현 전 대통령 역시 독도에 대해 강경한 발언을 한 뒤 5%정도 지지율 상승이 관찰되었으므로[2] 적어도 이 시점에서 한일간 역사인식과 영토를 둘러싼 언동이 대통령의 지지율에 영향을 미치는 상황은 확실히 존재했었다.

확실한 것은 그로부터 얼마 안가 역사인식과 영토문제를 제기하는 행동이 한국사회에 강한 영향을 주는 효과는 사라졌으니, 언제부터 인지 우리들의 낡은 사고가 통용되지 않게 된 것이다. 그 배경에는 한국에서 일본의 영향력이 다시 한단계 낮아진 영향이 있었으며, 그 귀결로 한일 관계에 대한 관심이 극적으로 줄어든 것이다. 이를 전형적으로 보여준 것이 2017년 5월에 있었던 대통령 선거였다. 이 대통령 선거에서는 총 6회, 시간으로는 12시간에 이르는 토론회가 실시되었고 그중 일본이라는 단어는 겨우 2회 밖에 언급되지 않았다.[3] 게다가 그 2회 중 한 번은, 일본에는 많은 노벨상 수상자가 나왔는데 한국에는 김대중 전대통령의 노벨 평화상을 제외하면 수상자가 없다는 문맥에서 나온 것이었고, 다른 한번은 사드(THAAD, 고고도미사일방어체계) 배치 문제와 관련해서 위안부 합의에 대해 언급한 정도였다. 즉 대일정책 그 자체에 대해서는 한번도 논의되지 않았다는 말이다.

이 토론회가 보여준 것은 대일정책 여부는 대통령을 선택할 때 중요한 정보가 아니라는 사실이며, 그러므로 이 선거에서 당선된 대통령이 취임한 후에도, 그이 지지율에 대일정책이 영향을 주지 않는다는 것은 처음부터 예상할 수 있는 일이었다. 이러한 상황은 문재인 정부에 하나의 명확한 특징을 만들었다. 문재인 정부가 출범할 당시, 많은 일본 미디어들은 과거의 경험에 비추어, '좌파 문재인 정부는 일본에 대해 적대적인 자세'를 취할 것이라고 예측했다. 그러나 현실은 크게 달랐다. 이 정부가 '좌파임에도 불구하고 일본에 대해

---

2) 앞서 게재한 "Will the 'Comfort Women' Agreement Reduce Japan－ROK Mutual Distrust?"참조.

3) 浅羽祐樹・木村幹・安田峰俊共著『だまされないための「韓国」 あの国を理解する「困難」と「重み」』, 講談社, 2017년.

우호적인 자세'를 취한 것이 아니라, 구체적인 대일정책이 결여되어 있었다.

이 점에 대해서도 역대 정권과의 차이점을 살펴보면 이해하기 쉬울 것이다. 이명박 정부 이전, 한국의 역대대통령들은 일본의 경제적 중요성과 역사인식 및 영토문제에서 일본에 대한 양보를 원치 않는 여론을 배경으로, 취임 직후에는 대일관계에서 융화정책을 내걸고, 임기말이 가까워지면 강경노선으로 전환하는 일을 되풀이해왔다. 즉 지지율이 높은 당선 직후에는 이를 이용하여 여론의 의향에 반하는 대일융화정책을 취할 수 있었지만, 임기말이 가까워져 지지율이 내려가면 저항력을 잃고 여론과 차기 대통령 선거 후보자에 타협하는 구조인 것이다.

그럼에도 불구하고, 정권 출범 당초부터 역사인식 문제에서 강경한 자세를 보였던 것이 박근혜 정부였다. 이는 결코 이 정권이 일본을 중시하지 않았기 때문이 아니다. 이명박 이전의 한국 역대 정부들이 출범 당초에 일본을 '타협해야 할 파트너'로 중시했다고 한다면, 박근혜 전대통령도 또한 일본을 '굴복시켜야 할 라이벌'로 중시했기 때문이었다.

이러한 일련의 역대정권과 달리, 문재인 정부는 대외정책에서 일본에 적극적인 역할을 부여하지 않았다. 한국 정부는 위안부 합의의 '새로운 방침'과 관련해서도, 그 후 재단의 해산 이외에는 이 문제를 해결하기 위한 구체적인 행동을 무엇 하나 실행하지 않았다. 위안부 문제든, 강제징용 문제든, 평균연령으로 치면 90세가 넘는 당사자들을 방치한 채, '딴청'을 피우는 양상이다. 구체적인 행동의 부재는 문재인 정부에게 한일양국간 외교 현안으로서 위안부 문제와 강제징용 문제를 스스로 해결하고자 하는 적극적인 의사가 없음을 나타내고 있다.

대신 이 정권에서 가장 중시된 것은 대북정책, 특히 대화에 의한 융화적 환경의 실현이다. 북미정상회담을 주선한 데에서도 알 수 있듯 미국은 그 속에서 중요한 역할을 부여받고 있으며, 북한과의 대화를 위해 중국정부의 연계도 어느 정도 감안되고 있다. 한편 문재인 정부가 일본에 원하는 것은 이 국가들의 대화로 향하는 발걸음을 방해하지 말라는 것뿐이며, 거기에서 적극적인 역할을 기대하지 않는다.

경제 분야도 마찬가지다. 정부 출범으로부터 1년여가 지났을 때 재계 등 일부에서 한일 통화 스와프 협정의 체결을 원하는 목소리들이 나왔으나, 정권은 아직 일본에 구체적인 요구를 하지 않았다. 그 사이에 문제인 대통령이 일본을 방문한 것은 2020년 2월까지 겨우 2회였는데, 그것도 2019년 5월 한중일 정상회담 때 '당일치기'로 일본을 방문한 것과, 바로 이어진 6월에 오사카에서 개최된 주요 20개국·지역정상회의(G20)에 참가했을 때 뿐이다. 당시는 같은 해 4월 남북정상회담이 끝나고, 6월 북미정상회담을 위해 국제사회가 활발한 움직임을 전개하던 시기이다. 6월의 G20에서 한일양국 정상회담조차 마련되지 않았으나, 그럼에도 불구하고 한일관계에 관해 어떠한 움직임도 보이지 않았다는 점이 이 정부에서 일본이 차지하는 위상을 전형적으로 보여주는 예라 하겠다.

3. 강제징용 판결 이후의 한일관계[4]

여기까지 논의해온 것처럼 한국에서 일본의 경제적 중요성은 급속도로 축소되었으며, 일본이 한국무역 전체에서 차지하는 점유율도 최고점 대비 6분의 1 가까이 떨어졌다. 파워밸런스의 변화는 군사면에도 이르러, 현재와 같은 상황이 계속된다면 한국의 군사비는 달러베이스로 볼 때 수년 내에 일본의 방위비를 추월하게 된다. 일본의 중요성이 급속하게 후퇴하자, 한국내에서는 한일관계에 대한 관심이 감소하였으며, 현재는 이 문제가 대통령 선거에서도 논의되지 않고, 대통령과 여당의 지지율에도 거의 영향을 주지 못하게 되었다.

이러한 변화를 거쳐 현재 한일관계는 중대한 기로에 서있다. 직접적 계기가 된 것은 2018년 10월말 한국대법원에서 나온 강제징용, 보다 정확하게는 한국인 전시노동자[5]에 관한 판결이었다. 여기서 대법원은 한국인 전시노동자의

---

4) 본 절 이하의 내용에 대해서는 졸고, Explaining South Korea's Sharp Shift in 2018 toward Japan"Asan Forum, 7(2), Apr 2019도 참조.

일본기업에 대한 위자료청구권을 인정하여, 일본 정부와 여론은 이에 격렬히 반발했다. 계속해서 12월에는 한국 해군 구축함이 일본의 해상자위대 초계기에 레이더를 조준하는 사건이 발생하여, 양국의 대립은 안전보장 분야에까지 파급되었다. 안전보장분야에서는 2018년 9월말에 자위대함의 깃발인 이른바 '욱일기'를 둘러싼 분쟁이 이미 발발하였으며, 일련의 사건으로 양국 방위관계자 사이의 감정이 급속도로 악화되기에 이르렀다.

문제는 이들 일련의 사태에 대한 한국정부의 대응이 매우 모순되어 있다는 점이다. 예를 들면 한국 정부는 강제징용 판결 직후 정권 넘버 투인 국무총리 산하에 사실상 테스크 포스팀을 조직하여 일본과의 정치적 타협책을 모색하였는데, 반면 외교부는 2015년 위안부 합의에 근거하여 설립된 '화해치유재단'의 해산을 공식 결정하였다.6) 외교부는 또한 같은 시기에 위안부 합의 자체의 법적 효력을 부정했음이 밝혀졌고,7) 이렇게 위안부 합의의 전제를 위협하는 한국정부의 움직임에 일본측은 불신감을 쌓아갔다. 그 결과, 한국정부가 모색하고 있었던 강제징용 문제를 둘러싼 일본측과의 정치적 타협은 불가능해졌다. 모순된 대응은 해상자위대 초계기에 대한 레이더 조준 사건에서도 보였다. 한국국방부는 레이더를 조준한 사실을 부정하는 한편, 오히려 해상자위대기가 저공비행하여 한국의 구축함을 위협했다며, 일본 정부의 사죄를 요구했다. 이에 양국 방위당국의 대립은 더욱 깊어 졌고, 일본 정부와 여론에는 더욱 불신감이 끓었다.

그렇다면 한국 정부의 대응은 왜 이렇게 모순된 양상을 보인 것일까?

---

5) 많은 미디어에서 보도된 바와 같이 여기서 회자되는 '징용공' 중에는 법률적인 의미에서의 '징용'에 의해 동원되지 않은 노동자가 포함되어 있다. 예를 들면 2018년 10월 신닛테쓰스미킨(옛 신일본제철)판결의 대상은 '징용' 이전에 동원된 노동자들이었다. 한편 다음달인 11월 미쓰비시중공업 판결의 대상이었던 노동자 중에는 법적인 의미에서의 '징용'에 의해 동원된 노동자가 포함되어 있었다.

6) 「日本, 和解・癒やし財団解散に反発…駐日韓国大使を直ちに招致」, 『중앙일보 일본어판』 2018년 11월 21일.

7) 「[단독] 외교부 "위안부 합의 헌법소원 각하" 의견서 냈다」, 『한국일보』 2018년 11월 5일.

이 문제를 고려할 때 첫 번째 단초가 되는 것은 일련의 사건에 대해 문재인 대통령을 비롯한 한국정부의 고위직들은 적극적인 발언을 피하고 있다는 점이다. 예를 들면 2018년 강제징용 판결 이후 매년 식민지통치와 관련해 언급이 나오는 것이 통례였던 다음해 삼일절까지의 사이에, 문재인 대통령이 강제징용 문제에 대해 직접 언급한 것은 겨우 2회였다. 첫 번째는 아르헨티나에서 개최된 G20에서 돌아오는 길에 정부전용기내에서 한국인 기자의 질문에 답하기 위해서였으며, 내용은 "과거사 때문에 미래지향적인 여러 협력관계가 손상 받아선 안 된다"는 일반적인 답변이었다.[8] 한일 관계에 대한 문재인 대통령의 소극적인 자세가 보다 두드러지게 나타난 것은 2019년 1월 10일의 연두기자회견이었다. 대부분의 일본 미디어들은 대일관계 관련 대통령 메시지를 기대하고 있었으나, 모두 연설부분에서는 전혀 나오지 않았다. 그 후도 계속 대일관계에 대한 언급이 나오지 않자, 외교·안보 문제에 관한 질의응답 시간에 NHK소속 기자가 억지로 강제징용 문제에 대해 질문을 하였고, 문재인 대통령은 이에 대답할 수밖에 없긴 하였으나, 이러한 일개 기자의 '막무가내식 질문'이 없었다면 연두기자회견에서 대일관계에 대해 끝까지 침묵할 생각이었다는 것은 분명했다.[9]

이 시기 한일 관계에 대한 적극적 발언을 피했던 것은 대통령에 한정된 이야기가 아니다. 레이더 조준 문제 당시, 한국국방부는 대변인에게 발언을 일임하였고, 국방장관은 거의 입을 떼지 않았다. 침묵한 것은 외교부 장관도 마찬가지이며 한국정부 고위직들의 대일관계에 대한 발언으로는 강제징용 문제 해결을 담당한 국무총리가 이 문제에 관해 몇 번 언급한 것이 보이는 정도이다.

한국정부 고위직들이 이렇게 대일관계에 소극적으로 관여하는 자세는 앞서 필자가 지적한 한국내 한일관계 중요성의 저하 현상을 뒷받침하는 것으로 보인다. 가령 일부 일본의 미디어가 여전히 언급하고 있는 '대일관계에서는 강

---

8) 「対日関係への影響回避を＝歴史問題で韓国大統領」, 『時事通信』 2018년 12월 3일.

9) 이 경위에 대해서는 「韓国メディア「対日」質問せず＝北朝鮮, 経済に集中ー文大統領会見」 『時事通信』 2019년 1월 10일 등.

경한 자세가 한국 정치가들의 지지율 상승에 기여한다'는 상황이 실제로 있다고 가정한다면, 내정문제로 국내 비판이 거세질 때 지지율 저하에 직면한 한국정부와 여당 관계자들이 적극적인 일본 비판을 전개해야 할 것이다. 한편 문재인 대통령을 비롯한 한국 정부의 고위 관계자들은 한일 관계의 중요성에 대해 어떠한 메시지도 내보내지 않고 있으며, 그들이 대일관계를 중시하여 회복시킨다 해도 아무런 인센티브가 없다는 것 또한 확실하다. 좀 더 추가하자면 그들이 입을 엶으로써 문제가 악화되기 때문에 피하고 있는 것도 아니다. 2019년 연두기자회견에서 단적으로 나타나 있듯, 문재인 대통령은 일본인 기자로부터의 질문을 받을 충분한 준비조차 되어있지 않았으며, 그곳에 '곤란한 문제이니 신중하게 답하는' 대통령의 모습은 존재하지 않았다.

그렇다고는 해도 앞서 언급한 논리 만으로 현재 상황의 모든 것들이 설명될 리는 없다. 이 점에 대해 필자는 과거 일련의 저작[10]에서 한국 내 한일관계의 중요도 저하가 영토문제와 역사인식 문제에 영향을 주는 메커니즘을 다음과 같이 설명해 왔다. 즉 영토와 역사인식 문제에는 쉽게 해결될 수 없는 대립구조가 존재하며, 그러므로 새로운 교과서 검정 결과 발표와 영토문제 관련 기술을 포함한 정부백서 발생 등을 계기로, 이들 문제에 관한 분쟁이 일정한 빈도로 일어날 수밖에 없다. 한국에서 한일 관계의 중요성이 컸던 시대에는 문제가 일어날 때 마다 양국 관계의 훼손을 우려한 엘리트 들이 조기에 움직이기 시작해, 문제를 진정시키기 위해 노력했다. 예를 들면 일본의 자본과 기술에 의존하고 있던 재계인들이 정치가에 작업을 할 때도 있었고, 한국 미디어를 이용한 '한일 관계의 중요성'을 확인하는 대여론 캠페인의 형태로 나타나기도 했는데,[11] 그 결과, 문제는 조기에 진정되었고 양국은 문제가 더욱

---

10) 졸저 기무라 간 『한일 역사인식 문제의 메커니즘』 김세덕 옮김, 제이앤씨(2019), 'Discovery of Disputes: Collective Memories on Textbooks and Japanese–South Korean Relations', Journal of Korean Studies; 17(1), Spring 2012 등.
11) 앞서 다룬 제1차 교과서 파동 직후의 '극일운동'이야 말로, 그 전형적인 사례이다. 한국의 정재계가 하나가 되어 '일본을 극복하기 위해서는 일본을 알아야 한다'라는

심각해지는 것을 피할 수 있었다.

그러나 일본의 중요성이 크게 저하되면, 한국내에서 이러한 메커니즘은 기능하지 않게 된다. 오늘날 경제적인 파트너로서 지위가 저하된 일본을 위해 위험을 무릅쓸 재계인사는 없다. 레이저 조준과 욱일기가 문제가 되었던 당시의 대응에서도 보이듯, 안전보장 관계자들 사이에도 대일관계의 악화가 자신들의 활동에 악영향을 준다는 인식은 옅어 졌다고 하겠다. 한국의 엘리트들이 '귀찮은' 한일 분쟁의 진정화 작업을 하는 대신 얻을 수 있었던 인센티브는 현저하게 적어졌으며, 따라서 일단 발발한 분쟁은 방치되고, 필연적으로 장기화된다.

단, 이러한 필자의 이전 논의에서 분쟁의 장기화는 설명할 수 있었으나, 분쟁 빈도의 증가와 새로운 이슈의 발발은 설명이 되지 않는다. 최근의 상황을 살펴보면, 최근 한일간에는 지금까지 독도(일본명 다케시마)문제, 위안부 문제, 교과서 문제, 야스쿠니신사 참배 문제와 같은 90년대 무렵부터 반복적으로 논의되어 온 문제와 더불어, 강제징용 문제와 욱일기 문제, 거기에 영토 및 역사인식문제와는 직접적 관계도 없는 레이저 조준 문제, 한일군사정보포괄보호협정(GSOMIA) 연장 문제와 같은 새로운 이슈가 부상하고 있다. 그리고 이는 일부를 제외하고는, 일본 국내 시민운동 등과 연계가 없는 순전한 '한국발' 움직임이다.[12] 그러므로 단순히 분쟁이 장기화 및 심화되는 현상 뿐 아니라, 새로운 이슈가 빈발하는 메커니즘을 밝힐 필요가 있겠다.

이 메커니즘은 과연 무엇일까? 이를 밝힐 중요한 열쇠는 욱일기, 강제징용, 레이저 조준 등과 같은 최근의 문제들이 독도(일본명 다케시마)문제, 역사인식문제 같은 종래 논쟁에서 중요한 역할을 해온 사람들과는 다른 이들이 주도

구호 아래, 한국에 대한 일본의 중요성을 강조하는 캠페인을 벌였다.

12) 물론 예외적으로 2019년 7월에 일본 정부가 제기한 일부 반도체 재료에 대한 수출 관리강화 문제가 있다. 이 점에 대해서는 木村幹「輸出規制への『期待』に垣間見る日韓関係の『現住所』」『ニューズウィーク日本版』(online), 2019년 7월 8일, http://www.newsweekjapan.jp/kankimura/2019/07/post-5.php(최종확인 2020년 2월 7일)

하고 있다는 점과 주로 군과 사법의 '현장'에서 일어나고 있다는 점에 있을 것 같다.

이 점에서 전형적인 사례가 욱일기 문제이다. 이 문제는 한국 해군이 2018년 10월 제주도에서 열리는 '대한민국 해군 국제관함식'에 참가 의사를 밝힌 일본 해상자위대 함선에 욱일기 게양을 자제하라고 요청하여, 이에 반발한 해상자위대가 국제관함식 참가를 취소한 것으로부터 시작되었다. 한국해군과 해상자위대의 교류는 이전부터 활발하였는데, 그때까지 해상자위대가 자위대 함기로서 욱일기를 게양한 것이 공식적인 문제가 된 적은 없었다. 그리고 한국 해군도 당초 국제관함식에서 종전과 마찬가지로 해상자위대에 자위대 함기 사용을 허용할 방침이었다고 한다.[13]

최종적으로 한국 해군이 욱일기 게양 '자제'를 요청하는 사태에 이른 것은 한국의 시민단체가 광복절이 있는 8월부터 욱일기에 관한 운동을 강화했기 때문이며,[14] 그 운동이 국제관함식과 연결된 것이다.[15] 그 결과 한국해군은 급거 당초 방침을 철회하고 관함식에 참가하는 각국에 '자국과 한국의 국기만 게양할 것을 요청'하는 우회조치를 취함으로써 해상자위대에 욱일기 사용 '자제'를 사실상 요청하게 된 것이다. 이러한 한국 해군의 요청은 해상자위대 측의 감정을 현저히 손상시켰고, 사태는 갑자기 양국 안전보장 당국간의 대립으로 발전되었다.

욱일기 사건의 전개가 오늘날 한일 관계에서의 한국측 상황을 전형적으로 보여주고 있다는 점에 주목해도 좋을 것이다. 다음 장에서 자세히 이야기하겠으나, 한국에서 '욱일기'에 대한 관심이 높아진 것은 2012년 이후로, 특히 2013년의 동아시안컵 한일전에서 일본측 응원단이 욱일기를 걸어 큰 문제가 된 이래, 한국 국내에서 본격적인 운동이 시작되었으니, 길어도 7~8년 정도

---

13) 「日本, 翌月の韓国海軍国際観艦式に「旭日旗」掲げて参加?」, 『中央日報日本語版』 2018년 9월 6일.
14) 「뜨거워진 국제관함식 '욱일기' 논란」, 『헤럴드경제』, 2018년 8월 1일.
15) 이 운동에 대해서는 예를 들면, 「済州国際観艦式に参加する海上自衛隊の艦艇に相次ぐ反対の声」, 『중앙일보 일본어판』, 2018년 9월 10일.

의 역사이다.16) 그러나 욱일기에 대한 반대 운동은 인터넷을 통해서 영향력을 높였고, 한국에서는 언젠가부터 욱일기가 나치의 하켄크로이츠와 나란히 '전범기'라는 이해가 일반화되었다. 특징을 살펴보면, 이러한 움직임이 스포츠 관전 현장과 인터넷 공간에서 성장했다는 점이며, 그 과정에 위안부 문제의 정신대문제대책협의회와 같은 핵심적 역할을 하는 '프로 운동가'들은 존재하지 않았다는 점이다. 말하자면 '아래로부터 시작된 민족 운동'이 한일양국 해군의 협력관계를 부숴버린 사례라고 할 수 있다.

이 욱일기 문제의 전개에는 두 가지 전제가 존재한다. 첫 번째로 이 문제의 배경에는 한국인들이 가진 역사인식 문제에 관한 일반적 경향, 즉 식민지 통치를 '악'으로 두고, 이에 관련된 모든 것들을 배제하고자 하는 단순화된 움직임이 있다는 점이다. 한국 헌법의 전문이 일본 식민지 통치를 무효로 하는 견해를 시사하고 있듯이, 이러한 인식은 한국이라는 국가가 내걸고 있는 '원칙'에 속하는 것이어서, 한국인들이 이 논리에 직접적으로 저항하기는 힘들다. 그러므로 일단 국가의 '원칙'에 속하는 논리가 발동되고, 그 운동의 압력을 받게 되면 국제관함식을 준비하는 한국해군의 '현장'에서조차 이를 부정하기는 어렵다.

그러나 지금까지 이러한 '원칙'이 발동되지 않았던 것은 압력을 받게 될 '현장'을 상부의 엘리트들이 지탱하고, 그 발동을 저지해왔기 때문이다. 그러므로 욱일기 문제의 두 번째 전제이자 가장 중요한 전제는, 대통령을 비롯한 정부의 고위직들이 하나같이 입을 다물고, 이에 대한 관여를 피하고 있다는 점이다. 이러한 엘리트들의 보호가 없어지자, '현장'은 쉽게 '원칙'앞에 무릎을 꿇었다. '현장'의 사람들이 '원칙'이나 운동의 압력에 계속 저항하기는 어렵다. 거기에 어떠한 보상이 주어지지 않는다면, 아무런 인센티브가 없다면, 계속 저항할 이유는 없다.

국가의 '원칙'을 방패로 '현장'에 가해진 압력, 그리고 이에 대해 엘리트들이

---

16) 그때까지 한국에서 문제가 되었던 것은 욱일기 보다는 일장기였기 때문이다. 다음 장에서 이에 대해 상술하겠다.

실시했 왔던 보호의 부재는 곧 압력에 '현장'이 굴복하는 사태를 불렀고, 그에 대한 처벌은 부재했으며, 당연히 다른 '현장'도 '원칙'에 굴복하는 유사 현상을 연쇄적으로 일으킨다. 결과적으로 분쟁은 등비급수적으로 증가하여, 한일 양국의 관계는 급속도로 악화되어 간다.

맺음말을 대신하여

위에 나온 메커니즘을 정리해 보면 결국 오늘날 한일관계의 악화를 가져온 것은 한국의 한일관계에 관한 '이데올로기 거버넌스' 즉 대한민국이 '국가로서 내건 '원칙'에 관련된 내셔널리즘을 통제하는 시스템'이 붕괴했기 때문임을 알 수 있다. 이 메커니즘의 작용을 보다 심각한 형태로 노출시킨 것이 강제징용 문제이다. '일본의 식민지 통치는 힘에 의해 강제된 것이므로 위법이다'라는 논리는 1948년 대한민국 건국이래 일관되게 국가의 성립을 설명하는 데 사용되었던, 가장 중요한 '원칙'이었다. 그러나 지금까지 이러한 '원칙'은 국내 논의에서는 중요시되었더라도, 실질적인 대일관계에서는 발동되지 않았다. 왜냐하면 이 '원칙'이 한번 발동되면 1965년 체결된 한일기본조약과 그 부속협정을 기초로 하는 한일관계에 심각한 손상을 가할 것은 누가 보더라도 불 보듯 뻔했기 때문이다.

그러나 한국에서 대일 관계의 중요성이 상실됨으로써, 한국의 엘리트들은 '원칙'의 발동을 막기 위해 위험을 무릅쓸 인센티브를 잃었다. 이렇게 대한민국을 지탱하는 가장 중요한 '원칙'이 발동되었고, 즉시 한일 관계의 기반을 파괴했다. 그리고 이 상황 하에서 국가의 '원칙'에 저항할 자는 존재하지 않는다. 이것이 '대한민국이란 무엇인가'를 설명하는 데 국가가 내건 가장 중요한 '원칙'인 이상, 어떠한 법적 논리를 가져와도 이를 부정하기는 불가능하기 때문이다.

결국 오늘날 한국에서 일어나고 있는 현상은, 지금까지 봉인되어 있었던 일본에 대응되는 다양한'원칙'들이 엘리트에 의한 통제라는 스톱퍼를 잃고, 일제히 발동되고 있는 사태이다. 이러한 통제의 이완은 '현장'의 일본 대응을 조잡하게 만들었고, 지금까지는 생각지도 못했던 긴장감이 결여된 사태를 수없이 만들어냈다. 한일간 잠정 수역에서 한국 해양경찰청 경비정이 일본어선에 대해 조업정지명령을 하고, 해군구축함에 의해 레이더가 조준된 문제도 이러한 긴장감의 결여를 전제로 하면, 이해 못할 것도 아니다.

이렇게 한국의 대일 정책은 표류하고, 사태는 자신들의 의도를 넘어 악화해 간다. 한국 정부가 대일 정책에 대한 통제를 회복할 조짐은 당분간 보이지 않을 것이다. 한일 관계는 쉽지 않은 국면이 계속될 것 같다.

제8장

욱일기 문제로 보는 한국 내셔널리즘의 새로운 측면

들어가며

2018년 10월 30일 한국대법원 판결[1]을 계기로 이후의 한일 관계는 더욱더 악화되었다. 이 판결에서 대법원은 헌법 전문에서 시사하는 '식민지배 위법론'의 입장에 서서, 당시 일본정부가 행한 조선인노동자 전시동원을 위법행위로 단정하고, 노동자들을 동원한 일본기업에 대한 원고 위자료청구권을 인정했다. 이와 더불어 일본정부가 식민지배의 위법성을 인정하지 않는 이상, 1965년에 체결된 한일기본조약과 그 부속협정에서 언급하는 위자료청구권은 적용 대상에 포함되지 않는다고 하고, 그러므로 강제동원 위자료청구권은 한일청구권협정에도 불구하고 유효하다고 결론 내렸다.

이 판결은 '식민지배 합법론'의 입장에 서서 위자료청구권의 발생 자체를 부정하고, "양 체약국 및 그 국민 간의 청구권에 관한 문제가 완전히 그리고

---

1) 이 판결의 개요는 権南希 「判例時評 強制動員被害者の請求権, 司法判断と外交 : 韓国大法院 2018年 10月 30日宣告 2013다61381 全員合議体判決」, 『法律時報』 91(2), PP.4−6, 2019년 2월, 등 참조.

최종적으로 해결된 것이 된다는 것을 확인한다"는 한일청구권협정의 내용을 문자 그대로 해석해서 한국측으로부터 발생하는 모든 청구권에 관한 문제를 '해결 완료'로 보는 일본 최고재판소의 판단[2]과 완전히 배치되는 것이다. 사법 당국의 판단에 묶인 한일양국 정부는 같은 국제조약에 대해 양국의 사법시스템이 내린 서로 다른 판단 하에, 외교협상조차 곤란한 상황에 직면했다.

문제가 그 정도였다면, 그래도 사태는 조선인 노동자의 전시동원이라는 한일 양국간의 '과거'를 둘러싼 범주에 머물렀을 지 모르겠다. 그러나 같은 해 12월 20일, 이른바 '레이더 조준 문제'[3]가 발발하자 한일 양국의 대립은 안전보장 분야까지 확대되었다. 일본 측에서는 일본 해상에서 북한어선의 선원이 조난을 당했고 한국의 해군구축함이 구호 활동을 하다가 이를 감시하고 있던 일본 측 해상자위대 소속 초계기에 화기관제 레이더를 조준하는 위험한 위협 행위를 했다고 비난하였다. 이에 한국측은 레이더를 조사한 행위 자체를 부정할 뿐 아니라, 오히려 일본 측 초계기가 한국측 구축함을 저공비행으로 위협했다고 응수하여[4] 양국 군사당국간의 관계가 크게 악화되었다. 그리고 그 결과 지금까지 밀접한 관계를 유지해온 한국과 일본의 군사당국은 교류를 계속하는 것조차 곤란한 상황에 빠졌다.[5]

한일 양국은 왜 2018년 후반이라는 타이밍에 이러한 사태에 이르게 된 것일까? 2018년 한국과 일본이 처해있던 상황은 그때까지 와는 다른 점이 몇 가지 있었다. 하나는 그때까지는 한일 간 분쟁이[6] 위안부 문제, 교과서 문제,

---

2) 出石直 「戦後補償訴訟における元徴用工問題と日韓関係」, 『現代韓国朝鮮研究』 15, pp.30－50, 2015년 11월 등 참조.

3) 이 사건의 개요는 防衛省·自衛隊 「韓国海軍艦艇による火器管制レーダー照射事案」, https://www.mod.go.jp/j/approach/defense/radar/index.html(최종확인 2019년 3월 26일).

4) 「군 "사격레이더 쏘지 않았다"…전직 제독 "일본 초계기가 적대 행위"」, 『중앙일보』 2018년 12월 23일. 이 책의 중앙일보 기사는 특별한 언급이 없는 한 다음 사이트를 참조하였다. 『중앙일보』 https://search.joins.com/(최종확인 2019년 4월 1일).

5) 일본 자위대 관계자 인터뷰(2019년 3월 5일, 일본 도쿄)

6) 한일 양국간 역사인식문제가 지금까지 전개되어온 과정은, 졸저 기무라 간 『한일

야스쿠니 신사참배 문제, 독도(일본명 다케시마)문제 같이 8-90년대부터 계속되어 온 '익숙한' 이슈에 한정되어 있었으나, 2018년 이후는 단번에 다른 분야까지 불똥이 튄다는 점이다. 말할 필요도 없이 앞서 예로 들은 '레이더 조준 문제'가 그 예라 하겠다.

또 하나는 이 해 한국이 일본에 대응하는 방식이 매우 즉흥적이었고, 미리 준비한 것 같지 않았다는 점이다 예를 들면 레이더 조준 문제의 전개에서 한국 측이 제기한 '위협비행' 여부와 같은 일련의 대응은 전혀 '결착점'이 보이지 않는다.[7] 이러한 대응은 지금까지 위안부 문제와 독도 문제에서는 보이지 않던 경향으로 주로 한국 측에 어떠한 큰 변화가 일어나고 있음을 시사하고 있다.

이와 같이 2018년 이후의 한일 양국 관계에는 그때까지와는 전혀 다른 요소가 엿보인다. 그 새로운 요소를 찾고 배후에 존재하는 상황을 밝히기 위해, 2018년 9월에 발발한 '욱일기 문제'[8]를 모델케이스로 삼고자 한다. 욱일기에서 한일관계와 관련하여, 전과는 다른 요소를 찾고자 하는 이유는 크게 4가지가 있다.

첫째는 이 문제는 역사인식 문제와 새로이 등장한 안전보장 문제의 사이를 이어주는 역할을 하고 있다. 이미 알려진 바와 같이, 한국 측은 앞서 언급한 '레이더 조준 문제'에 대해 수면 하에서 처리하기를 원했으나, 일본측(해상자위대)은 이를 표면화시키는 길을 선택했다. 그 배경에는 이보다 약 4개월 앞서 발생한 '욱일기 문제'에 유래한 해상자위대 측의 강한 불신감이 있다고 이야기되어 진다.[9]

역사인식 문제의 메커니즘』 김세덕 옮김, 제이앤씨(2019) 등을 참조.

7) 이 점에 대해서는 졸고 「なぜ対日政策が『雑』なのか」, 『Voice』 2018년 12월 등을 참조.

8) 이 문제에 대해서는 カール・グレン 「日韓を翻弄する旭日旗の呪縛」, 『ニューズウィーク』 33(39), pp.36-37, 2018년 10월 16일, 등을 참조하였다.

9) 「記者の目: 韓国艦レーダー照射問題　安全保障に悪影響, 危惧＝前谷宏(東京社会部)」, 『毎日新聞』 2019년 3월 1일,
https://mainichi.jp/articles/20190301/ddm/005/070/013000c(최종확인 2019년

둘째, 이 문제에는 구체적인 '당사자'가 존재하지 않는다. 위안부 문제와 강제징용 문제에서는 전 위안부 및 전 징용공, 그리고 유족들이라는 명확한 '당사자'가 존재한 것에 비해, '욱일기 문제'에는 직접적으로 피해를 입은 구체적인 '당사자'가 존재하지 않는다. 이는 당연히도 이 문제가 다른 사안들과 아주 다르게 전개되는 원인이 되었다.

위안부 문제와 강제징용 문제에서는 피해 보상을 요구하는 '당사자'의 활동을 시민운동가나 변호사와 같은 '프로 운동가'가 지원하는 구조가 만들어져 있다. 그러나 '당사자'가 없는 '욱일기 문제'에는 법정 투쟁 등의 활동이 존재하지 않기 때문에 운동의 전개 과정에 시민운동가나 변호사와 같은 '프로 운동가'가 개재할 여지가 적다. 이는 그때까지 있어 왔던 한일간 문제와 완전히 구분되는 새로운 요소로 생각된다.

셋째, '당사자'의 부재는 운동의 초점을 불명확하게 만든다. 즉, '당사자'가 있는 운동의 목적은 당연히 '당사자의 구제'이며, 그 초점은 어떻게 해야 일본 정부 및 기업으로부터 보상과 사죄를 받아내느냐가 된다. 그러나 '욱일기 문제'의 구체적인 목적은 반드시 정해져 있지 않다. 욱일기의 게양에 반대하는 뜻이 있는 것은 확실하나, 이를 한국 국내에서 실현시키고자 하고 있는 것인지, 혹은 국제적으로도 전개하고자 하는 것인지, 더 나아가 실제로는 다양한 형식이 존재하는 욱일기를 어디까지 규제하고자 하는 것인지 등도 확실치 않다.

넷째, 욱일기 문제는 지금까지 존재하지 않았던 완전히 새로운 문제이다. 지금까지 반복되어 온 한일 양국 간의 군사교류에서 자위대 함선이 자위대기를 사용하는 상황이 구체적으로 문제가 된 적은 없었다.[10] 이 사실에 단적으로 나타나 있듯, 욱일기 문제가 중요사항으로서 부상한 것은 극히 최근의 일이다. 그렇다면, 우리는 욱일기 문제를 분석함으로써, 이 문제가 특히 급속도

4월 1일)

10) 「제주관함식 '욱일기군함' 반대 청원 잇따라」, 『한라일보』 2018년 9월 9일 외. 조선일보와 중앙일보를 제외한 한국미디어 기사는 모두 이하의 데이터베이스에 의거하고 있다. Big KINDS https://www.kinds.or.kr/main.do(최종확인 2019년 4월 1일). 이 사이트는 한국언론진흥재단이 제공하는 통합미디어 데이터베이스이다.

로 부상한 2010년대 이후 상황의 특색을 확실히 밝힐 수 있을 것이다.

그러면 바로 '욱일기 문제'의 전개를 자세히 살펴보기로 하자.

1. 전사(前史)로서의 '일장기 문제'

본디 한국에서 '욱일기'는 어떻게 이해되어져 왔을까? 이 점에 대해 한국에서 현재까지 발행되고 있는 신문 중 가장 오래된 역사를 가진 신문사 중 하나이며, 2020년 4월 시점에서 최대 발행부수를 자랑하는 조선일보 데이터베이스[11])에서 찾아보기로 하자. 이 데이터베이스는 1989년 이전에 대해서는 PDF 기사 데이터베이스에서 신문기사 제목에 포함된 단어를 검색할 수 있고, 1990년 이후에 대해서는 텍스트 기사 데이터베이스를 통해서 신문기사에 포함된 모든 단어를 검색할 수 있다. 이로써 1945년 이후부터 오늘날까지 신문 지면에 나온 '욱일기'에 관한 언설을 확인할 수 있었다.

---

11) 「1등 인터넷뉴스 조선닷컴 – 검색」, http://searchchosun.com/(최종확인 2019년 4월 1일) 조선일보 기사는 별도 언급이 없는 한 모두 이 사이트에 의거하고 있다.

• 표 8-1 조선일보에 보도된 '일장기'혹은 '욱일기'를 제목에 포함하는 기사 수

	일장기	욱일기
1945-49	2	0
1950-54	0	0
1955-59	1	0
1960-64	2	0
1965-69	3	0
1970-74	3	0
1975-79	1	0
1980-84	0	0
1985-89	4	0
1990-94	4	1
1995-99	3	0
2000-04	0	0
2005-09	0	0
2010-14	0	3
2015-19.3	0	6

출전: 「1등 인터넷뉴스 조선닷컴 - 검색」 http://searchchosun.com/에 의거해 필자가 작성(최종확인 2019년 4월 1일).

표 8-1은 이 데이터베이스를 통해 각 시기에 보도된 '욱일기', 또는 그에 관계된 단어가 들어간 기사 수를 정리한 것이다. 가장 먼저 확실히 보이는 것은, 1991년 5월 7일자 '욱일기 출항'이라는 기사가 조선일보에 처음으로 등장한 '욱일기'라는 단어를 제목에 포함한 기사라는 사실이다.[12] 이 기사는 자위대 출범 후 첫 해외임무를 맡아 파견된 해상자위대 소해정부대가 필리핀에 정박했음을 보도하고 있는데, 조선일보는 이것이 태평양전쟁 당시 맹위를 떨쳤던 일본 해군의 필리핀 정박 이래 처음 있는 일이라며 비교적 크게 보도하고 있다. 또한 이 기사 속에서 '욱일기'는 구해군과 해상자위대의 연속성을 상징하는 존재로 사용되고 있다.

12) 「욱일기 출항(기자수첩)」, 『조선일보』 1991년 5월 7일.

상기 표에는 나타나 있지 않으나, 조선일보는 같은 해 10월30일에도 제목은 아니나 본문에 '욱일기'라는 단어를 포함하여 초계정 부대 파견에 대해 보도하였으며,[13] 이 때도 욱일기가 군함행진, 기미가요와 함께 '구 해군을 상징하는 존재'로 거론되었다.

여기서 위의 1990년대 조선일보 기사로부터 두 가지를 알 수 있다. 첫 번째는 일련의 기사가 욱일기에 대해 주석 없이 언급하고 있다는 점이다. 이는 즉, 당시 독자들이 욱일기란 무엇인가를 주석없이 이해할 수 있었다는 것을 의미한다. 좀 더 언급하자면, 앞서 나온 1991년 10월 30일 기사에서는 욱일기와 함께 일본군의 상징으로 다루어진 기미가요에 대해, 일부러 괄호를 달아 '일본의 국가'라는 주석을 더하였다. 이를 보면 이 시점에서 욱일기의 지명도가 이미 기미가요를 상회하고 있었던 것으로 보이기까지 한다.

두 번째는 이 보도들은 욱일기 자체에 관한 것이 아니라는 점이다. 즉 91년에 보도된 일련의 기사들은 자위대의 해외 파병에 의혹을 눈길을 보내고 있기는 하나, 자위함이 욱일기를 걸고 있다고 비난한 것도 아니고, 욱일기 자체를 문제시 삼은 것도 아니다. 즉 당시 한국 사람들이 욱일기의 존재를 알고 있으면서도 그 존재 및 이용 자체가 문제라고 보지는 않았다는 것이 된다.

이것만으로는 조선일보의 보도가 편향적일 가능성도 없지는 않겠으나, 이 사실은 여타 데이터베이스에서 확인할 수 있다. 예를 들면 조선일보와 마찬가지로 한국의 유력 신문인 중앙일보는 1965년 9월 22일 창간 이래 나온 모든 기사를 본문까지 검색 가능한 전문 검색 데이터베이스를 오픈하였다.[14] 이 데이터베이스에는 1960년대 초 기사가 신문 창간 이전이기에 당연히 포함되어 있지 않으나, 1960년대 후반부터 오늘날까지의 기사에 대해서는 제목 검색 밖에 되지 않는 조선일보 데이터베이스보다 훨씬 더 많은 정보를 검색할 수 있다. 또한 조선일보 사례에서 살펴본 바와 같이, 일정 시기까지 한국에서

---

13) 「일, 걸프파견 자위대 승전잔치」, 『조선일보』 1991년 10월 30일.
14) 『중앙일보』 https://search.joins.com/(최종확인 2019년 4월 1일) 중앙일보 기사는 별도 언급이 없는 한 모두 이 사이트에 의거하고 있다.

욱일기에 대한 관심이 낮고 움직임도 거의 없었으므로, 1945년부터 1965년까지를 생략하더라도 분석의 결과가 크게 변하지 않을 것이라 판단된다.

그러므로 결과는 표 8−2와 같다. 이 데이터베이스에서 '욱일기'를 포함한 기사는 2013년이 처음이고, 그 이전은 존재하지 않는다. 욱일기에 관한 문장이 꽤 시대가 흐른 뒤에도 등장하지 않는 흐름은 한국어 학술데이터베이스와 도서 데이터베이스에서도 마찬가지이다. 이들 데이터베이스에 따르면 제목과 목차에 '욱일기'를 포함하는 논문 및 서적은 실제로 2010년대까지 등장하지 않는다.

• **표 8-2** 중앙일보 기사 데이터베이스로 보는 일장기 및 욱일기 관련 보도

	일장기(건)	욱일기(건)
1965-69	20	0
1970-74	48	0
1975-79	22	0
1980-84	58	0
1985-89	52	0
1990-94	76	0
1995-99	81	0
2000-04	73	0
2005-09	88	0
2010-14	71	13
2015-19.3	46	121

출전: 『중앙일보』 https://search.joins.com/에 의거하여 필자가 작성. 숫자는 각각 '일장기' 혹은 '욱일기'를 제목 또는 본문에 포함하는 기사의 수이다(최종확인 2019년 4월 1일).

이상 1990년대 이전 한국에는 욱일기에 관한 언설이 거의 존재하지 않았음이 명백하다. 그러면 한국은 어떻게 1980년대까지는 욱일기가 큰 문제가 되지 않았던 것일까?

생각할 수 있는 가능성이 몇 개 있다. 첫 번째로 지적해야 할 것은 당시 한국 사람들이 욱일기를 목격할 기회가 거의 없었다는 점일 것이다. 이 시기까

지는 한일간 군사교류가 한정적이어서, 한국 사람들이 제2차 세계대전 후 자위대 깃발로 사용해온 욱일기를 직접 눈으로 볼 기회는 거의 없었다. 해상자위대 자위대함선의 한국 입항이 처음으로 실현된 것은 1996년 9월 2일이었으며, 자위대 훈련선이 부산에 기항했다.[15] 해외가 아니고서야 그 이전에 한국 사람들이 '욱일기를 게양한 자위대함선'을 눈으로 볼 기회는 없었다. 바꿔 말하면, 2018년에는 한국 사람들이 '욱일기'를 게양한 자위대 함선의 입항 금지를 요구하였으나, 1996년 이전에는 이러한 일이 아예 일어날 수 없었다는 것이 된다.

그렇다고는 하나 이 시점에서도 한국 국내에서 욱일기에 대한 부정적인 이미지가 존재하지 않았던 것은 아니다. 앞서 언급한 90년대 초 조선일보 기사에서 욱일기가 '기미가요' 등과 함께 구 일본군의 상징으로 소개된 점을 잊어서는 안 된다. 한국에서 구 일본군은 기본적으로 좋은 이미지를 갖지 못하며, 구 일본군과의 연속성을 나타내는 욱일기를 소개하는 데에 긍정적인 의미가 들어갈 리는 없었다.

그럼에도 불구하고 욱일기 관련 문제가 전혀 발발하지 않은 원인 중에 강조할 것이 이 즈음 일본 및 일본의 식민지배, 그리고 일본군을 상징하는 '깃발'로서 지탄의 대상이 된 것은 욱일기가 아닌 일장기였다는 점이다. 실제로 이 때 한국 미디어에서는 '일본의 상징'인 일장기와 관련된 문제가 국교정상화 및 식민지배의 문맥에서 때때로 거론되기에 이르렀다. 예를 들면 1978년 조선일보에는 다음과 같은 기사가 작게 게재되었다.[16] 이 기사에서 우리는 당시 일장기를 향한 한국사회 인식의 한 단면을 엿볼 수 있다.

---

15) 「海上自衛隊の練習艦隊 2 隻が釜山入港　戦後初の訪韓」, 『朝日新聞』 1996년 9월 2일. 아사히신문 기사는 별도 언급이 없는 한 모두 이 사이트에 의거하고 있다. 朝日新聞聞蔵IIビジュアル, http://database.asahi.com/library2/

16) 「한산대첩 기념제에 일장기가 만국기속에 나부끼고 있어 시민들의 눈살 찌푸려」, 『조선일보』 1973년 10월 7일.

제12회 한산대첩기념제가 열리고 있는 경상남도 충무시에서 통로에 걸린 만국기 중에 일장기가 섞여 있어, 시민 논쟁의 표적이 되었다. (중략) 그러나 이 사실을 통보받고도 당국이 일장기를 제거하지 않아, 시민들은 '충무공을 기리기는커녕 모독하는 것 아닌가'라며 분개하고 있다.

당시 한국이 '일본을 상징하는 깃발 일장기'에 주목한 데에는 몇 가지 이유가 있었다. 첫 번째로는 한일국교정상화를 위한 협상을 시작한 이래, 한국내에서는 일본대표단을 맞는 석상 등에서 -욱일기의 경우와는 정 반대로- 실제로 일장기가 번번히 게양되었고, 그 때마다 사람들 사이에서 논란을 일으켰다.[17] 즉, 이 단계에서는 욱일기를 둘러싼 논의가 현실 문제와 결부될 일이 없었던 데에 비해, 일장기를 둘러싼 논의는 이미 현실 상황에서 논의되고 있었다.

두 번째는 이 시기에 일본 국내에서도 일장기를 둘러싼 논의가 활발하게 진행되었으며[18], 그 내용이 한국에도 잘 알려지고 있었다는 점이다. 1990년대 이전 일본에서는 일본의 국가인 기미가요와 함께, 국기인 일장기의 사용을 공식적으로 인정할 것인지 말 것인지에 대해 치열한 논쟁이 전개되었으며, 그 내용은 한국 미디어에서도 때마다 보도되었다. 예를 들면 1990년 조선일보는 다음과 같이 보도하였다.

일본의 모든 초 중등학교들이 강력한여론의 반대에도 불구하고 금주부터 개학식

---

17) 당시 한국인들의 일장기에 대한 감정을 전형적으로 나타낸 예로서, 1960년 9월, 한일국교정상화 협상을 위해 고사카 외상을 비롯한 일본 사절단이 서울을 방문했을 당시의 기사가 있다. 「친선사절 일본외상 방한의 날. 김포공항 "막힌 15년"의 첫 손님, 반도호텔 미운 일장기에 도전데모」, 『조선일보』 1960년 9월 6일. 「문외문(聞外聞)」 및 「만물상萬物相」, 『조선일보』 1960년 9월 7일. 이 기사 들에는 일장기가 식민지배를 연상시키는 존재로 등장하여, 서울시내에 다시 일장기가 걸리는 것에 대한 복잡한 심경이 나타나 있다.

18) 이 점에 대해서는 田中伸尚 『日の丸・君が代の戦後史』 岩波新書, 2000년에 자세히 나와 있다. 또한 「[特別企画]「日の丸」「君が代」法何が問題か」, 『法学セミナー』 45(1), 2000년 1월에 소장된 논문들도 참조.

등 학교의 중요행사에서 국기를 게양하고 국가를 부르게 될 것으로 2일 알려졌다. 문부성은 이 같은 조치가 군국주의의 부활을 뜻한다는 전국 각지 주민들로부터의 반대를 무릅쓰고 1일부터 이 같은 조치를 의무적으로 시행토록 하고 이를 이행하지 않는 교사들은 교칙위반에 준해 처벌될 수 있도록 했다. 떠오르는 태양을 뜻하는 히노마루 (일장기)와 천황에 충성을 맹세하는 내용의 기미가요(국가)는 한국과 중국 및 아시아 여러 지역에서 민감한 반응을 일으키는 주제일 뿐 만 아니라 일본의 지식인과 강력한 전국교사노조로부터도 군국주의적 감정을 불러일으키며 일본의 민족주의를 부활시킬지 모른다는 이유로 반대에 부딪혀왔다.[19]

1999년 격렬한 논의 끝에 '국기 및 국가에 관한 법률'이 제정되자, 일본 국내 상황은 급속도로 변화했다.[20] 같은 해 아사히 신문이 실시한 여론조사에서는 이미 79%가 일장기에 대해 '애착이 있다'라고 대답하여,[21] 일본 국내에서의 논쟁은 거의 결론이 나고 있었다.[22] 그러므로 일본에서는 국기 관련 논의가 빠르게 진정되었고, 미디어 보도도 크게 감소했다. 때문에, 일장기를 둘러싼 논의를 일본 국내 중요 이슈로 보도해온 한국에서도 '일장기'에 관한 보도가 필연적으로 감소하게 되었다.

여기서 주목하고자 하는 한국의 욱일기 관련 언설은, 일본에서 일장기에 관한 언설이 진정화 국면에 들어간 뒤에 나온 것들이다. 그러면 욱일기에 관한 논의는 어떻게 전개되어져 갔을까?

---

19) 「일, 기미가요 제창 의무화: 금주부터 일장기 게양도 초−중교행사 때 위반교사는 처벌키로」, 『조선일보』 1990년 4월 3일. 또한 유사한 기사로 「기미가요 제창 일장기게양 교과과정 강요 추진/리크루트 무마자금 3천여만엔 밝혀져」, 『조선일보』 1989년 3월 14일.
20) 田中伸尚『日の丸・君が代の戦後史』
21) 「『君が代』法制化意見二分　朝日新聞全国世論調査」, 『朝日新聞』 1999년 6월 30일.
22) 「国旗・国歌法案, 菅代表「反対は困難」国民合意条件に柔軟姿勢」, 『朝日新聞』 1999년 6월 24일.

2. '군국주의'의 상징으로 재발견된 욱일기

한국 국내에서 논의가 구체적으로 어떻게 전개되었는지를 살펴보기 위해 다시 미디어의 언설을 단초로 삼아보자. 1990년대 이전에는 한국에 욱일기에 관한 언설이 거의 존재하지 않았음을 이미 지적하였다. 따라서 여기서는 1990년대 이후로 대상을 좁혀 데이터를 재정리해보도록 하자. 이 시기부터는 한국의 언설에 대해 신문 등 보다 많은 데이터베이스에서 전문 검색 기능을 이용할 수 있으므로 보다 다각적인 분석이 가능해진다.

먼저, 앞서 이용했던 중앙일보 기사 데이터베이스를 살펴보자. 표 8-3은 일장기와 욱일기를 일본의 군국주의와 관련 지어 작성한 언설을 찾아본 결과이다.

우리는 이로부터 두 가지를 알 수 있다. 첫째, 2000년대까지 일장기와 욱일기에 관한 내용이 '군국주의'라는 말과 함께 논의된 예는 전체적인 비율을 볼 때 그리 많지 않으며, 그 경향은 2010년대에 들어서서 변화하고 있다. 그 배경에는 중앙일보 기사에서 '일본 군국주의 부활'이라는 주제 자체가 증가했다는 점이 있다. 둘째, 이러한 2010년대 이후의 변화와 함께 '일본 군국주의 부활'관련 보도에서 일장기뿐 아니라 욱일기에 대해서도 언급하게 되었다. 또한 욱일기 관련 보도의 약 3분의 1은 동시에 '군국주의'에 대해 언급하고 있으므로, 욱일기와 '군국주의'가 깊은 관련을 갖는 것으로 이해되고 있음을 알 수 있다.

• 표 8-3 중앙일보에서 보는 일장기/욱일기와 일본의 군국주의

	일장기 (건)	욱일기(건)	일장기+군국주의 (건)	욱일기+군국주의 (건)	(일장기+군국주의)/일장기 (%)	(욱일기+군국주의)/욱일기 (%)
1960-69	20	0	0	0	0.00	—
1970-79	70	0	5	0	7.14	—
1980-89	110	0	7	0	6.36	—
1990-99	157	0	8	0	5.10	—
2000-09	197	0	14	0	7.11	—
2010-2019.2.	194	134	29	44	14.95	32.84

출전: 『중앙일보』 https://search.joins.com/에 의거하여 필자가 작성. 건수를 표시한 숫자는 각 시대에 나온 기사 중 각 단어를 제목 또는 본문에 포함하는 기사 수이다. 그리고 비율로 표시한 숫자는 분모가 '일장기' 혹은 '욱일기'를 제목 혹은 본문에 포함하는 기사 수, 분자가 '일장기' 혹은 '욱일기'와 함께 '군국주의'도 포함하는 기사에 대한 비율이다(최종확인 2019년 4월 1일).

한국 신문의 언설에서 '군국주의'를 상징하는 '깃발'이라는 역할이 일장기에서 욱일기로 옮겨 갔음은 한국 사람들도 어느 정도 인식하고 있다. 예를 들면 2011년 8월 중앙일보는 「『교수와 여제자』 어떤 몸사림, 일장기 → 욱일승천기」라는 제목의 기사를 게재하였다.[23] 내용은 다음과 같다.

> '교수와 여제자2'는 지난 20일 서울 대학로 비너스홀 공연에서 무대로 난입한 관객이 찢어진 일장기를 불사르면서 논란을 일으켰다. 이 사건 직후 극단으로 항의 전화가 빗발쳤다.
> 극단 관계자는 26일 "일장기 퍼포먼스는 독도와 동해에 대한 일본의 억지주장에 항변하기 위한 퍼포먼스였지만 외국의 국기를 모독하는 것은 엄연한 범법행위

---

23) 「『교수와 여제자』 어떤 몸사림, 일장기 → 욱일승천기」, 『중앙일보』 2011년 8월 26일.

로 외국국기모독죄로 처벌받을 수 있다는 주변의 우려와 모종의 외압 등으로 더이상 지속할 수 없게 됐다"고 설명했다.

"일본 해상자위대를 비롯해 일본 극우파들은 욱일기를 들고 시위를 하고, 스포츠 경기에서 일본 응원단도 일장기 대신 욱일승천기를 자주 사용하고 있다."

일종의 편법을 택해 국기 훼손 논란에서 벗어나겠다는 의도다.

일단 이 기사를 통해 알 수 있는 점은 일장기가 일본의 공식 국기로 제정됨으로써 한국에서는 일본의 '군국주의'를 상징하는 존재가 일장기에서 욱일기로 바뀌었다는 사실이다. 한국형법 제109조는 "외국을 모욕할 목적으로 그 나라의 공용에 공하는 국기 또는 국장을 손상·제거 또는 오욕한 자는 2년 이하의 징역이나 금고 또는 300만원 이하의 벌금에 처한다."고 하고 있다. 일본이 정식으로 일장기를 국기로 정한 이상, 일장기를 사용한 각종 운동이나 퍼포먼스는 이 법에 저촉될 가능성이 높아진 것이다. 이에 일부에서는 과거 일본의 식민지 통치를 비판할 때 일장기를 사용하던 것을 자중하는 움직임이 나타났고, 사람들은 이를 대신할 대상으로 욱일기를 사용하게 되었다.

그러나 사태는 이것 만으로는 설명되지 않는다. 왜냐하면 일장기가 공식 국기로 제정된 것은 1999년이고, 한국에서 일장기 대신 욱일기가 '군국주의'의 상징으로 빈번하게 거론되기 시작된 것은 2010년이므로, 그때까지 10년 이상의 타임랙이 존재하기 때문이다. 2010년에 들어서 욱일기가 비난의 대상이 된 계기, 즉 '트리거 이벤트'가 필요하다.

그러면 욱일기 관련 언설은 어떠한 과정을 거쳐 성행하게 된 것일까? 여기서는 이데올로기적 차이를 회피하기 위해 한국을 대표하는 진보성향지인 한겨레 신문과 여기서 때때로 참조하고 있는 대표적 보수성향지 중앙일보, 이렇게 두 미디어의 언설을 비교하여 해마다 어떤 변화가 있었는지를 정리해보았다. 결과는 표 8-4, 표 8-5와 같다.

• 표 8-4 한겨레신문의 욱일기 관련 언설

	욱일기(건)	욱일승천기(건)	전범기(건)	합계(건)
1996	2			2
1997				0
1998				0
1999				0
2000		1		1
2001	1	2		3
2002				0
2003		1		1
2004	1			1
2005		2		2
2006		2		2
2007				0
2008		4		4
2009				0
2010		1		1
2011		6		6
2012	2	11		11
2013	14	27	5	36
2014	2	3		4
2015	5	1	1	7
2016	5	3	2	7
2017	4	1	1	5
2018	19	4	6	21
2019	0	0	0	0

출전: Big KINDS https://www.kinds.or.kr/main.do에 의거해 필자가 작성. 해당 년도에 나온 기사 중, 각 단어를 제목 혹은 본문에 포함하는 기사 수를 표시하였다(최종확인 2019년 4월 1일). 또한, 1995년 이전에는 한겨레신문, 중앙일보 모두 이들 단어를 포함한 기사가 존재하지 않는다.

• 표 8-5 중앙일보의 욱일기 관련 언설

	욱일기(건)	욱일승천기(건)	전범기(건)	합계(건)
1996				0
1997				0
1998				0
1999				0
2000				0
2001				0
2002				0
2003				0
2004				0
2005		1		1
2006				0
2007		3		3
2008				0
2009		1		1
2010				0
2011		2		2
2012		17	1	18
2013	7	16	4	21
2014	6	6	6	12
2015	2	0	2	3
2016	14	9	6	21
2017	26	15	10	38
2018	74	14	37	75
2019.1-3.	5	3	1	7

출전: 『중앙일보』 https://search.joins.com/에 의거해 필자가 작성. 해당 년도에 나온 기사 중, 각 단어를 제목 혹은 본문에 포함하는 기사 수를 표시하였다(최종확인 2019년 4월 1일). 또한, 1995년 이전에는 한겨레신문과 중앙일보 모두 이들 단어를 포함한 기사가 존재하지 않는다.

이 두 개의 표를 살펴볼 때 미리 알아 두어야 할 것은, 오늘날 한국에는 욱일기를 의미하는 세 개의 단어가 있다는 점이다. 이는 '욱일기', '욱일승천기' 그리고 '전범기'이다. 이 표들을 보면 각각의 단어에는 뉘앙스의 차이가 있으며, 그러므로 그 사용 빈도도 시기에 따라 미묘하게 다르다. 이 중 '욱일기'는 일본어의 직역인데, 문제는 나머지 두 단어이다. 먼저 '욱일승천기'라는 말은 일본에서는 좀처럼 듣기 힘든 단어인데, 일찍이 '욱일기'에 관한 기사가 등장하기 시작한 1991년경부터로 보인다. 한 예로 1991년 국민일보는 다음과 같이 보도한 바 있다. 24)

> 가이후 총리는 지난 4월초 미국을 방문했다. 워싱턴에서 부시 미국 대통령과 무슨 쑥덕공론을 했는지 페르시아만 소해정 파견문제를 꺼내더니 합헌·위헌을 길게 따질 겨를도 없이 이내 결단을 내렸다. 소해모함 1척과 소해정 5척으로 구성된 일본 해상자위대의 소해정단은 지금쯤 5백명의 병력을 싣고 「대일본제국해군」의 욱일승천기를 그대로 나부끼며 남지나해의 푸른 파도를 가르고 있을 것이. 일본군은 2차대전 종식 후 처음으로 병력의 해외파병을 실현함으로써 루비콘강을 건넌 것이다.

1991년 해상자위대 소해정부대의 파견과 관련 지어 '욱일승천기'를 언급하고 있는 것은 앞서 예로 든 조선일보 기사도 마찬가지이다.25) 둘 다 '욱일승천기'라는 말을 주석없이 쓰고 있어 당시 신문기사를 쓰는 사람이나 읽는 사람 모두 이 단어를 위화감 없이 수용하고 있음을 알 수 있다.

그러나 이는 참으로 알 수 없는 현상이다. 왜냐하면 '욱일승천기'라는 말은 오늘날이나 90년대 초반 일본에서 거의 사용되지 않은 단어이기 때문이다. 일본 미디어의 데이터베이스에서 이 말의 사용을 확인할 수 있는 것은 2012년 9월 산케이 신문 기사가 가장 오래된 예이며,26) 게다가 이 기사는 서울주재 일본인 기자가 '한국의 용어법'을 소개하는 내용이다. 그 후에도 일본의 미디

---

24) 「제국의 망령(한마당)」, 『국민일보』 1991년 5월 4일.
25) 「일, 걸프파견 자위대 승전잔치」, 『조선일보』 1991년 10월 30일.
26) 「外信コラム: ソウルからヨボセキ "朝日"が大問題に」, 『産経新聞』 2012년 9월 1일. 아사히신문을 제외한 일본 미디어 기사는 모두 이하의 데이터베이스에 의거한다. @Nifty 「新聞雑誌記事横断検索」, https://business.nifty.com/gsh/RXCN/ (최종확인 2019년 4월 1일)

어에서 이 말이 사용된 것은 모두 한국에서 사용되는 문맥을 소개할 때 뿐이므로, 일본에서는 사용범위가 극히 한정되어 있음을 알 수 있다. 이 점은 일본 국내의 미디어 언설 이외에도 마찬가지이며, 일본 국회도서관의 잡지 기사 데이터베이스에서도 제목을 포함해 '욱일승천기'를 사용한 기사나 논문은 존재하지 않는다.

또 하나의 단어인 '전범기'라는 말은 그 단어 자체에서 알 수 있듯이 욱일기와 전쟁 범죄를 관련 지어 사용하는 말이다. 그리고 이 말을 사용하게 된 경위는 매우 명확하다. 예를 들어 한국 미디어에서 가장 오래된 '전범기' 사용례 중 하나인 2012년8월24일 문화일보 기사는 그 경위를 다음과 같이 이야기한다.[27]

> 일본 군국주의의 상징인 이른바 '욱일승천기'를 퇴출시키기 위해 미국 뉴욕의 한인교포들이 나섰다. 뉴욕에서 한인들의 주도로 '일본 전범기(욱일승천기) 퇴출을 위한 시민모임'(The Citizens Against War Criminal Symbolism, CAWCS, 약칭 일전퇴모)'이 결성된 것.
>
> 환경단체인 1492그린클럽의 백영현 회장과 한미공공정책위원회의 이철우 회장 등은 23일 서구권에서 유일하게 일본군 위안부 기림비가 있는 뉴저지주 팰리세이즈파크 도서관 앞에서 '일전퇴모'의 출범을 선언하고 욱일승천기를 포함한 모든 전범 상징물들이 퇴출되는 날까지 무한 캠페인을 전개할 것이라고 밝혔다.

같은 날 한국에서 발행되는 신문에는 거의 같은 내용의 기사들이 예외없이 게재되었으므로[28] 재미한국인들의 운동이 한국 국내에서 일정 이상의 주목을 받은 것은 틀림없다. 그리고 이 기사 이전에는 전혀 존재하지 않았던 '전범기'

---

27) 「"욱일승천기 퇴출, 무한 캠페인"… 美 교포들 시민모임 결성」, 『문화일보』 2012년 8월 24일.
28) 유창재 「"日욱일승천기 등 전범 상징물 퇴출"」, 『한국경제』 2012년 8월 24일, 이대욱 「미국 뉴욕서 '욱일승천기 퇴출' 시민단체 출범」, 『SBS』 2012년 8월 24일, 「美 뉴욕서 '욱일승천기 퇴출' 시민단체 출범」, 『MBC』 2012년 8월 24일, 박봉권 「뉴욕서 '욱일승천기 퇴출모임' 출범」, 『매일경제』 2012년 8월 24일 등.

라는 용어가 이 운동이 전개되는 가운데 만들어 졌음이 확실해 보인다. 그렇기 때문에 이 문화일보 기사에는 '전범기(욱일승천기)'에 주석이 붙어 있는 것이다.

이 용어를 살펴볼 때 주의해야 할 점은 '전범기'의 대상에 일장기나 일본의 국장(國章)을 본 뜬 깃발 등은 전혀 포함되어 있지 않다는 점이다. 다시 한 번 표 8-4, 표 8-5를 살펴보자. 욱일기에 대한 언설이 증가하고 있는 것은 2010년대 특히 2012년 이후이다. 앞서 '욱일승천기'라는 말의 사용을 확인키 위해 인용한 1990년대 초반 욱일기를 둘러싼 언설은 자위대 해외파견의 실현에 따라 일시적으로 나타난 것으로, 2010년대에 들어선 후의 동향과는 연속성이 없다.

앞서 거론한 일장기와 욱일기의 관계에 관련된 언설도 마찬가지다. 이미 언급한 바와 같이 일본에서 '국기 및 국가에 관한 법률'이 제정된 것은 1999년이므로, 이 법률의 제정이 한국의 언설에서 일본 '군국주의'를 상징하는 역할을 일장기에서 욱일기로 대체한 '트리거 이벤트'라고는 생각되지 않는다. 확실히 일장기가 '국기'로 제정됨에 따라, 일본 관련 한국의 운동이나 언설에서 이 깃발을 부정적인 상징으로 사용하기는 어려워졌다. 단, 이 시점에서는 '일장기를 대신할 존재로서의 욱일기'가 아직 '발견'되지 않았으며, 그러므로 욱일기를 일본의 '군국주의'와 연관시킨 언설이나 운동은 일반적으로 존재하지 않았던 것이다.

그렇다면 욱일기는 어떠한 경위로 한국인들에게 '군국주의'의 상징으로 '재발견'되어진 것일까? 다음에서는 재발견의 '트리거 이벤트'에 대해 살펴보도록 하자.

3. 트리거 이벤트와 그 영향

왜 한국에서는 2010년대, 아니 보다 정확하게는 2012년부터 욱일기에 관한 언설이 늘어났을까? 이 점에 대해서는, 2011년 1월 25일 아시안컵 준결승에서 축구선수 기성용이 보여준 퍼포먼스에 기인한다는 의견이 있다. 먼저 이를 검증해보도록 하자. 이 사건에 대해 한국의 주요 스포츠지 중 하나인 일간스포츠는 다음과 같이 보도하였다.[29]

> 기성용(22·셀틱)이 '원숭이 세리머니'에 대해 해명하는 글을 올렸다.
> 그는 26일(이하 한국시간) 자신의 트위터(단문 메시지 서비스)에 "관중석에 있는 욱일승천기를 보는 내 가슴은 눈물만 났다"고 말했다. 또 자신을 비난한 기사를 올린 뒤 "변명이라. 선수이기 전에 대한민국 국민입니다"라고 썼다.
> 기성용은 우회적으로 '원숭이 세리머니'를 한 이유를 밝힌 것이다. 기성용이 욱일승천기를 보고 화를 참지 못했다는 뜻으로 해석할 수 있다. 욱일승천기는 일본의 국기에 그려진 빨간색 동그라미 주위에 붉은 햇살을 그린 깃발로, 일본 제국시대에 사용된 일본군 국기이자 현재 일본 자위대 군기다. 일본 군국주의의 상징이다.
> 기성용은 25일 열린 아시안컵 준결승 일본과 경기에서 전반 23분 페널티킥을 넣은 뒤, 카메라 앞으로 뛰어가 볼에 바람을 불어넣고 왼쪽 손으로 얼굴을 긁는 시늉을 했다.

사실 일본에서는 이 사건이 크게 보도되었으나, 한국에서는 그 정도로 크게 다루어 지지는 않았다. 예를 들어 한국언론재단의 데이터베이스를 검색해 보면, 당시 기사를 게재한 중앙지 8개 신문 중 기성용의 '원숭이 세리머니'를 욱일기와 관련 지어 보도한 것은 서울신문 한 곳뿐이다. 보수성향 신문이자, 일간스포츠의 모회사인 중앙일보도 후일 이에 대한 부정적인 관점의 컬럼을 2회

---

29) 「기성용 '원숭이 세리머니' 해명 "욱일승천기 보고 욱했다"」, 『일간스포츠』 2011년 1월 26일.

게재하는 정도에 머문다. 사건에 주목한 것은 주로 일간스포츠를 비롯한 스포츠 신문이며, 일반신문이나 방송국의 관심은 그다지 높았다고 할 수 없겠다.

그러나 중요한 것은, 이 사건 후 한국의 일부, 특히 인터넷 유저들이 욱일기에 주목하게 됨으로써 언설의 형태가 만들어져 갔다는 점이다. 이렇게 만들어진 언설에는 몇 가지 특징이 있었다. 그중 첫 번째는 욱일기는 나치의 하켄크로이츠와 유사한 존재라고 보는 이해이다. 경제신문인 머니투데이는 다음과 같이 보도하고 있다.[30]

> 욱일승천기는 구 일본 제국 시대에 사용된 일본군의 군기로 과거 우리나라를 비롯한 많은 나라를 침략해 식민지로 삼았던 일본 제국주의의 상징이다. 일본 군국주의를 지지하는 극우파들이 야스쿠니 신사 참배를 할 때 들고 나오기도 한다. 이러한 사실을 알게 된(강조점은 필자) 누리꾼들은 분을 참지 못했다.
>
> 한 인터넷 커뮤니티에는 독일과 폴란드 경기에 독일 관중이 나치 깃발을 들고 응원을 하는 상황을 가정한 글이 올라와 화제가 됐다.
>
> 한일전에 욱일승천기가 등장한 상황을 "독일과 폴란드의 국가대표 축구 경기에서 독일 관중이 나치 상징 깃발을 들고 응원하는 꼴"이라며 일본관객의 응원 매너에 대해 비판했다.

두 번째 특징은 인터넷 상에서 비판하는 대상이 욱일기로부터 '욱일기를 연상시키는 디자인'으로까지 확대된다는 점이다. 2011년 7월, 일간 스포츠는 다음과 같이 보도하였다.[31]

> SBS '일요일이 좋다-런닝맨'에 욱일승천기를 연상시키는 깃발이 등장해 논란을 빚고 있다.
>
> 17일 방송된 SBS '일요일이 좋다-런닝맨'에서는 게임 목적지인 경주까지 주사

---

30) 「"욱일승천기＝나치깃발, 중대범죄로 FIFA제소하자"」, 『머니투데이』 2011년 1월 27일.
31) 「런닝맨, 욱일승천기 연상 깃발 논란」, 『일간스포츠』 2011년 7월 18일.

위를 굴려 기차 탑승과 탈락을 결정하는 주사위 레이스를 펼쳤다.

이날 방송에서 논란이 된 것은 욱일승천기를 연상시키는 깃발. 멤버들이 주사위를 던지는 장소마다 설치된 깃발 문양이 욱일승천기와 비슷했다. '런닝맨' 깃발은 욱일승천기와 좌우대칭만 다를 뿐 가운데 빨간 동그라미로부터 퍼져 나가는 무늬까지 똑같다. 심지어 이 깃발은 방송에서 두 세번 정도 더 방송됐다.

이 보도 이후 한국에서는 때때로 '욱일기를 연상시키는 디자인'이 문제시되었고 그 대상은 연예인의 복장[32]이나 내한 아티스트의 홍보용 동영상[33] 등 다양한 분야로 확대되었다.

그렇다고는 하나 이 단계까지는 욱일기 및 이를 연상시키는 디자인을 추방하고자 하는 움직임이 인터넷이나 스포츠신문지 등 한정된 공간에서만 발견되었으며, 널리 시민의 공감을 얻고 있지는 않았다. 그랬던 운동이 단번에 확대되어 일반화된 계기는 두 가지를 들 수 있다. 하나는 '전범기'라는 말을 소개할 때에 언급된 2012년 8월 '일본의 전범기 추방을 위한 시민의 모임(이하 CAWCS)'의 활동과 관련된 보도이다. 이미 언급한 바와 같이 CAWCS는 욱일기를 나치의 '하켄크로이츠'와 함께 '전범기'라 평가하고, 이를 영문으로 번역할 때 "war criminal flag"로 표기한다. 좁은 식견이지만, 이 단체가 활동하기 이전에는 이러한 용어법이 확인되지 않으므로 이 단체가 만든 조어라고 할 수 있을 것이다.

또 한 가지, CAWCS의 활동이 거론됨으로써 욱일기에 관한 보도가 일반 신문에 널리 게재되었다. 이에 따라 그때까지 일부 인터넷 상이나 스포츠 신문지에서만 다루던 운동이 공공연히 다루어지고 시민의 공감을 얻게 된다.

그러면 이러한 CAWCS의 활동은 어떤 문맥에서 발생한 것일까? 이 단체에

---

32) 「혜리 욱일승천기 티셔츠 논란, "모르고 입었니?"」, 『머니투데이』 2012년 5월 2일, 「김규리, 뼈 밖에 안 남은 깡마른 몸매 '너무하네'」, 『일간스포츠』 2011년 12월 21일 등.
33) 「내한 앞둔 미국밴드, 욱일승천기 배경화면 논란」, 『머니투데이』 2011년 3월 11일 등.

대한 정보는 극히 적지만, 이 무렵에 이미 미국에는 나치 정권 하에서 사용되었던 하켄크로이츠나 남북전쟁의 남군기 등 인종차별 관련 '깃발'을 '추방'하고자 하는 논의가 존재했다는 점에서 주목할 만하다. 사실 유사한 논의가 과거 일본에 향해진 적이 있다. 1982년, 오클라호마시에서 선출된 주의회의원이 재향군인회의 뜻을 수용하여, 자동차 번호판에 일장기를 연상시키는 디자인의 사용을 금지하는 조례안을 주의회에 제안한 적이 있다.[34]

즉 CAWCS의 활동은 인종차별에 관계된 '깃발'과 이에 사용되는 디자인을 '추방'하고자 하는, 이미 존재하고 있는 미국내 운동의 전통에 비추어 욱일기를 평가한 것이었다. CAWCS가 창립되기 직전인 2012년 4월에는 미주리대학 축구부의 유니폼 디자인에 대해 욱일기와 유사하다며, 한국인 대학원생[35]이 항의하는 사건[36]도 일어났는데, 시기적으로 혹 이 사건이 운동의 전초적인 존재가 되었을 지 모른다. 단, 이 사건에서는 욱일기에 대해 '전범기'라는 표현이 쓰여 지지는 않았다. 이상을 고려하면, 욱일기 = '전범기'라는 언설은 2012년 4월부터 8월까지의 사이에 생겨났다고 할 수 있을 것으로 판단된다.

그러나 이러한 재미한국인들의 운동은 단순히 당시까지 전개되던 미국내 논의에 비추어 욱일기를 평가한 것이 아닌, 그 이상의 의미를 가지고 있다. 바로 욱일기에 '전범기'라는 말을 사용한 점이다. 전범기라는 용어가 쓰였기에

---

34) Albin Krebs and Robert McG. Thomas, "Notes on People; Oklahoman's Goal: Sunset for Rising-Sun Licenses," The New York Times, January 14, 1982. 또한 유럽 미디어 기사에 대해서는 특별한 언급이 없는 한 아래 데이터 베이스에 의거한다. Lexis Advance,
https://advance.lexis.com/firsttime?crid=68de370b-0f67-4f59-aa39-bbb5110520e7(최종확인 2019년 4월 1일)
35) Sangkwon Woo. 그에 대한 정보는
https://anthropology.missouri.edu/people/woo(최종확인 2019년 4월 1일)도 참조하였다.
36) Janese Silvey, "Soccer team's use of Rising Sun flag causes stir", Columbia Daily Tribune, April 19, 2012,
https://www.columbiatribune.com/article/20120419/News/304199673(최종확인 2019년 4월 1일)

욱일기의 비교대상으로 나치의 하켄크로이츠에 집중하게 되는 한편, 미국 국내에서는 보다 큰 논쟁거리였던 남군기 관련 논의 내용이나 이미지는 누락되어 버리기 때문이다. 우리들은 여기서 CAWCS의 운동과 앞서 살펴본 한국내 움직임과의 관련을 찾아낼 수 있다.

CAWCS의 운동은 미국 내에서는 거의 주목을 받지 못했으나, 한국 미디어에서는 크게 다루어 졌으며 한국내 언설의 '확정'에 결정적인 영향을 주었다. 즉, ① '욱일기와 이를 연상시키는 디자인'은 ② 나치의 하켄크로이츠와 마찬가지로 '전범기'에 해당하며 ③ 그러므로 '추방'되어야 한다는 언설의 탄생이다. 이후, 이 언설은 각종 미디어를 비롯한 한국의 언론 공간에 반복적으로 나타나게 된다.

그러나 2012년 시점에서 이 언설이 등장하는 빈도는 이후에 비교하면 매우 적었다. CAWCS의 운동자체가 저조했고, 이 활동에 대한 한국 미디어의 관심도 급속도로 감소해갔기 때문이다. 바꿔 말하면, 그들의 운동은 한국내에서 욱일기 관련 문제가 공개적으로 논의해야 할 주제라는 공감을 얻게 하고, 그 의미를 '확정' 짓는 일에는 기여했으나, 그 후 지속적인 관심을 만들어 내기까지는 이르지 못했던 것이다.

그러므로, 욱일기 추방 운동에 대한 관심이 지속적으로 확대되기 위해서는 또 하나의 사건이 필요했다. 그리고 2013년7월28일, 축구 동아시안컵 한일전이 열렸다. 서울 잠실종합운동장에서 열린 이 시합에서 한국응원단이 '역사를 잊은 민족에게 미래는 없다'는 거대한 현수막을 걸고, 역사인식 문제로 대립하고 있는 일본을 도발한 한편, 일본 응원단은 거대한 욱일기를 게양하는 것으로 대항하여, 경기장에는 불온한 분위기가 감돌았다. 당시 상황을 중앙일보는 다음과 같이 보도하였다.[37] 조금 길지만 당시 상황을 재현하기 위해 그대로 인용하도록 하겠다.

---

37) 「한·일전 욱일승천기 vs '역사구호' 응원 논란」, 『중앙일보』 2013년 7월 30일.

축구 응원에서 정치적 표현을 어디까지 허용할 것인가에 대한 논란이 뜨겁다. 지난 28일 서울 잠실종합운동장에서 열린 2013 동아시안컵 한국과 일본의 경기에서 불거진 일련의 일들 때문이다. 일본 응원단에서는 경기 전 일본 제국주의를 상징하는 욱일승천기를 약 3분간 흔들었다. 대한축구협회가 조치를 해 보안요원이 욱일기를 빼앗자 이후에는 일장기를 흔들었다. 한국 대표팀 응원단인 붉은악마는 전반전에 '역사를 잊은 민족에게 미래는 없다'라고 쓴 플래카드를 내걸었다.

욱일기는 정치적인 함의가 명백한 깃발이지만 아직 국제축구연맹(FIFA)에서 이 문제를 정식으로 다룬 적은 없다. 한국인에게는 나치의 문양 '하켄크로이츠'와 비슷한 느낌을 주는 부정적 상징물이다. 동아시아 국가의 친선을 목적으로 하는 대회에서 욱일기가 등장했다는 점에서 축구협회는 적지 않은 당혹감을 느끼고 있다. 축구협회는 "사태를 예의 주시하고 있다. 경기감독관이 관련 내용을 보고할 것이다. 동아시아축구연맹에서 어떤 조치를 취할지 지켜보겠다"고 밝혔다.

축구협회는 붉은악마가 내건 플래카드에 대해서도 단호한 조치를 취했고, 결국 전반전을 마친 후 플래카드가 철거됐다. 단재 신채호 선생이 했던 명언이지만, 일본을 자극하고 이에 따라 정치적인 행위로 문제가 될 수도 있다는 판단에서였다.

이 시합 그리고 그 후에 전개된 욱일기를 둘러싼 논의에 대해서는, 세이 요시아키의 『축구와 애국』이라는 책이 나온 바 있으므로, 상세한 내용은 이 책에 양보키로 하자.[38] 그러나 중요한 것은 이 사건과 관련하여 한국내 언설이 그 전 해까지 형성되었던 틀에 깨끗하게 흡수되었다는 점이다. 즉 앞서 열거한 ①, ②, ③의 논리가 여기서 그대로 반복되어졌다. 이렇게 이 언설과 관련된 틀은 이 시기에 완전히 고정화되어졌다. 그 방증의 하나로서 당시 욱일기를 대신하여 일본측 응원단이 일장기를 내건 점에 대해서는 아무도 문제시하지 않았다는 점을 들고자 한다. 이는 이 시점의 한국에서 문제는 어디까지나 욱일기 '만' 해당된다는 특수한 언설이 이미 확립되어졌음을 의미한다.

이제 시간의 흐름에 따라 정리해보자. 2011년 축구 선수 기성용의 '원숭이 세리머니 사건'에서 비롯된 욱일기에 대한 관심의 고조는 이윽고 한국 국내에

---

38) 清義明『サッカーと愛国』イースト・プレス, 2016년.

서 욱일기 뿐 아니라 이를 연상시키는 디자인까지 추방하고자 하는 인터넷 상의 운동을 만들어냈다. 이 운동은 뉴욕에서 시작된 CAWCS 운동을 거쳐 일 반사회에서 인지도를 얻었으며, 2013년 축구 동아시안컵 사건으로 인해 많은 사람들의 지속적인 관심을 얻기에 이르렀다.

이렇게 새로운 언설에 근거해 전개된 운동은 욱일기 뿐 아니라 욱일기를 연상시키는 디자인까지 '추방'의 대상으로 삼았다. 여기서 중요한 것은 '문제 시'와 '추방'이 다르다는 점이다. 1990년대까지 한국에서는 일장기에 대한 부 정적인 언설이 반복되더라도, 그것이 일본 국내에서까지 일장기의 사용을 금 하거나 '일장기를 연상시키는 디자인'을 추방하고자 하는 운동으로 이어지지 는 않았다. 그러나 2010년대 이후에는 욱일기뿐 아니라 이를 연상시키는 디 자인까지도 추방의 대상이 된다.

다시금 지적하자면, 앞서 욱일기와 관련해서는 나치의 하켄크로이츠와는 달리, '전범기'를 연상시키는 디자인의 범위가 어디서부터 어디까지인지가 명 확하지 않다는 문제가 있었다. 버라이어티 프로그램에 등장한 '깃발'을 둘러싼 논의에서 전형적으로 나타나 있듯, '전범기를 연상시킨다'고 여겨지는 디자인 의 범위는 중심에서 밖을 향해 복수의 선이 뻗어 있는 모든 디자인에 확대가 능한 막연한 개념이며, 때문에 결과적으로 이에 대한 '추방'을 요구하는 운동 도 광범위하게 확대되었다.

그러자 한국에는 일본의 일각으로부터 '전범기사냥'이라고 야유를 받는 사 태[39]가 출현하였고, 이를 적극적으로 주도하는 운동가[40]도 등장했다. 그리고 이로써 한국 내외의 모든 '욱일기를 연상시키는 디자인'을 대상으로, 시정을

---

39) 野口裕之「ナイキやM・ジョ—ダンにまで矛先を向けた反日韓国人の常軌を逸し た『旭日旗』狩りは劣等感の裏返しにすぎない」, 『産経ニュ—ス』 2016년 4월 11 일, https://www.sankei.com/premium/news/160411/prm1604110006-n7. html(최종확인 2019년 4월 1일)

40) 대표적인 인물은 서경덕이다. 「서경덕 "日항공, 기내식 용기에 전범기 디자인…항 의에도 묵묵부답"」, 『중앙일보』 2018년 6월 6일. 그리고, 「서경덕의 대한민국 홍 보 이야기」, https://www.facebook.com/seokyoungdukPR/(최종확인 2019년 4월 1일)

요구하는 운동으로 발전했다. SNS에 업로드된 사진에 이 디자인이 포함된 연예인은 사과를 해야 했고, 한국내 비판은 일본 이외 각국의 모든 '전범기를 연상시키는' 디자인에까지 이르게 되었다. 그 일면을 한국경제신문은 다음과 같이 보도하고 있다. 41)

> 햄버거 포장지를 둘러싼 뜬금없는 '친일 논란'이 온라인을 달구고 있다. 버거킹이 지난달 출시한 '붉은대게 와퍼' 포장지가 욱일기를 연상시킨다며 일부 네티즌이 거칠게 항의 중이다. 패스트푸드에까지 친일 딱지를 붙이는 건 '너무 나간 것'이라는 목소리가 높다.
> '붉은 대게'를 시각화한 디자인이 욱일기 문양과 비슷한 데서 논란이 출발했다. 붉은 게딱지는 일장기를, 게다리는 햇빛을 형상화한 욱일기의 직선을 연상시킨다는 지적이 인터넷을 중심으로 불거진 것이다. '친일 기업'이라며 버거킹에 거센 공격이 쏟아지고 있다. 버거킹 측은 "게 모양을 보이는 그대로 형상화했을 뿐"이라며 곤혹스러워하고 있다. (중략)

욱일기 논의는 소재를 가리지 않는다. 사회 저명인사도 여기에 한번 걸리면, 여론의 집중포화를 맞게 된다. 개그맨 정찬우씨는 2014년 빨간색 스트라이프 의상을 입고 방송에 나왔다가 큰 논란이 되었다. 욱일기와는 관계가 없음이 해명된 후에도, 정씨는 '국민의 눈에 거슬렸다면 잘못'이라며 계속 사과해야 했다.

욱일기 논의가 사회의 각 분야에서 마녀사냥식으로 전개된 경우도 많다. 몇 년 전 경기도 고양시 화정역 앞 광장을 공중에서 본 형상이 욱일기를 닮았다는 비판이 일어났다. '중앙분수대를 돋보이게 만든 디자인'이라는 설계자의 설명도 여론을 달래주기에는 충분치 않았다.

한국 사회에서 이렇게 시작되고, 확대된 욱일기를 둘러싼 언설을 어떻게 바라보아야 할까? 다시 한번 미디어 데이터베이스를 이용하여 이 점에 대해 살

---

41) 「햄버거 포장도 '욱일기 딱지'…도 넘는 반일정서」, 『한국경제』 2017년 6월 6일, http://news.hankyung.com/article/2017060654991(최종확인 2019년 4월 1일)

펴보도록 하자.

4. '식민지'에서 '군국주의'로

욱일기와 이를 연상시키는 디자인의 추방을 요구하는 운동이 일부에서는 '욱일기 사냥'이라고 야유를 받는 사태로까지 확대되었다. 한국 안팎의 많은 인물 및 사물이 그 공격의 대상이 되었다. 그러나 그 어떤 새로운 언설도 사회와 일정한 관계를 유지하지 못하면 사람들로부터 큰 움직임을 불러 일으키지 못한다. 그러면 욱일기를 둘러싼 언설을 좀더 자세히 살펴보자. 이는 어떠한 문맥에서 해석되고, 왜 중요하게 여겨지는 것일까? 아래에서는 몇 가지 가설에 따라 하나씩 검증해 가도록 하자.

먼저 한국의 욱일기 관련 상황을 이데올로기 대립의 관점에서 설명하고자하는 의견이 있다. 여기서는 한국내 진보파의 역할이 강조되어, 본디 일본에 비판적인 그들이 욱일기에 관련된 언설을 이용하여 자신들에게 유리하게 여론을 환기시키고자 하고 있다고 여겨진다.[42] 여기서는 가칭으로 '반일좌파 원인가설'이라 부르도록 하자.

그러나 이 가설은 미디어 데이터베이스 상의 데이터에 의해 쉽게 부정된다. 욱일기 문제를 활발하게 제기하고 있는 것은 진보성향 미디어보다도 오히려 보수성향 미디어 쪽이기 때문이다. 표 8-6은 한국언론재단 데이터베이스에서 중앙지 8개 신문에 보도된 욱일기 및 이와 관련된 단어를 포함한 기사수를 나타낸 것이다. 일장기에 관한 기사와는 달리, 보수성향 미디어 쪽이 욱일기 문제를 열심히 보도하고 있다는 점과 그것이 '전범기'라는 단어를 포함한 기사에서 보다 현저하게 나타나고 있음을 알 수 있다.

---

42) 桜井よしこ「韓国に異常事態　徴用工判決の陰に『反文政権の狼煙』」,『Voice』 2018년 12월 18일, https://headlines.yahoo.co.jp/article?a＝20181218－000 10000－voice－bus_all(최종확인 2019년 4월 1일)

• 표 8-6   중앙지 8개 신문에 나타난 일장기와 욱일기 관련 기사의 비교
  　　　　(2011년 이후)

신문명	이데올로기적 성향	일장기(건)	욱일기(건)	욱일승천기 (건)	전범기(건)
한겨레	진보	195	166	56	15
경향신문	진보	205	62	81	19
내일신문	중도	12	4	5	2
서울신문	중도	115	114	78	110
한국일보	중도	116	79	36	34
문화일보	보수	49	48	60	19
국민일보	보수	144	148	44	102
세계일보	보수	161	151	260	129

출전: Big KINDS https://www.kinds.or.kr/main.do에 의거해 필자가 작성. 각 단어를 제목 혹은 본문에 포함하는 기사 수를 표시하였다(최종확인 2019년 4월 1일).

거꾸로 일본측 정치적 요인에서 욱일기 관련 언설을 설명하고자 하는 가설도 있다. 여기서 생각해볼 수 있는 가설은 크게 두개이다. 하나는 2012년 12월에 성립된 제2차 아베 신조 정권의 영향에 주목하고자 하는 것이다. 주지하는 바와 같이 한국에서 이 정권의 성립은 일본의 우경화를 보여준다는 시각에서 비판적으로 받아들여지고 있다. 그러므로 제2차 아베 정권이 일본 '군국주의'의 부활에 대한 의심을 불러일으켰고, 그 '군국주의'의 상징인 욱일기에 주목하게 되었다는 것이다. 이를 '제2차 아베 정권 가설'이라 부르도록 하자.

일본 측에 요인을 두는 두 번째 가설은, 당시 일본 국내에서 활발했던 일부 민족주의 단체의 헤이트스피치를 중시하는 의견이다. 헤이트스피치 운동을 전개한 가장 유력한 단체는 '재일특권을 용납하지 않는 시민의 모임(통칭 재특회)'라는 명칭을 내걸고 있는 점에서 확연하듯이, 재일한국인 및 재일조선인 그리고 북한과 한국을 가장 큰 공격 대상으로 삼고 있으며, 더불어 자신들의 운동에 적극적으로 욱일기를 사용하는 경향이 있다. 그러므로 그들의 활동과 그로 인한 인상이 욱일기를 둘러싼 언설의 활성화와 관련되어 있을 가능성이 있다는 것이다. 이를 '헤이트스피치 가설'이라 부르기로 하자.

한편 일본 측의 특정 움직임뿐 아니라, 식민지배 관련 문제에 대한 관심의 고양과도 관계가 있음을 고려할 수 있을 것이다. 위안부 문제와 강제징용 문제 등 식민지배를 둘러싼 논의의 고조가 욱일기 문제의 활성화에도 크게 영향을 주고 있다는 생각이다. 이를 '식민지 문제 가설'이라 부르도록 하자.

또한 이번 장에서 다룬 바와 같이 이 문제가 전개되기에 이른 큰 계기는 스포츠 경기이며, 특히 축구 한일전의 응원 형태가 주목된다. 이는 역사인식 문제에서 발단된 정치적 내셔널리즘이 아니라, 스포츠 내셔널리즘의 고양이 큰 영향을 미치고 있다고 생각하는 가설인데, 여기서는 이를 '스포츠 내셔널리즘 가설'이라 부르도록 하겠다.

마지막으로 특정 운동가의 영향을 중시하는 의견도 있다. 욱일기 문제를 둘러싸고 한국에서 가장 널리 알려진 운동가는 서경덕 교수이므로, 여기서는 그의 영향력을 다뤄보도록 하겠다. 이는 '운동가 가설'이라 부르도록 하겠다.

그러면 이들 요소가 실제 한국 미디어 보도에서는 어느 정도의 비중을 차지하였을까? 여기서는 주로 일장기 문제와 비교하여 '욱일기 문제'의 특수성을 살펴보도록 하겠다. 표 8-7, 8-8은 일장기 및 욱일기 관련 기사 중에 표의 각 단어들이 얼마나 포함되어 있는지를 나타낸 것이다.

• 표 8-7 한겨레 신문에서 살펴본 각 단어가 포함된 기사의 비율

2001~2019.3	일장기	욱일기	욱일승천기	전범기	욱일기관계 합계
군국주의(%)	7.17	12.65	25	46.66	17.72
식민지(%)	5.64	0	7.14	6.66	2.1
아베(%)	16.41	10.84	10.71	20	11.39
축구(%)	8.71	7.22	35.71	26.66	15.18
나치(%)	3.07	8.43	16.07	60	13.5
우익(%)	19.48	4.81	30.35	13.33	11.39
서경덕(%)	0	1.2	1.78	6.66	1.68
기사 총수(건)	195	166	56	15	237

출전: Big KINDS https://www.kinds.or.kr/main.do에 의거하여 필자가 작성. 각 항목의 숫자는 기사 총수는 해당하는 기사의 수, 그 이외는 전체 기사수에서 차지하는 비율을 표시하였다(최종확인 2019년 4월 1일).

• 표 8-8 중앙일보에서 살펴본 각 단어가 포함된 기사의 비율

2001~2019.3	일장기	욱일기	욱일승천기	전범기	욱일기관계 합계
군국주의(%)	16.47	25.73	34.14	37.31	30.31
식민지(%)	10.22	3.5	7.31	0	3.75
아베(%)	14.77	13.45	19.51	1.49	12.5
축구(%)	21.59	18.71	29.26	40.29	25.93
나치(%)	8.52	13.45	19.51	25.37	17.5
우익(%)	9.09	4.09	10.97	10.44	7.18
서경덕(%)	1.7	8.18	2.43	22.38	9.68
기사 총수(건)	176	171	82	67	320

출전: 『중앙일보』 https://search.joins.com/에 의거하여 필자가 작성. 각 항목의 숫자는 기사 총수는 해당하는 기사의 수, 그 이외는 전체 기사수에서 차지하는 비율을 표시하였다(최종확인 2019년 4월 1일).

이 두 개의 표에서 알 수 있는 점은 확실하다. 바로 －놀랍게도－ '식민지 문제 가설'이 맨 처음 부정된다는 점이다. 진보 성향의 한겨레 신문, 보수 성향의 중앙일보, 두 신문 모두 욱일기 문제를 식민지배와 관련 지어 논하는 기사를 거의 게재하지 않고 있다. 이는 일본 '군국주의'의 상징으로서 큰 존재감을 갖던 일장기가 여전히 일정한 비율로 식민지배와 관련 지어 논의된다는

점과는 확연한 차이를 보이고 있다.

'아베 정권 가설'과 '헤이트스피치 가설'에 대해서는 어느 정도 영향을 짐작할 수 있다. 그러나 욱일기 관련 기사가 아베 정권이나 일본의 우익 세력의 활동과 관련 지어 논의된 경우가 일장기 관련 기사보다 적어서, 욱일기 문제만이 제2차 아베 정권과 일본의 우익세력의 활동에 딱히 현저하게 영향을 주었다고 말하기는 힘들다. 오히려 이러한 문제에 대한 일반적인 관심의 상승이 욱일기 문제에 대한 관심도 함께 증대시켰다고 해야 할 것이다.

마찬가지로 스포츠 내셔널리즘의 영향도 중요하긴 하나, 한정적이다. 여기서는 이와 함께 표 8-9 한국언론재단 데이터베이스의 중앙지 8개 신문의 데이터를 살펴보자. 언설의 유포에 축구 시합이 크게 영향을 주었음에도 불구하고 일장기와 비교해 볼 때 욱일기 관련이 매번 스포츠와 관련 지어 논의되는 것은 아니라는 점이 확실히 보인다. 이 표에서 마찬가지로 연예계 쪽에서도 일장기 관련 기사와 욱일기 관련 기사 사이에 현저한 차이가 존재하지 않음을 알 수 있다. 즉 연예계 기사에서는 욱일기가 일장기 이상으로 회자되지는 않는다는 점이다.

• 표 8-9 한국언론재단 중앙지 8개 신문에 나타난 욱일기 관련 보도의 분류

	일장기(%)	욱일기(%)	욱일승천기(%)	전범기(%)	욱일기 종합(%)
정치	13.09	17.32	10.99	6.26	12.17
경제	1.87	5.28	5.85	1.68	4.54
사회	7.6	9.9	9.04	3.13	7.82
문화	54.73	47.35	38.12	51.08	45.04
국제	65.33	75.57	61.87	67.22	68.51
지역	4.23	7.59	2.65	2.4	4.47
스포츠	26.05	15.51	26.41	23.61	21.51
IT, 과학	3.61	7.26	5.67	8.19	6.94

출전: Big KINDS, https://www.kinds.or.kr/main.do에 의거하여 필자가 작성.

각 단어가 중앙지 8개 신문의 어느 섹션에서 보도되었는지에 대해 비율을

표시하였다(최종확인 2019년 4월 1일).

한편, 확실히 관계가 있는 것은 '군국주의'이다. 또한 특정 운동가의 영향은 욱일기 전체가 아니라 '전범기'를 포함하는 기사에 집중적으로 나타나 있으나, 전체 영향력은 결정적으로 중요한 레벨까지 도달해 있지 않다. 그 영향은 진보 성향에 속하는 한겨레 신문에서 특히 작다. 이 문제의 전개를 분석하는 데 있어 위안부 문제의 정신대문제대책협의회에 비추어서 특정 운동가나 그 단체의 영향을 과도하게 보는 것은 위험할 것이다.

여기까지 우리들은 욱일기 문제를 둘러싼 상황을 어떻게 이해하면 좋을 것인가? 확실한 것은 욱일기 문제에 대한 관심은 제2차 아베 정권의 탄생과 일본 국내의 헤이트 스피치 문제, 그리고 위안부 문제와 식민지시대 청산 문제 등 한일관계를 둘러싼 구체적인 이슈를 매개로 한 것이 아니라, 보다 직접적으로 일본의 '군국주의'와 관련지어 논의되고 있다는 점이다. 즉 대부분의 경우 욱일기 문제는 일본 정부의 핵심 인물이나 일부 민족주의단체의 언동, 나아가서는 한일 양국 간 구체적인 분쟁의 문맥과는 다른, 한국 고유의 문맥에서 논의되어지고 있다. 특히 욱일기 문제와 식민지배 문제 사이의 관련성은 극단적으로 낮은 것이 큰 특징이다.

그렇다면 욱일기 문제의 배경으로서 다음과 같은 점을 짐작해 볼 수 있다. 바로 일본의 '군국주의'는 나치즘과 비견될 정도의 악이며, 욱일기가 바로 그것을 상징한다는 매우 단순화되고 추상적인 이해이다. 이 이해는 오늘날 한국 사람들에게 이른바 상식과도 같으며, 일본 측의 언동이나 한일관계의 전개에 따라 매번 좌우되는 일도 없이 유지되고 있다.

이렇듯 굳건한 '상식'이기에, 이제는 식민지배와 관련된 다른 이슈와의 관계나, 프로 운동가들의 리더십을 필요로도 하지 않는다. 욱일기와 관련하여 되풀이되고 있는 논쟁은, CAWCS의 활동을 제외하면, 그 대부분이 엘리트 운동가들에 의해 '위로부터' 주도된 것이 아니라, 인터넷을 중심으로 '아래로부터' 형성된 여론에 의해 자연 발생적으로 움직이고 있다. 앞서 예로 든 '전범기를 연상시키는' 홍게 디자인이 그 전형적인 예이며, 우리들은 여기서 새로운 한국 내셔널리즘의 전개를 발견할 수 있다.

맺음말을 대신하여

결국 욱일기 문제에서 우리는 무엇을 알 수 있을까? 먼저 확실한 것은, 그 '무엇'이 오늘날 한일관계 문제를 둘러싼 한국의 새로운 상황을 여실히 드러내다는 사실일 것이다. 2018년 10월 한국대법원의 강제징용 판결로 양국이 첨예하게 대립하기 이전, 한일간 최대 현안사항은 위안부 문제였다. 1990년대 초 위안부 문제가 외교적 쟁점으로 표면화된 후, 한일 양국은 긴 시간 동안 이 문제에 대해 대립하거나, 혹은 해결책을 찾고자 하는 협의를 계속해 왔다. 구체적인 당사자가 존재하였으므로, 그녀들에게 어떤 보상을 해야 할 지가 구체적으로 논의되었다. 또한 이 운동은 엘리트 운동가들이 이끄는 시민단체가 주도해왔다.[43)]

그러나 욱일기 문제는 그렇지 않다. 여기에는 구체적인 피해자가 존재하지 않으며, 애초에 '추방해야 할 욱일기란 무엇인가?'조차 명확하지 않다. 그 언설에서 나타난 것은 일본의 '군국주의'의 상징인 욱일기에 대해, 한국인들이 이미 가지고 있던 이미지이며, 그것이 '추방'되어져야 한다는 막연한 의지이다. 욱일기를 구체적인 식민지배와 관련 짓는 언설이 거의 없다는 점에서 알 수 있듯이 이 언설은 과거 구체적인 역사적 이슈에 의해 지탱되어져 온 것이 아니다.

좀 더 얘기하자면, 욱일기 문제는, 위안부 문제 등과는 달리, 단순히 일본 및 일본 정부에만 향해져 있는 것이 아니다. 2018년 9월, 해상자위대 함선의 국제관함식 참가와 관련해 발발한 사태는 이미 한국내 운동이 시작된 상태에서, 국제관함식을 계기로 화살이 일본을 향한 것뿐이며, 욱일기 문제 전체 중 일부에 지나지 않는다. 때문에 여기서 주장된 것도 '자위대 함선의 입항 반대'

---

43) 졸저 기무라 간 『한일 역사인식 문제의 메커니즘』 김세덕 옮김, 제이앤씨(2019)

일 뿐이며, 그들이 욱일기를 자위대 깃발로 사용하는 것 자체에 대해 반대하고, 일본 국내에서도 이를 사용하지 못하게 하려 했는지는 확실치 않다. 바꿔 말하면, 이는 자신의 눈 앞에 있는 '욱일기', 보다 정확하게 말하자면 '욱일기를 연상시키는 것'을 배제하고자 한 움직임에 지나지 않으며, 그 이상의 구체적인 목표를 갖고 있지 않다.

그런 만큼, 이 문제는 2018년 이후 발발한 다양한 문제와 많은 공통점을 갖고 있다. 강제징용 문제는 대법원의 판결이 나왔으나, 그 대상이 된 '전 징용공'이 전시 동원된 노동자들 중 어디서부터 어디까지를 가리키는지는 명확하지 않다. 첨언하자면, 대법원에서 나온 '식민지배 위법론'에 입각한 위자료 인정론은 적어도 이론적으로는 식민지 기에 살았던 모든 주민에 적용가능한 것이며, 한일 양국이 어디까지를 '피해자'로 논의해야 할 것인지는 불분명하다.

그 후 계속된 한국군의 자위대기에 대한 '위협비행' 주장, 당시 문희상 한국국회의장의 '천황 사죄 발언'도 마찬가지다. '위협비행' 주장이 과거 역사적 사상과 어떤 관계도 갖지 않음은 말할 필요도 없으며, 국회의장의 '천황사죄발언'도 또한 특정 미디어 인터뷰에서 나온 개인적인 의견표명에 지나지 않으며, 구체적인 '당사자'의 요구에 따라 나온 것도 아니고, 일본 정부를 향한 공식적인 제안도 아니다.

그렇다면 2018년 이후 우리들이 직면한 문제는 하나의 큰 배경을 가지고 있다고 볼 수 있다. 제2차 세계대전과 식민지 시대의 종언으로부터 70년 이상의 세월이 흘러, 전쟁과 식민 통치의 '당사자'는 대부분 이 세상을 떠났거나, 얼마 뒤에 떠나게 될 것이다. 때문에 그 시절 대한 직접적 기억이 소실되어가고 있는 한편, 한일 양국에는 과거를 둘러싼 문제와 그에 수반한 강한 불신감만이 계속 남아, 결과적으로 구체성이 결여된 '운동'만이 추상적인 확대를 거듭하고 있다.

욱일기 문제는 구체성을 잃고 추상화된 '포스트 당사자' 시대에 한일간의 새로운 역사인식문제가 나아갈 방향을 추상적으로 나타내고 있다고 하겠다.

후기

　생각해보면 필자가 마지막으로 학술논문을 기초로 한 단행본을 출판한 것은 2009년 7월의 일이었다. 이 때 한일 양국의 정상은 일본이 아소타로, 한국이 이명박이었다. 그러나 일본에서는 그 후 1개월 뒤에 중의원선거에서 자민당이 대패하고, 정권을 쥔 민주당에서 하토야마 유키오가 총리로 선출되었다.

　잘 알려져 있듯 하토야마는 한일 양국 앞에 가로놓인 역사인식문제의 해결에 적극적인 자세를 보였고, 한국내에서는 일본이 극적인 양보를 하는 것이 아니냐는 기대가 확산되었다. 한편, 그 전 해부터 시작된 '리먼 쇼크'라 불린 세계적 규모의 금융공황으로부터 직격탄을 맞은 한국의 이명박 정부는 그 여파에서 서서히 탈출하고 있었다. 이명박 정부의 성공은 국제적으로 높은 평가를 받았고, 그에 대한 국내 지지율도 급속히 상승하였다. 1944년에 오사카에서 태어났으며, 보수파인 한나라당에서 입후보하여 당선된 경력을 가진 이명박에 대해서는, 일본 여론도 호감을 가졌으며, 양국에서는 관계 개선에 대한 기대가 크게 부풀어 올랐다.

　그러나 이로부터 11년. 한일관계는 당시 기대와는 전혀 다른 방향으로 전개되었다. 일본에서는 민주당 정권이 방향성을 잃고 방황하고 있는 가운데, 2011년에는 동일본대지진이 발생하여, 경제는 더욱 침체의 나락으로 떨어졌다. 임기 중반에는 이례적으로 지지율이 높았던 이명박 정부도 2011년에 들어서자 급속도로 레임덕이 진행되었고, 같은 해 8월에 나온 위안부 문제에 대한 한국정부의 대응이 '위헌'이라는 헌법재판소의 판결이 나오자, 일본에 대해 강경한 자세를 취하게 되었다. 그리고 다음해인 2012년 한국대통령으로서는 처음으로 독도(일본명 다케시마)에 상륙, 천황에 사죄를 요구하는 발언을 하여 일본에서는 한국에 대한 반발 여론이 거세어져 갔다.

그 후 한일 양국에서 정권의 바톤은 2012년 12월 같은 시기에 치뤄진 선거를 거쳐 성립된, 제2차 아베 신조 정권과 박근혜 정부로 넘어갔다. 이 시점에서 한일관계는 이미 험악한 분위기가 감돌았고, 두 정부는 주요 쟁점인 위안부 문제를 둘러싸고 격렬하게 대립했다. 미국 오바마 정부의 중재 등으로 2015년 12월 이른바 '위안부 합의'가 맺어짐으로써 관계는 일단 개선을 향해 가는 것처럼 보였으나 다음해인 2016년 한국에서는 합의의 한쪽 당사자인 박근혜 정부에 대해 대통령 탄핵운동이 시작된다. 그 결과 2017년 5월 대통령 선거가 다시 치뤄졌고 진보성향의 문재인이 당선된다.

2018년 10월 한국대법원이 전 징용공들을 원고로 하는 재판에서 '식민지배 위법론'에 입각하여 일본기업에 위자료 지불을 요구하는 판결을 내리자, 전후 한일관계의 기초가 된 '1965년 체제'의 근본을 흔드는 판결에, 일본정부는 격하게 항의했다 그러나 이러한 상황에 이르러서도 문재인 정권이 실효적인 대응을 한 것은 없으며, 다음해인 2019년 7월이 되면 일본정부가 일부 반도체 제품에 대한 수출관리강화조치를 발표하여, 이번에는 한국 정부 및 여론이 격노한다. 이렇게 한일관계는 결정적인 파탄 상태에 빠져, 신종 코로나바이러스의 유행으로 괴로웠던 2020년 — 즉 이 책이 출판된 해 — 를 맞이하게 된다.

이 책은 이러한 시기에 쓰여진 한일 양국간 역사인식문제와 관련된 필자의 논문을 2019년부터 2020년까지 일부 대폭 개정하고 재정리하여 하나의 책으로 만든 것이다. 여기에는 크든 작든 당시의 시대상황과 그 속에서 나온 필자의 다양한 생각이 반영되어져 있다. 참고로 각 논문의 발표 시기를 적어 두도록 하겠다.

제1장 「한일 양국의 역사관과 근대, 그리고 근대적 법질서」,
한일역사공동연구위원회편 『제2기 한일역사공동연구보고서: 교과서 소그룹편』,
2010년 3월.

제2장 「제1차 역사교과서 파동에서 '극일'운동으로: 전두환 정부의 대일 관점 변화에 대한 고찰」, 『국제협력논집』 22(1), 2014년 7월.

제3장 「국제 분쟁화 이전 위안부 문제를 둘러싼 한국 언설의 상황」, 『국제협력논집』 22(2), 2015년 1월.

제4장 「영어권 미디어의 위안부에 관한 보도와 경향: 1990년대초 보도를 중심으로」, 『국제협력논집』 23(1), 2015년 7월.

제5장 「일본의 위안부에 관한 인식: 1970년대 이전 상황을 중심으로」, 『국제협력논집』 25(1), 2017년 7월.

제6장 「위안부 언설의 전환점: 센다 가코 『종군위안부』를 중심으로」, 『국제협력논집』 25(2), 2018년 1월.

제7장 「한일관계의 현주소: 낡은 이해가 통용되지 않는 이유」, 『금융재정business: 시사TOP·컨피덴셜+』 10753, 2018년 7월. 「대일정책이 제어불능으로: 새로운 분쟁 메커니즘 시동」, 『금융재정business: 시사TOP·컨피덴셜+』 10799, 2019년 1월.

제8장 「욱일기 문제로 보는 한국 내셔널리즘의 새로운 측면」, 『국제협력논집』 27(1), 2019년 7월.

연구자로서의 생산성이 결코 높다고 할 수 없는 필자이나 11년만에 일본어로 전문서 다운 전문서를 내게 된 것은 많은 사람들의 도움이 있었기에 가능한 일이다.

제일 먼저 이 책의 편집에 도움을 준 지쿠라쇼보의 가미야 류스케씨에 대해 이야기해야 할 것 같다. 필자의 기억이 틀리지 않았다면 처음 가미야 씨에게 집필을 의뢰받은 것은 이 책을 출판하기 12년 전인 2008년이었던 것으로 기억하는데, 그 후로도 몇 번이나 필자를 격려해주면서, 때로는 엄하게 때로는 부드럽게 지원해준 그의 조력 없이는 이 책이 완성될 수 없었을 것이다. 원고 집필부터 교정까지 필자의 능력부족과 서툰 글솜씨로 엄청난 신세를 졌음을 매우 반성하는 바이며, 다시금 감사의 뜻을 전한다. 이 책의 출판이 지쿠라쇼보와 가미야 씨에게 폐가 되지 않기를 바라본다.

또한 이 책의 교정 작업을 위해, 이번에도 역시나 옛 제자들, 그리고 지금의 제자들—그중에는 이제 50을 바라보는 이들도 있다—에게 도움을 받았다. 특히 오사카관광대학 김세덕 선생, 고베대학대학원 국제협력연구과 재학 중인 야스다 英峻군, 溝脇三麗, 黒田敦穂에게 감사의 말을 전한다.

마지막으로 이 책이 완성되기까지 가족의 도움이 있었음은 말할 필요도 없을 것이다. 이 책의 원형인 수 편의 논문을 쓴 10년 동안, 아직 초등학생이었던 아이들이 이제 집을 떠날 나이가 되었다. 연구와 대학 일로 일본 각지와 한국을 비롯한 동아시아 국가들, 거기에 미국과 유럽까지 돌아다닌 필자가 아내인 도키코에게 짐을 지웠음은 의심의 여지가 없다. 다시금 나의 부족함을 반성하고, 가족들과 주변 많은 분들께 감사하는 마음을 되새기면서 이 책을 마치도록 하겠다.

찾아보기

인명색인

[ㄱ]

가야 오키노리 162
가지무라 히데키 50, 53
강만길 39, 40, 41, 51
강재언 50, 51, 53
기성용 270, 275
기시 노부스케 162
김대중 92, 100, 238, 240
김학순 126, 143, 144, 150, 169, 170

[ㄴ]

나카소네 야스히로 169
노수복 125, 126, 127, 128, 129, 133
노태우 100, 101

[ㄷ]

다무라 다이지로 179, 215
다보하시 기요시 53

[ㅁ]

문희상 285
미야자와 기이치 149

[ㅂ]

박근혜 6, 110, 238, 239, 241, 288
박정희 19, 36, 41, 92, 100

[ㅅ]

서경덕 276, 280, 281
시게미쓰 마모루 162
시로타 스즈코 171
신석호 27, 42, 49

[ㅇ]

아베 신조 110, 279, 288
안중근 21
와타나베 미치오 146, 147
요코이 쇼이치 127
윤정옥 132, 133, 134
이기백 26, 28, 29, 37, 38, 39, 49
이도형 91, 92, 93, 98, 102
이명박 110, 240, 241
이병도 27, 28, 42, 49
이승만 19, 41
이에나가 사부로 66, 80, 93
이토 히로부미 21

[ㅈ]

전두환   19, 20, 41, 43, 49,
   71, 83, 86, 91, 92, 96, 100, 101
조지 H. W. 부시   267

[ㅊ]

최남선   27
최병렬   101, 102

[ㅎ]

하타다 다카시   30, 31, 53
한백흥   129, 130, 131
한우근   27, 28, 29, 34, 35, 49
허문도   92, 99, 100, 101, 102
호게쓰 게이고   55, 56
홍이섭   28, 29, 30, 34
홍선대원군   33, 34, 44, 46

사항색인

[ㄱ]

강제연행   121, 122, 136, 140
강화도 조약   51, 62, 63, 65, 66, 67, 98
검정교과서   59
광주 민주화운동   83
교과서검정   82, 83, 84
국정교과서   42, 43, 59, 63, 72
군국주의   90, 183, 261, 262, 263,
   264, 268, 269, 278, 281, 283
군사비   235, 236, 242
군사정보 포괄보호협정   246
근대의 확대   39
근대적 법질서   25, 61
글로벌화   23, 232, 233, 234

[ㄴ]

내재적 발전(론)   25, 31, 32, 33, 34,
   36, 46, 47, 50, 51, 52, 53, 54, 55,
   57, 58, 59, 60, 61, 62
냉전의 종언   23, 232

[ㄷ]

대통령 지지율   238, 239, 240, 241

[ㄹ]

레이더 조준 문제   244, 252, 253

[ㅅ]

사할린 재류한국인   122, 123
3·1독립운동   21, 88, 90
성노예   150, 154, 155, 156, 157
스포츠 내셔널리즘   280, 282
식민지사관   26, 44, 54
실록 여자 정신대   129, 130, 131

[ㅇ]

아사히 신문   88, 110, 133, 138
아시아 주의   202
야스쿠니신사 참배 문제   20, 246
여성문제   220, 222, 224, 225
역사교과서 분쟁   76, 77, 79, 85, 86,
   87, 96
역사의 재발견   24, 122, 130, 219

역사인식(문제)   78, 85, 86, 91, 93, 94, 95, 109, 112, 113
영유(문제)   73, 74
욱일기(문제)   243, 246, 247, 248, 251, 253, 255, 258, 259, 261, 262, 263, 264, 265, 266, 269, 278, 279, 281, 282
위안부   116
위안부 문제   207, 210, 215
60억달러 차관 요구   92
육체의 문   182, 183
이에나가 교과서 재판   75, 80
인민일보   84, 88, 91
일장기   255, 256, 258, 259, 260, 261, 262, 263, 264, 269, 276, 279, 281, 282

[ㅈ]
전범기   248, 265, 266, 268, 269, 272, 273, 274, 276, 279, 281, 282, 283, 284
전승국   4, 6, 7, 8, 10, 12, 13
정신대   116, 117, 118, 119, 120, 121, 123, 126, 128
정신대문제대책협의회   20, 152, 157, 239, 248, 283
종군위안부   21, 125, 128, 143, 191, 213, 215
징용공(문제)   166, 243, 254, 285, 288

[ㅊ]
춘부전   179, 180, 181, 183, 185, 186, 215
친일파   18, 23, 42, 129

[ㅍ]
패전국   6, 7, 10, 11, 12

[ㅎ]
한국대법원   242, 251, 284, 288
한국역사학회   27, 28, 29
한국헌법재판소   109, 287
한일기본조약   32, 33, 50, 99, 100, 186, 251
한일역사공동연구   74, 76, 113
한일청구권협정   251, 252
해상자위대   243, 247, 253, 256, 267, 284
헤이트 스피치   279, 282, 283
화해치유재단   243

[지은이]

기무라 간(木村 幹)

1966년생. 교토대 대학원 석사과정 수료 및 박사(법학). 에히메대학강사, 한국국제교류재단의 연구펠로, 하버드대학 객원연구원, 고려대학교 객원 등을 거쳐 현재 고베대 대학원 국제협력연구과 교수로 재직 중. 제2기 한일역사 공동연구위원회 연구위원.
저서로는 『조선/한국의 내셔널리즘과 소국의식』(미네르바서방, 제13회 아시아태평양상 수상), 『한국 권위주의적 체제의 성립』(미네르바서방, 제25회 산토리학예상 수상), 『한반도를 어떻게 볼 것인가』(슈에이샤신쇼), 『고종·민비』(미네르바서방), 『한국 현대사』(쥬코신쇼), 『근대 한국의 내셔널리즘』(나카니시야출판), 『일한 역사인식문제란 무엇인가』(미네르바서방, 요미우리·요시노사쿠조상 수상) 등 다수가 있다.

[옮긴이]

김세덕(金世德)

1970년 전남 영광에서 태어나 일본에 유학했다. 고베대학 대학원에서 정치학을 전공했으며 효고현립대학 강사 등을 거쳐 일본 아시야대 교육학부 교수로 재직했으며 현재는 오사카관광대학 관광학부 교수로 재직 중이다.
옮긴 책으로는 『조선/한국의 내셔널리즘과 소국의식-조공국에서 국민국가로』, 『한국 권위주의적 체제의 성립』, 『대한제국의 패망과 그림자』 등이 있다.

역사인식은 어떻게 말해지고 있는가

초판발행	2023년 1월 31일
지은이	Kan Kimura
옮긴이	김세덕
펴낸이	안종만·안상준
편 집	탁종민
기획/마케팅	손준호
표지디자인	이수빈
제 작	고철민·조영환
펴낸곳	(주) **박영사**
	서울특별시 금천구 가산디지털2로 53, 210호(가산동, 한라시그마밸리)
	등록 1959. 3. 11. 제300-1959-1호(倫)
전 화	02)733-6771
f a x	02)736-4818
e-mail	pys@pybook.co.kr
homepage	www.pybook.co.kr
I S B N	979-11-303-1629-1 93910

* 파본은 구입하신 곳에서 교환해 드립니다. 본서의 무단복제행위를 금합니다.
* 저자와 협의하여 인지첩부를 생략합니다.

정 가   22,000원